A SAGA
DE UMA SINHÁ

A SAGA
DE UMA SINHÁ

Psicografia de
Maria Nazareth Dória

Pelo Espírito
Luís Fernando (Pai Miguel de Angola)

A saga de uma sinhá
pelo espírito *Luís Fernando (Pai Miguel de Angola)*
psicografia de *Maria Nazareth Dória*
Copyright @ 2007 by
Lúmen Editorial Ltda.

10ª edição – Agosto de 2022

Coordenação editorial: *Ronaldo A. Sperdutti*
Preparação de originais: *Fábio Maximiliano*
Capa e projeto gráfico: *Daniel Rampazzo / Casa de Ideias*
Impressão e acabamento: Renovagraf

Dados Internacionais de Catalogação na Publicação (CIP)
(Câmara Brasileira do Livro, SP, Brasil)

Fernando, Luís (Espírito).

A saga de uma sinhá / pelo espírito Luís Fernando (Pai Miguel de Angola) ; psicografia de Maria Nazareth Dória. — São Paulo : Lúmen, 2007.

1. Espiritismo 2. Psicografia I. Dória, Maria Nazareth. II. Título.

07-7027   CDD-133.93

Índice para catálogo sistemático:
1. Mensagens psicografadas : Espiritismo 133.93

10-08-22-200-21.120

Av. Porto Ferreira, 1031 - Parque Iracema
CEP 15809-020 – Catanduva – SP
Fone: 17 3531.4444

visite nosso site: www.lumeneditorial.com.br
fale com a Lúmen: atendimento@lumeneditorial.com.br
departamento de vendas: comercial@lumeneditorial.com.br
contato editorial: editorial@lumeneditorial.com.br

2022
Proibida a reprodução total ou parcial desta
obra sem prévia autorização da editora

Impresso no Brasil – *Printed in Brazil*

Dedicatória

Dedico este livro ao maior tesouro que possuímos na Terra: a família.

Aos estudantes da espiritualidade que são todos os médiuns. Aos editores das obras psicografadas e aos nossos irmãos leitores da espiritualidade.

LUÍS FERNANDO (PAI MIGUEL DE ANGOLA)

Sumário

Uma palavra da autora............9

Apresentação – Bate-papo com Pai Miguel............13

Capítulo I – O cenário da fazenda............17

Capítulo II – Mudanças à vista............31

Capítulo III – Humilhações............38

Capítulo IV – Segredos............69

Capítulo V – Saindo da tormenta............88

Capítulo VI – Surge o administrador............113

Capítulo VII – Um dia após o outro............134

Capítulo VIII – Novo plano em ação............210

Capítulo IX – A viagem............243

Capítulo X – A chegada de um novo senhor............262

Capítulo XI – A vida livre............283

Uma palavra da autora

Para falar de amor, e confortar nossas almas, Luís Fernando novamente nos presenteia com mais uma de suas benditas obras.

Neste livro, podemos e devemos pesquisar cada detalhe por ele narrado; só assim vamos nos conscientizar da grandeza de Deus em conceder aos encarnados a grande oportunidade de evoluírem por meio de seus mestres espirituais (nossos mentores).

Os espíritos de luz nunca param de evoluir, estão sempre aprendendo e nos ensinando.

As obras de Luís Fernando, a que carinhosamente chamamos Pai Miguel de Angola (nome que lhe foi dado em cativeiro), não estão unicamente em minhas mãos, mas nas mãos de muitos filhos de Deus, espalhados pelos quatro cantos do mundo.

Para qualquer médium, trabalhar em sintonia com este grande cientista do espaço é uma bênção, uma honra. Humildemente ele se identifica entre nós apenas como um "Negro Velho" chamado Pai Miguel de Angola.

Em sua obra *Lições da Senzala*, nosso Pai Miguel abriu uma porta da espiritualidade, mostrando momentos vividos por irmãos que hoje podem viver lado a lado conosco, passando naturalmente por outros obstáculos, mas longe das correntes e dos troncos.

Hoje sofremos outras pressões, que não são mais dos "senhores das casas-grandes", mas de uma política mal administrada que nos leva a um tipo diferente de escravidão.

Temos a ilusão de sermos livres, mas na verdade ainda somos cativos de um sistema deficiente na distribuição de renda, e nada para o trabalhador é facilitado. É o espírito de luta e liderança que nos faz vencer tantos obstáculos!

Nascidos num planeta abençoado, como é a nossa Terra, em hipótese alguma poderíamos ver irmãos morrendo de fome e de sede.

Todos deveriam receber instruções para aprender a fazer do mundo um lugar melhor para todos; infelizmente, padecemos pelo egoísmo de alguns, que lucram com a falta de educação dos desfavorecidos.

Os Mestres que passam por este planeta deixam ensinamentos de alto nível. Se hoje não somos um planeta justo em educação, medicina, saúde e fé, a culpa é do próprio homem; não podemos negar o que recebemos diariamente do grande Pai.

Esse vaga-lume chamado Pai Miguel de Angola vem pedindo passagem em nossos corações, vem semeando o seu amor em forma de luz e de esperança. E muitos outros mestres, que também estão encarregados de levar ao mundo inteiro o Evangelho de Cristo.

Vamos, mais uma vez, ouvir os relatos do nosso amado Pai Miguel e fazer nossas reflexões a respeito da vida de nossos ancestrais e nossa vida de hoje. Em que evoluímos? O que perdemos? O que aconteceu no Brasil e no mundo com o fim da escravatura? A escravidão acabou mesmo?

Os nossos sofrimentos continuam. Porém, olhando para trás, descobrimos que nossos antecessores lutaram e sofreram muito para nos deixar novos caminhos abertos.

"Para entender nossos caminhos de hoje, é necessária uma compreensão maior dos esforços de nossos antecessores".

Apresentação

BATE-PAPO COM PAI MIGUEL

Nossa Senhora do Brasil, que é a mesma Mãe de Jesus em todas as Nações, abençoe vocês meus filhos. Adoro esta palavra: FILHOS.

Fico imaginando Deus nos chamando de filhos. Eu, pobre pecador, sinto minha alma estremecer de emoção quando ouço o som de minha voz pronunciando a palavra filho, imagino DEUS!

Alguns filhos podem ter tomado um susto com esta minha colocação: minha alma? Ele não é uma alma?

Sou, meus filhos, uma alma liberta da carne, mas continuo sendo uma alma ligada à outra grande ALMA: nosso Pai Criador! Nunca vamos deixar de existir e ter essa Alma Santa por nós.

Amo e perpetuo a Mãe de Jesus, Mãe única de todas as mães, de todos os pais, de todos os filhos. E, por onde passo, cumprimento, sempre louvando as Nossas Senhoras de todas as nações. Cada país tem a sua santa mãe guiando a nação, sustentando em seus braços todos os filhos de Deus.

Ligada a todas as santas, está Nossa Senhora, Maria, a Mãe de Jesus. Maria, Mãe de Jesus, meus filhos, desceu do céu trazendo-O dentro de si. Explico melhor para que entendam: é como se vocês preparassem um altar colocando uma vela num ponto, para no momento certo acendê-la. Assim, muitos espíritos de luz desceram e continuam descendo à Terra, cada um trazendo seus mistérios e missões, que em dado momento o anjo do Senhor vem e acende a luz que já estava ali.

Maria não se fez Mãe de Jesus em Terra, ela sempre foi e por todo tempo será Sua Mãe, assim como mãe de todos os filhos de Deus.

No livro batizado (tudo que criamos pela vontade de Deus deve ser batizado em Seu Santo Nome), como *Lições da Senzala*, eu falei muito de mim; talvez tenha sido até egoísta, mas foi bom e proveitoso colocar para fora da minha alma as verdades com que acredito ter ajudado outros filhos de Deus a ter paciência e a continuar lutando por sua liberdade espiritual.

Vocês que leram *Lições da Senzala* são sabedores de que naquele tempo fui o escravo Miguel e caminhei pelos arredores das fazendas dos meus senhores, como escravo de aluguel.

Escutava histórias aqui e ali, e cada irmão tinha o seu sofrer. O sofrimento de cada um era como uma cruz: não tínhamos como carregar um pelo outro, porque a cruz de cada um pesava, mas trazia conforto quando descobríamos que existiam cruzes mais pesadas que a nossa.

Agora, tomo a liberdade de contar a vocês mais um pouco de uma realidade que já se passou, mas que deixou cicatrizes que ainda são profundas; tanto que ainda acompanhamos, entre brancos e negros, histórias semelhantes de tristezas e de horror envolvendo as pobres e indefesas crianças.

Todas as histórias que vou contar a partir de agora não são invenções nem minhas nem do médium; foram fatos reais, que aconteceram e, graças a Deus, já passaram! As tristezas que vocês conhecerão me fizeram chorar muito, porém nunca desisti de ter fé.

Como me valeu ser o escravo Miguel! Eu faria e passaria por tudo novamente, se assim se fizesse necessário. Aprendi a compreender a mim mesmo e aos outros.

Descobri o verdadeiro amor que nos une ao Pai! Aprendi tantas coisas boas e necessárias – como este exemplo: PERDOAR!

Cada passagem dessas histórias foi um acontecimento verdadeiro; pesquisem e analisem cada palavra deste Pai que ama vocês.

Se Deus permitir, onde houver espaço e oportunidade, eu levarei verdades e mais verdades, não no sentido de fazer vocês sofrerem, mas para despertar em cada um a fé e a esperança de um Deus justo, que só quer o nosso bem.

PAI MIGUEL DE ANGOLA

Capítulo I

O cenário da fazenda

Sentado em sua confortável rede, com a cabeça pendida para um lado, amparado por uma almofada de penas de ganso, repousava o sinhozinho. Rapaz novo, alto, loiro e de olhos azuis, era o filho caçula do velho senhor.

O fidalgo moço acabara de chegar ao Brasil, já com um cargo importante, dentro dos conhecimentos de sua família. O pai estava muito orgulhoso com a chegada dele; o rapaz havia terminado os estudos no exterior e voltava cheio de novidades.

Naqueles tempos, assim que os jovens terminavam os estudos, voltavam para o seu país já com indicação para ocupar cargos elevados. Muitas vezes, traziam uma jovem rica e bela como esposa.

O jovem senhor voltou casado com uma fidalga e bonita sinhá, que não falava a nossa língua. Ela era fina, delicada e muito discreta, tinha os olhos cor-da-mata e os cabelos cor-de-ouro.

A dama de companhia da sinhá "arrastava a nossa língua", como diziam os velhos escravos, transmitia à sinhá tudo o que falávamos. A dama de companhia era muito desumana, exigente e ingrata com os escravos, vivia revoltada e parecia enojada da terra.

O sinhozinho parecia calmo, sereno, ficava apreciando tudo e todos. Às vezes, parecia olhar com curiosidade, outras vezes, com desconfiança.

Era calado e sisudo, bem diferente do pai. Ele estava ali para ocupar o cargo do pai: era o que se falava de boca em boca, às escondidas e pelos cantos.

Os escravos mais velhos da casa comentavam o comportamento do rapaz, dizendo que ele era estranho. Não dava pra saber o que pretendia fazer da vida.

O pai treinava o filho para assumir e administrar suas fazendas, alegando que ele de fato era o único homem da família, pois suas irmãs estavam casadas e moravam fora do país. Nós o escutávamos dizer isso a outros senhores amigos da redondeza.

Naqueles tempos, era assim: os rapazes saíam para estudar fora e casar-se com as estrangeiras, e as moças nascidas dos fidalgos brasileiros eram preparadas para casar-se com os fidalgos estrangeiros que vinham em busca de dotes. Na maioria das vezes, essas meninas iam embora do Brasil e nunca mais voltavam.

Já as sinhás de fora vinham e também ficavam por aqui, sem ter contato com seus familiares. As mulheres brancas sofriam muito nas mãos desses senhores. Os escravos no corpo não percebiam o sofrimento daquelas escravas brancas; o sofrimento delas era pior que o nosso, pois elas eram aprisionadas na alma, que é a pior das escravidões.

O jovem senhor observava todos os escravos sem deixar transparecer o que pensava sobre eles.

O negro Antônio, moço novo e com um corpo bem formado, era chamado por nós de "touro manso". Ele não brigava com ninguém, era o escravo mais obediente do senhor e forte como um touro.

Antônio cuidava da cerca que precisava de reparo, e o senhor o observava. Vestido em sua calça larga confeccionada em algodão cru, ele suava em demasia debaixo do sol quente, sem nem ao menos desconfiar que era observado. A pele do negro brilhava, seus músculos apareciam nos movimentos que fazia em seu trabalho.

O sinhozinho observava o negro, e só Deus sabe no que pensava!

A dama da sinhá, sempre sorrateira, andava nas pontas dos pés e parecia vigiar o senhor. Fingindo pegar algo na sala, ficou observando o sinhozinho pela janela, sem desconfiar que também estava sendo observada por mim.

Saiu furiosa, sem motivo algum, e chutou um gato que atravessava o corredor da casa-grande! Não dava para entender a revolta daquela dama!

Estaria apaixonada pelo senhor? Seria sua amante? O que será que ela tramava?

Fiquei cismado com a reação dela. Não era tão jovem nem tão bonita quanto a sinhá, mas era mulher! Eu pensei: "Há alguma coisa estranha entre eles".

O sinhozinho levantou-se e foi até a sala onde a sinhá bordava. Sentou-se ao lado dela, elogiando o seu trabalho. A dama da sinhá pediu licença e saiu, passou por mim com cara de poucos amigos, resmungando algo em uma língua que eu não entendi.

Cerca de meia hora depois, o senhor saía vestido e calçando botas de montaria. Pediu que o negro Antônio trouxesse o seu cavalo preferido, depois montasse sua mula e o seguisse, dizendo que precisava dele para servi-lo em alguma necessidade.

O negro correu a atender às ordens do senhor. Uns 15 minutos depois, os dois estavam saindo. O senhor montava um alazão negro que havia sido amansado por mim. O negro o seguia a alguns metros de distância.

A dama de companhia da sinhá, com um regador na mão, fingindo que molhava as plantas da varanda, tinha os olhos fixos no senhor. Assim que os dois se encobriram na estrada, ela largou o regador ali mesmo e foi até a cozinha infernizar as cozinheiras.

A nossa linda sinhá tocava piano, bordava e passeava pelos jardins da casa todos os dias. As crianças ficavam assustadas quando a viam. Quando podia, ela chegava perto dos negrinhos, olhava com bondade e ternura cada um, e, muitas vezes disfarçando, tirava de sua bolsa alguns doces e dava aos pequenos. Ela fazia isso quando sua dama ou feitores não estavam por perto. E pedia que as crianças não comentassem com ninguém o que haviam ganhado.

As mulheres estavam amando a nova sinhá, que em pessoa comprou sacos e ensinou as mulheres a preparar absorventes com algodão, para aqueles dias que todas as mulheres passam. Os comentários a respeito dela eram cada dia melhores. O que ela tinha de bondade, tinha sua dama de maldade.

Todo escravo, do mais moço ao mais velho, recebeu muda de roupas e calçados novos, tudo comprado por ela. Um dos feitores tirou a medida dos pés dos jovens que haviam crescido; ela comprou tudo certinho.

A sinhá-velha não era ruim, mas não se envolvia com nada, e o senhor pouco se importava com o bem-estar dos escravos. Ele não era bom, nem mau.

A cozinha foi reformada, com panelas novas e tudo o mais. Só se via alegria entre as cozinheiras e lavadeiras! Nossa sinhá era uma santa. Ela falava pouco, e muitas vezes a vi chorando escondida. Deviam ser saudades de sua família, dos seus costumes, de sua terra... Como gostaria de consolá-la, mas... Eu era um simples escravo!

O sinhozinho demonstrava ser um bom marido; nunca presenciamos nada de ruim no comportamento dele. Ela devia chorar de saudades.

Aos poucos, a sinhá modificou tudo com aquele jeitinho especial. O jardim estava uma beleza, e ela ensinava como fazer novas mudas e como podar as roseiras. Mostrava o local onde essa ou aquela flor ia se dar melhor. Era de uma sabedoria fora do comum! Foi Deus quem mandou aquele anjo ao nosso encontro.

Enquanto isso, o sinhozinho, marido dela, ficava fora de casa, e às vezes voltava altas horas da noite. Estava envolvido com o trabalho, era o que ele dizia para esposa; nós escutávamos porque éramos escravos, ficávamos mudos diante deles, mas não éramos surdos!

O negro Antônio foi o escolhido para servir ao senhor. Até sua namorada já sentia ciúme das andanças dele. Vivia agora pela cidade, usava roupas e sapatos melhores que os nossos. Isso causou ciúmes e desconfiança entre os outros negros. Ele tentava explicar que apenas cumpria as ordens do senhor.

Entre os escravos, havia muitos comentários; todos olhavam para o Antônio com desconfiança, pois o senhor só saía com ele. Será que não estava se aproveitando disso para nos passar para trás?

Antônio até fingiu um dia ter se machucado para ver se o senhor chamava outro negro. Mas o senhor foi sozinho à cidade, não quis nenhum outro acompanhante. Antônio nos falou que não entendia por que somente ele era escolhido. Ele se sentia mal diante de nós, mas não podia deixar de obedecer às ordens do senhor.

Os homens se entreolharam.

– Será que ele não anda enchendo os ouvidos do senhor contra os outros negros? – André falou em voz alta.

Eu me arrisquei em retrucá-lo, lembrando que o Antônio não era de conversar nem com a gente, imagina com o senhor!

– Eis onde mora o perigo! – retrucou outro companheiro. – Hoje em dia, eu desconfio dos nossos irmãos de cor. Eles às vezes são mudos conosco e soltam a língua com os brancos!

Todos temiam uma traição do Antônio; era só o que se falava. Um outro jovem nos alertou, dizendo que precisávamos tomar cuidado com ele:

– E se tivermos um traidor entre nós? Trair e entregar os irmãos de sua cor é comum entre os negros que caem na simpatia dos senhores!

Muitas de nossas sinhás às vezes escolhiam uma negra para vigiar os passos do marido e contar tudo a ela. E algumas vezes era o senhor que favorecia algum negro com certas regalias, para obter todas as informações do que ocorria dentro dos barracões.

As tarefas pesadas sobraram para nós; o negro Antônio agora era o "cachorro perdigueiro do senhor", como os outros escravos o apelidaram. Quando ele entrava no barracão, parávamos de conversar e não respondíamos aos cumprimentos dele.

O Antônio passou a realizar novas tarefas por ordem do senhor: nadar, cavalgar, pescar, caçar e sustentar nas costas o senhor, que dizia sofrer de dores na coluna e acreditava que aqueles exercícios colocavam a coluna dele no lugar.

Pelo buraco da janela do barracão, ficávamos olhando enquanto o Antônio se sujeitava àquilo. Ríamos feito loucos, era a coisa mais doida que já tínhamos visto. Um negro troncudo como era o Antônio, machão que só ele, vivia nu da cintura pra cima, com o alto e fino senhor grudado nas costas! Essa cena arrancava risos dos outros negros.

O negro Lutero, rindo, comentou:

– Não tenho nenhuma inveja do que estou vendo, olha que cena mais estranha! Parece um urubu suspendendo um coelho branco! – E se desmanchava de rir.

A dama da sinhá a cada dia, se tornava mais ranzinza e maldosa para com os negros. Um dia, ela brigou com uma das lavadeiras, sem motivo algum, jogou as roupas lavadas no chão e pisoteou as camisas brancas do senhor que já estavam engomadas. A negra Zefa, chorando, apanhou as camisas do chão e, revoltada, comentou com o negro velho Zacarias que não havia feito nada para aquela sinhá tratá-la tão mal.

O negro velho Zacarias, olhando para a frente, respondeu:

– Zefa, cuida em lavar e engomar estas roupas do senhor novamente! Faz isso sem remoer ódio dentro do seu coração. Ouça o meu conselho, filha, é pra seu bem – ele era um negro experiente e falou em voz alta: – Quem mais sofre aqui é o

Antônio e a sinhá! E isso nem você, nem os outros enxergam, não é mesmo, Zefa?

A negra arregalou os olhos pra ele, respondendo com raiva:

– Está velho mesmo, heim, Zacarias! Antônio é o único escravo aqui que não sofre, e a nossa sinhá vive igual a Nossa Senhora no Céu! Se você acha pouco o seu sofrimento, peça mais e ele lhe dará mais sofrimentos, e com alegria!

Ela saiu resmungando, e Zacarias balançou a cabeça, andando devagar.

Eu havia ouvido toda a conversa e comecei a analisar as palavras de Zacarias. Será que estávamos realmente errados a respeito do Antônio?

Sentei-me e me pus a pensar. Minha consciência dizia: "Você está errado, todos estão errados! Todos estão enciumados, por isso não enxergam o sofrimento do Antônio! Quem de bom grado se daria àquelas humilhações?"

E se nós estivéssemos tratando como lixo um coitado de um inocente? Todo negro devia obediência a seu senhor; e se de repente o senhor cismou com o Antônio? Que culpa o infeliz tinha? Eu iria conversar com os outros. Precisávamos ter cuidado, sim, mas não tratá-lo do jeito como fazíamos.

E quanto a sinhá? Por que Zacarias falou que ela sofria? Bem, muitas vezes, encontrei-a chorando... Qual era a diferença entre sua dor e a dor dos negros? Comecei a fazer essas e outras perguntas.

Nós éramos vendidos e trocados por cavalos, bois, ferramentas etc., e também vivíamos com as nossas dores, sem poder fazer nada. Assim, passei a tarde trabalhando e matutando nas palavras do negro velho Zacarias; ele era meio feiticeiro: quando falava uma coisa, a gente podia contar que aconteceria mesmo!

À noite, no barracão dos moços, onde ficávamos (pois os mais velhos ficavam em outro barracão), comentei com eles o que ouvi do Zacarias.

O negro André, olhando para os lados, comentou:

– Pessoal, ele pode estar certo no que disse. Quando Zacarias fala, é bom tomar cuidado... Se comentou isso, alguma coisa ele está observando ou sabendo. E, por falar em Antônio, ele ainda não voltou? – observou André.

Após certificar-se de que Antônio não estava presente, continuou falando.

– São estranhas as saídas do Antônio com o senhor. Ele está sendo obrigado, podia ser qualquer um de nós! Há dias que ele não volta para dormir conosco! Onde será que tem dormido?

– É verdade – respondeu outro negro –, nós nem observamos isso! Ele não tem voltado para dormir.

– Eu observei! – respondeu o negro Carlos. – O Antônio tem chegado muito tarde, então vai pro barracão dos velhos e dorme por lá, para não vir incomodar a gente. Eu acho que não está certo isso. Ultimamente, ele anda de cabeça baixa, deixou até de nos cumprimentar... Também, a gente não respondia mesmo aos cumprimentos dele!

– Pessoal – eu tornei a falar –, e se estivermos cometendo uma injustiça contra ele? Vamos tomar cuidados, mas também lembrar que ele é um dos nossos. Está apenas cumprindo ordens, e nós lhe viramos as costas. O coitado está se sentindo abandonado e magoado, e tem lá as suas razões. Vamos ver as coisas de outro jeito e procurar saber o que está mesmo acontecendo; aí sim poderemos julgar. Acho que o Zacarias tem razão: o Antônio está sofrendo, e nós, que sempre fomos unidos, acabamos banindo-o do nosso meio.

Houve uma pequena discussão; alguns defendiam, outros achavam que ele também deveria ter insistido com a gente. Por fim, todos aceitaram pedir desculpas ao Antônio. Um dos negros, mudando de assunto, comentou:

– Pessoal, estão acontecendo coisas estranhas por aqui. Desde a chegada desse novo senhor, a dama da sinhá o vigia o tempo todo! Das duas uma: ou ela é amante dele, ou a sinhá está mandando a dama vigiar o marido! Mas do que ela poderia desconfiar aqui, na fazenda?

Outro negro entrou na conversa e acrescentou:

– Já que Zacarias falou do Antônio, eu vou contar pra vocês o que vi outro dia: a dama da sinhá saiu e deu de cara com o Antônio, que esperava o senhor para cavalgar. Ela tampou o nariz e disse: "Não sei como alguém pode agüentar esse fedor! Espera o seu senhor do outro lado do jardim, porque o vento está levando o seu cheiro para dentro de casa, e a sinhá pode sentir náuseas. Os cavalos cheiram melhor que você". Virou as costas pra ele e falou bem alto: "Tenho de avisar a sinhá que o marido dela precisa tratar do nariz!".

Assim conversávamos quando ouvimos o trotar dos cavalos que chegavam. Fiz um sinal para os outros e saí, abri a porta e pedi licença ao feitor que vigiava o barracão. Comentei com ele que gostaríamos de chamar o Antônio para vir dormir em sua rede. O feitor pensou um instante, viu que eu estava sem armas, e balançou a cabeça afirmativamente.

Quando o senhor subiu as escadas da varanda, eu corri até Antônio, que se assustou.

– O que houve? – ele me perguntou.

– Nada. Só vim chamá-lo para dormir na sua rede. Percebemos que você não volta mais para dormir conosco.

– Não quero incomodar vocês. Aliás, só Deus sabe o que venho sofrendo... Todos vocês, que me tratavam como irmão, hoje me tratam como se eu fosse um inimigo. Só cumpro ordens do senhor; trocaria com qualquer um de vocês o que sou obrigado a fazer, aceitaria qualquer trabalho mais pesado! Só tenho passado humilhações e engolido calado, sem poder desabafar com ninguém, a não ser com Deus.

Antônio fez uma pausa, depois continuou:

– Até a Ana, em quem eu confiava tanto, me virou as costas, alegando que eu a traí! Será que ninguém consegue entender que cumpro ordens? Isso é boa vida, irmão? Abandonado por ela e por vocês, e tendo que me sujeitar a todas as vontades do senhor?

Em silêncio, fui com ele até a baia, ajudei a levar os animais e retiramos as selas. Só então comentei:

– Nós queremos lhe pedir desculpas! De fato, erramos com você, e é por isso que eu estou aqui, e os outros o esperam lá no barracão.

Apertamos as mãos, e senti um nó na garganta. Entramos no barracão, e todos responderam aos cumprimentos dele, coisa que não fazíamos muito tempo.

O negro Carlos começou, falando:

– Antônio, queremos pedir desculpas a você pelas besteiras que temos feito. Vamos voltar a ser o que sempre fomos, irmãos?

Após uma breve conversa, todos abraçaram Antônio, que chorava emocionado.

A partir daquele dia, ele comentava com a gente aonde levava o senhor, o que via e ouvia pela cidade. O negro Chico, sempre brincalhão, falou, rindo:

– Nós sabemos que os senhores têm suas amantes de luxo, e, enquanto eles ficam com elas, sempre tem uma negrinha para o seu escravo! Conta pra gente: ele vai à casa de quantas amantes? Você já pegou alguma negrinha por lá?

Sério, ele respondeu:

– Olha, pessoal, vocês podem não acreditar em mim, mas, nesse tempo todo em que acompanho o senhor, nunca o vi entrar numa dessas casas de mulheres. Ele não tem amantes, é fiel à esposa.

Ele deve ser apaixonado pela sinhá. Nós sabemos que o pai dele tem filhos e amantes espalhados por aí como sementes nos campos, mas o filho é bem diferente. Mesmo se preparando para ir embora para sua terra, o velho vive dando suas escapadas aqui e acolá; já o filho passa as tardes só discutindo negócios. E eu andei ouvindo... Escutem, isso que vou contar deve ficar só entre nós! Não comentem com as mulheres, pelo amor de Deus! Vocês sabem que língua de mulher é igual a rabo de cavalo, bate pra lá e pra cá. Se chegar ouvidos do senhor o que vou revelar, eu estou morto!

Em voz baixa, ele nos contou que o senhor estava comprando a fazenda vizinha, fechando o negócio com escravos e tudo. Iria derrubar as cercas e fazer uma fazenda só. Assim que os pais embarcassem, ele assumiria totalmente os negócios e haveria uma grande mudança.

Ficamos preocupados: o que seria de nós? Ainda bem que fizemos as pazes com Antônio. Como era importante estarmos unidos e nos ajudando!

Conversamos baixinho, e de vez em quando um de nós observava, pelo buraco da janela, se o feitor não estava ouvindo atrás da porta. Isso era comum nas senzalas.

Passaram-se quatro meses, e Antônio nos confirmou que a compra foi feita. Ele ouvira dizer que a fazenda era três vezes maior que a nossa. Ficamos boquiabertos!

Antônio continuou a narrar o que havia escutado:

– Essa fazenda tem duas vezes mais escravos que a nossa; nós não chegamos nem à metade deles!

Ficamos um bom tempo em silêncio, cada um com os seus pensamentos. O que iria acontecer dali pra frente, só Deus é quem podia saber.

Chegou o dia do embarque dos pais do sinhozinho. Iriam embora para o país deles, e seu filho seria o novo senhor. Uma semana depois da partida dos pais, o sinhozinho nos chamou. Era um sábado, final da tarde, e o terreiro da casa-grande estava lotado de negros.

Ficamos assustados, porque a sinhá estava sentada ao lado dele. Era coisa rara vê-la ao lado dele; as negras que serviam na casa-grande comentavam que, quando estava em casa, ele ficava lendo até altas horas da noite, e só se recolhia ao quarto de dormir quando a sinhá já estava dormindo.

Todos os dias, ela jantava acompanhada de sua dama, depois ia tocar piano; eram músicas tristes e muito bonitas.

O senhor, com um papel na mão, falou:

– Prestem atenção ao que lerei para vocês, porque, a partir de segunda-feira, isso vai entrar em vigor.

Nós nos entreolhamos em silêncio, aguardando o que ele tinha a nos dizer.

Ele informou que todos nós deixaríamos a fazenda, que precisávamos arrumar os nossos pertences. Iríamos começar uma nova vida, em uma nova fazenda. Nós escutamos suas instruções como se estivéssemos anestesiados.

E acrescentou que tudo iria mudar para melhor: se colaborássemos com o nosso trabalho e obediência, ele seria bondoso conosco. Não pretendia nos vender, contanto que déssemos o melhor de nós.

Então, dispensou-nos, mandando que arrumássemos nossos poucos pertences. Saímos dali assustados, uns olhando para os outros sem entender nada. Logo mais, iríamos tentar arrancar alguma coisa do Antônio; somente ele poderia saber de algo

Muitos negros haviam nascido ali; nunca tinham colocado os pés fora da fazenda. Estavam todos assustados. Zacarias, de cabeça baixa, animou-nos, dizendo:

– Vamos arrumar nossas coisas, e nada de choradeira nem de falação. Há tempo pra tudo nesta vida. Pensem que a fazenda vizinha vai se unir a essa, e quem sabe logo a gente possa transitar da lá pra cá? Vejam o lado bom da coisa.

Zacarias respirou fundo, e depois continuou:

– Ouviram o que disse o senhor? Ele não pretende nos vender! Façam o possível para que fiquemos juntos. Essa mudança seria terrível se tivéssemos de nos separar. Mudar de fazenda não vai ser tão ruim assim, e acostumar-se à outra é só questão de tempo – disse, tentando animar os outros.

Capítulo II

Mudanças à vista

O negro Antônio não voltou para o nosso barracão. Segundo André, ele havia saído com o senhor; tentou fazer alguns sinais, pedindo calma e mostrando que não poderia falar conosco. Ficamos cismados com os acontecimentos. O Antônio fora para a fazenda nova com o senhor, foi o que deduzimos, pois ele não voltou.

Na segunda-feira, como indicou o senhor, todos nós estávamos deixando a fazenda, acompanhados pelos feitores. Depois de uma longa caminhada, entramos na nova fazenda, que à primeira vista nos causou medo.

Fomos levados para os barracões, que de fato eram dez vezes maiores que os nossos, e bem cuidados. Logo, descobrimos que ficaríamos com outros negros. Eles olhavam com desconfiança para nós.

– Cadê o Antônio? – perguntou o negro Carlos. – Será que ele está por aqui?

Não precisamos de resposta, porque logo vimos que ele estava chegando, acompanhando os senhores.

As damas desceram, ajudadas pelo sinhozinho, e seguiram para a casa-grande, que parecia ser vinte vezes maior que a casa da fazenda. Tudo ali parecia assustador!

O negro Chico, brincalhão como sempre, me cutucava, falando baixinho:

– Olha lá, as mulheres aqui são uma beleza...

– Fica de boca fechada, Chico! – respondeu Zacarias, que estava perto de mim. – O peixe morre pela boca. Você ainda vai se encrencar, e encrencar os outros, por falar demais!

– Só estava olhando o que tem de mais bonito por aqui, não posso? – respondeu. Chico, com ar maroto.

– Chico, desde que seu pai morreu, tenho olhado por você. Escute o que vou lhe dizer: aprenda a ver com os olhos e guardar pra si mesmo as palavras. Meu filho, você nem sabe o que vai ser de nós, não brinque com coisa séria!

– Desculpe-me, Zacarias, o senhor tem razão. Sou mesmo um irresponsável.

Um novo feitor se aproximou e nos apontou o barracão em que deveríamos ficar. Senti alívio quando descobri que ficaríamos juntos.

O feitor nos levou para conhecer os arredores da fazenda e transmitiu as instruções que havia recebido do senhor. Iríamos começar a derrubar a cerca da fazenda; as duas fazendas seriam uma só.

À noite, após o nosso jantar, podíamos ficar sentados no terreiro da casa conversando, sob o olhar e os ouvidos dos feitores. Ouvíamos a sinhá tocando piano enquanto a sua dama andava pra lá e pra cá, inquieta.

O senhor estava sentado perto da janela, no andar de cima; dava pra ver pela claridade da luz.

Antônio se aproximou de nós, sentou-se e falou baixinho, olhando pra o outro lado:

– Façam de conta que estamos falando bobagens, e ouçam com atenção o que vou dizer: eu não sei o que o senhor tem em mente, mas já me avisou que devo acompanhá-lo, com a sinhá, até a fazenda que deixamos para trás. Não sei por que, mas começo a sentir medo dele.

– Como assim? Todos os dias, você sai com ele. Não está acostumado? – perguntou o negro Carlos.

– Sim, só que agora é diferente! A fazenda ficou praticamente vazia, só estão por lá alguns homens para fazer a guarda e quatro mulheres para cozinhar e limpar a casa. Eu não entendo o que vamos fazer lá se a sinhá mudou-se para cá!

– Antônio, você se esqueceu de que as únicas mudanças foram as nossas, não as deles? A casa está toda montada! Eles vão ficar pra lá e pra cá. Quem não pode fazer isso somos nós, irmão! – comentou Carlos.

– Queira Deus que não venhamos a ter outras surpresas! – respondeu Antônio.

Ele foi o único que não ficou com nenhum negro da fazenda; foi dormir no barracão com outros negros.

O negro velho Zacarias, sentado e de cabeça baixa, fazia riscos no chão. Não levantou os olhos e nada falou.

No outro dia, cada um foi cuidar de seus afazeres. Meu trabalho era cuidar de todas as ferramentas de trabalho da agricultura na fazenda, amolar, colocar cabos novos etc. Eu também amansava cavalos, castrava porcos, ajudava os outros negros a ferrar o gado, buscava ervas para avó Joana e a preparava remédios. A nossa lida era grande.

O sol já estava alto no céu quando vi o senhor e a sinhá entrando na carruagem, seguida por Antônio, que montava sua mula.

A dama da sinhá ficou no alpendre e enxugava os olhos na manga da blusa. Pude ver que a sinhá também chorava. Estava secando os olhos num lenço branco.

Fiquei cismado, mas continuei o meu trabalho. Pensei comigo: "Assim que o Antônio voltar, ele deve nos contar o que aconteceu. Nunca vi a sinhá dar um passo sem sua dama... O que estaria acontecendo? Será que o senhor quer ter a esposa longe da amante? Fica uma lá e a outra aqui?".

O feitor nos dispensou, pois já estava escuro. Fomos tomar banho no rio que ficava ali perto. No caminho entre os feitores, andamos em silêncio, mas, quando entramos nas águas, nos aproximamos uns dos outros e logo veio a pergunta: alguém vira o Antônio chegar?

– Ele não retornou, com certeza ficará na fazenda – respondeu Zacarias. Continuou se esfregando e falou: – Eu posso estar errado, mas acho que durante um bom tempo não vamos ver nem o Antônio, nem a sinhá por aqui.

Todos ficaram em silêncio.

– O senhor pode nos dizer alguma coisa a esse respeito? Nós não entendemos o que quis dizer.

– Meninos – tornou Zacarias –, eu acredito que o senhor queira ficar a sós com sua sinhá, por isso não levou a sua dama. Quanto ao Antônio, é o homem que ele escolheu para acompanhá-lo, só isso. Quanto a vocês, devem ficar calados! Isso é um assunto delicado, e se cair no ouvido do senhor esse interesse de vocês... Aí, sim, as coisas podem mudar! Lembrem-se de que "mato tem olhos, e paredes, ouvidos". Vocês estão no meio de pessoas desconhecidas, falem o menos possível.

Passaram-se três dias. O senhor apareceu sozinho, montado em seu alazão, e entrou na casa-grande. Logo uma criada veio correndo chamar o feitor encarregado pelos outros feitores.

Fiquei arrumando uns arreios que estavam no sol para amaciar, mas meus olhos estavam mesmo na casa-grande. Vi a dama se aproximando do senhor; ela falava e gesticulava.

Fiquei pasmo quando o vi aplicar uma bofetada que a fez cair. Saiu da sala batendo as botas e a deixou caída no chão.

Senti um tremor nas pernas e um aperto no coração:

– Meu Deus! Nunca imaginei aquele senhor violento! Era tão concentrado e parecia fino, como podia tratar uma mulher daquele jeito?

O senhor sentou-se na varanda com o feitor, enquanto fumava um charuto e bebia algo. Ele estava sentado e o feitor em pé, só balançando a cabeça afirmativamente.

Naquele dia, ele ficou na fazenda fiscalizando tudo. Chegou perto de mim, como sempre calado, e com um olhar frio. A gente nunca sabia se ele estava aprovando ou reprovando o nosso trabalho.

Enquanto ele fiscalizava o curral, eu também o observava. Havia algo estranho naquele senhor. Eu não podia dizer o que era, mas que havia, havia!

O sol já baixava no horizonte quando ele montou o seu alazão e saiu. Suspirei aliviado.

Vi a dama da sinhá à janela, e ela parecia doente. Tinha os olhos vermelhos e inchados de chorar. A mulher, que era sempre ranzinza, parecia desanimada de tudo, e observava a partida dele secando as lágrimas.

Por que ela havia ficado? Existia algo entre ela e o senhor, com toda a certeza! Que mistério! Será que ele não a queria mais? Depois da bofetada que presenciei, ele não a queria mais, só podia ser isso!

À noite, contei aos outros o que tinha visto, e trocamos idéias. Nenhum de nós chegou a nenhuma conclusão. Por fim, perguntamos a Zacarias o que ele achava, e ele respondeu calmamente:

– Eu não acho nada, e vocês continuam mexendo onde não devem! O que é que vocês têm a ver com a vida da dama da sinhá? Lembrem-se do ditado que os negros inventavam: "Eles que são brancos que se entendam!". Procurem trabalhar direito e falar menos, e todos nós vamos sair ganhando. Miguel, você parece que anda com a língua solta entre os dentes... Se continuar assim, vou ter de conversar com a velha Joana. Acredito que ela haja algum remédio para fazê-lo ficar com a boca fechada! Onde já se viu, esse bando de homens linguarudos! Vão se banhar pra poderem comer. A comida já foi colocada nas cumbucas. Andem logo, bando de faladores! – e Zacarias se afastou.

Depois desse sermão de Zacarias, saímos calados, mas cada um com uma cisma. Ele também escondia alguma coisa que sabíamos ser grave.

Lutero comentou baixinho:

– Temos de rezar muito e fazer as coisas direito, conforme mandam nossos encantados. Pra falar a verdade, nem eu, nem vocês temos feito as coisas direito, como eles mandaram, e isso pode trazer atraso em nossas vidas.

Todos concordaram, e em comum acordo decidimos que iríamos esperar a próxima lua para começar todo nosso ritual, que era ficar orando acordado até a lua cruzar o céu depois da meia-noite.

O tempo passava, e nada do Antônio nem da sinhá. O senhor vinha à fazenda quase diariamente, trancava-se com a dama da sinhá, e ouvíamos os gritos dela. Quando ele ia embora, ela ficava chorando.

Um dia, logo pela manhã, um dos negros foi chamado para pegar os baús da dama. Segundo a negra que arrumava os dormitórios, ela havia chorado a noite inteira. O senhor estava ao lado dela e fez questão de acompanhar a dama, que não parecia nem um pouco feliz.

O negro que a levou até a cidade nos contou que ouviu a dama dizer ao senhor que iria voltar para a terra da sinhá e contar tudo para a família dela.

Os dias passavam, e nenhuma notícia do Antônio nem da nossa sinhá. Nosso trabalho continuava no mesmo ritmo, mas nosso irmão de destino havia desaparecido. Não tínhamos notícias dele, e estávamos preocupados.

Trabalhávamos de sol a sol, mas tínhamos alimentos e os castigos eram leves; coisa normal, perto do que ouvíamos falar de outras fazendas.

Um ano e meio depois, já estávamos até acostumados na nova fazenda e imaginávamos que o Antônio estivesse muito bem. Um feitor nos contou que ele cuidava da segurança da sinhá; o senhor devia ter escolhido Antônio já com essa intenção.

Todos nós ficamos aliviados. Sentíamos sua falta, mas saber que ele passava bem nos trazia conforto.

Capítulo III

Humilhações

O destino colocou Antônio novamente em meus caminhos, e só então tomei conhecimento do absurdo que se escondia por trás daquele branco senhor.

O caso do Antônio foi o primeiro conhecido entre nós, que não suspeitávamos desses absurdos entre brancos e escravos. Muitos tinham sofrido a mesma humilhação que ele, diversos infelizes que apareciam pendurados numa corda, enforcados, sem que ninguém pudesse compreender o porquê. Eram vítimas do mesmo mal que atingiu o pobre Antônio.

Na verdade, o senhor casara-se com aquela doce criatura apenas e tão-somente para esconder o que na verdade existia dentro dele. A dama, por ser mais vivida e experiente, descobrira os desvios do senhor logo cedo. Ele gostava de homens, e ainda por cima era um maníaco em relação às mulheres.

Ele jamais havia tocado naquela moça com quem se casara, mas fazia planos com ela. Por isso, afastou a dama de companhia e isolou a pobre coitada naquela fazenda.

Longe de tudo e de todos, ele colocou em prática seus pensamentos doentios.

O pobre negro Antônio foi o escolhido do infame e doente senhor. Na fazenda, portando armas de fogo, ele obrigava o negro a manter relações sexuais com a sinhá, em sua frente; isso o satisfazia. O pobre negro apiedava-se da sinhá, mas nada podia fazer contra o senhor, que havia montado todo o esquema.

Após satisfazer seus pensamentos nefastos, o senhor queria ter contato físico com o negro. Este se enfureceu a ponto de entrar em luta corporal com o senhor. Mas para o mal há sempre quem colabore, muito mais que para o bem. Dois escravos foram contratados para ajudar o senhor em seus loucos propósitos e obtiveram algumas regalias. Eles colaboraram com a desgraça do outro.

Consumida pelo sofrimento, a sinhá e tentou o suicídio, sem sucesso. Passou a ser vigiada 24 horas por dia.

O negro Antônio, com cicatrizes por todo o corpo, acorrentado e torturado, começou a ser violentado sexualmente pelo senhor.

A sinhá estava grávida, e sua barriga crescia dia a dia. O senhor, saboreando sua loucura, sempre com um copo de uísque na mão, ria diante dela e falava:

– Estou curioso para ver o que sairá de você! Se for parecido com você, e também se nascer branco, eu deixarei viver; mas, se sair negro, vou me livrar imediatamente de sua cria.

O negro Antônio recebia diariamente uma dose de bebida entorpecente, que o deixava sem forças e sem ação. Transformou-se num morto-vivo. O senhor fazia dele o que bem queria.

O inverno chegou forte aquele ano. A sinhá entrou em trabalho de parto, e não havia ninguém para ajudá-la. A criança não nascia; a sinhá agradecia a Deus e pedia que os levasse logo. Ela não fazia força para que a criança nascesse; já sabia seu destino, e, como toda mãe, tentava proteger o filho. Queria morrer junto dele.

Mas a vida fala mais alto em qualquer situação: assim, após um dia e meio de sofrimentos, sem nenhuma ajuda, a criança nasceu! Um menino, franzino e debilitado, pois a sinhá não recebera alimentação nem os cuidados necessários na gravidez. Mesmo assim, ele lutava para viver.

Uma pobre escrava, sem nenhuma experiência, ajudou a sinhá e chorava enquanto embrulhava o garoto num pedaço de saia de sua senhora.

Ao ouvir o choro da criança, o senhor entrou no quarto e olhou para o recém-nascido. Num gesto de desprezo, cuspiu em seu rostinho, dizendo:

– Não se preocupe, minha querida, ninguém ficará sabendo disso. Vamos dar um jeito nesse filhote de urubu! – virando-se para o bebê, disse: – Eu tenho uma curiosidade! Quero ver aquele negro maldito olhando para este verme e o que vai sentir.

Saiu do quarto em passos rápidos, enquanto a escrava chorava num canto. A mãe, sem forças e mal conseguindo respirar, pediu:

– Anita, pelo amor de Deus, faça alguma coisa! Não deixe o senhor matar meu filho!

Não deu tempo de Anita responder. O senhor logo entrava no quarto com dois outros escravos arrastando Antônio, amarrado pelos pés e pelas mãos.

– Olha isso aí, negro! – gritou o senhor, rindo. – É seu filho com a sinhá branca! Já pensou se deixo isso viver? Mas repare que sou generoso com você, estou lhe mostrando a sua cria. Como isso me pertence, vou fazer o que bem quiser com ele – arrastando o pano que cobria a criança, falou: – Olha só! É macho, o infeliz! E bem-dotado, como o pai.

O senhor pegou a criança pelo pé e encostou o seu rostinho no rosto do pai. A escrava correu a tempo de apanhar o bebê antes que o homem o soltasse no chão.

Então encaminhou-se até a esposa, que respirava com dificuldade e, falando perto do seu ouvido, perguntou:

– Como se sente, sinhá, tendo o seu primeiro filho? Esse vai morrer, mas pode ficar sossegada que você vai parir muitos outros... Adorei vê-la grávida.

Entre lágrimas, ela pediu:

– Por favor, faça o que quiser comigo, mas deixe o menino vivo! Mande Anita embora da fazenda com ele... Meu pai lhe deu um bom dote, dê alguma coisa pra ela e deixe-a ir com a criança.

Após puxar uma mecha de cabelo da cabeça da esposa, ele respondeu:

– Está brincando comigo, não é mesmo? Acha que sou tão tolo assim, minha amada? Sinto muito, sinceramente muito. Vou lhe confessar uma coisa: cheguei até a pensar que, se seu filho nascesse branco, eu o deixaria viver e ser criado por alguma escrava, pois quando crescesse poderia ser um feitor na fazenda. Mas, infelizmente seu filho, nasceu negro. Nada posso fazer.

Antônio olhava para o recém-nascido, e seu coração sangrava. "Deus, ajude-me! Não peço por mim, mas por esse pequeno e indefeso ser". O senhor ordenou que levassem o Antônio e disse para a esposa:

– Esta noite, deixarei que você ouça o choro do seu filho; amanhã, logo cedo, venho buscá-lo para levá-lo a seu destino – saiu batendo a porta do quarto.

– Anita? – chamou a sinhá.

Após apontar para um baú que estava em cima do armário, a sinhá pediu que Anita lhe trouxesse o objeto no leito. A escrava entregou-lhe a caixa. Com dificuldade, a sinhá puxou uma tampa no baú, e apareceu um fundo falso. Ela retirou algo que brilhava entre seus dedos e estendeu na direção da escrava.

– Anita, eis aqui tudo o que possuo de valioso. Minha mãe me recomendou que só usasse numa ocasião como esta. A sua tarefa é arriscada, mas mesmo assim eu peço que tente. Corra, chame a velha Isabel e peça-lhe que sirva aos escravos e ao senhor uma bebida que os faça cair em sono profundo. Você deve ajudar a libertar Antônio, somente ele poderá nos salvar. Você sairá daqui com ele e meu filho, e fugirão desta fazenda.

A escrava tremia. Olhava para o recém-nascido que se mexia na cama, e para a sinhá, que estava pálida como cera. Sem responder nada, saiu correndo.

Com muito esforço, a sinhá puxou o filho para junto de si. Abraçava e beijava o rosto do pequeno; as lágrimas escorriam do seu rosto, molhando o pano que envolvia o pequeno ser.

– Meu filho, você nasceu entre os espinhos e a dor. Se Deus nos ajudar, você viverá. Guarde, filho, dentro do seu coração este nosso momento. Lembre-se sempre do quanto o amo.

Uma hora mais tarde, a escrava entrava no quarto da sinhá acompanhada do negro Antônio, que tinha os pés e as mãos inchados e marcados pelas correntes.

Ele se aproximou da cama e disse:

– Sinhá, nós vamos tirá-la daqui. Anita carrega a criança, e eu carrego a senhora nas costas. Vamos tentar atravessar a mata o mais rápido possível. O senhor logo colocará caçadores de escravos acompanhados de cães treinados por toda parte; mesmo assim, vamos tentar escapar.

– Peguem o baú, apanhem as moedas que estão na gaveta, e fujam. Eu não posso acompanhá-los; sozinhos, vocês terão mais chances de sobreviver.

– Não posso deixá-la, sinhá! O que será da senhora?

– Fique tranqüilo, Antônio! O senhor não vai me matar. Ele precisa de mim.

A sinhá apertou o filho contra o peito e o entregou para o pai. A negra velha Isabel entregou uma sacola a Anita, informando que havia colocado o necessário para eles cuidarem do pequeno. Eles saíram correndo, e a sinhá desmaiou.

A negra velha esfregou algo em seus pulsos. Aos poucos, ela voltava a respirar, abrindo os olhos com dificuldade.

Fazia dois dias que não se alimentava. Com dificuldade, Isabel erguia a cabeça de sinhá, tentando pôr um pouco de caldo em sua boca. Enquanto isso, pedia:

– Por Deus, sinhá, precisa engolir um pouco disso. A senhora tem de viver, seu filho precisa da senhora.

Essas palavras soavam tão poderosas para a sinhá! Enquanto engolia o caldo, pensava no filho, pedindo que Deus o amparasse. A negra Isabel tinha razão; ela precisava viver para rezar pelo filho. Após tomar o caldo, adormeceu pelo cansaço e a fraqueza que lhe abatiam. A escrava colocou mais uma coberta sobre o seu corpo.

Guardou o baú vazio, arrumou o quarto, com cuidado, saiu sorrateiramente e foi verificar os homens que roncavam tomados pelo sono profundo. Seu primeiro desejo foi matar um por um. E se matasse só o sinhozinho?

Um arrepio lhe passou pelo corpo. Não, ela não podia fazer aquilo!

O que iria acontecer com ela e com a sinhá?

Encorajando-se, dizia para si mesma: "Seja feita a vontade de Deus! Ele sabe o que faz".

Com calma, encolheu-se no canto do quarto, com os braços cruzados sobre os joelhos, e começou a orar. "Jesus, tenha misericórdia desse pequenino que atravessa as estradas do perigo". Lembrava-se de que ouvira o padre contar a história de Jesus; sua mãe e seu pai fugiram muitas vezes para esconder o filho. Nossa Senhora iria ajudar o filho da sinhá, e a ela também.

Já amanhecia quando o senhor entrou feito um tufão no quarto da sinhá. A sinhá parecia morta. Ele a sacudiu, perguntando:

– Onde está o seu monstrinho?

Ela mal abriu os olhos, tombando a cabeça de lado. Ele a largou, e só então se deu conta da negra velha encolhida no canto.

– Onde estão Anita e o menino? – gritou ele, colocando a mão na testa.

– Não sei, senhor. Vim da cozinha trazer esse caldo para a sinhá e a encontrei sozinha.

O senhor pareceu sentir tonturas. Observou a escrava, sentando-se aos pés da cama onde descansava a sinhá.

Naquele momento, entraram correndo os dois escravos que faziam a segurança do senhor. Tremendo, falavam ao mesmo tempo:

– Senhor, senhor! O Antônio fugiu! Aquele suco que tomamos devia estar com alguma erva do sono, pois dormimos os três!

O outro negro acrescentou:

– Sinto a cabeça girando e tenho a boca seca. Antônio fugiu com Anita, levaram o menino. E, com certeza, foram ajudados por alguém.

Apontando para os negros, o senhor ordenou:

– Vão até a fazenda, e reúnam todos os caçadores armados e acompanhados pelos cães. Vasculhem tudo! Até o final da tarde, eu os quero de volta.

Enquanto os negros se afastavam, o senhor arrastou a negra velha, dando-lhe um chute no ventre. Gritando, ele perguntou:

– O que você colocou naquele suco, e quem lhe mandou fazer isso?

Retorcendo-se de dor, a negra respondeu:

– Eu coloquei o mesmo preparado que o senhor dava para o Antônio. Dei também para a sinhá, por isso ela dorme. Não sabia que aquilo fazia mal. Achei que ia acalmar a todos.

Dando-lhe outro chute no estômago, o senhor saiu, gritando palavrões contra ela.

A negra velha ficou imóvel no chão. Não conseguia respirar, nem se mover, tamanha era a sua dor.

Naquele quarto sombrio, marcado pelo sofrimento, duas mulheres em silêncio calavam a sua dor. Ambas rezavam a Deus, pedindo pelos fugitivos.

Na varanda, o senhor andava de um lado para outro. Aquele negro maldito tinha de ser encontrado! Ele iria receber o castigo que merecia.

Deixaria a cria do Antônio crescer um pouco e mataria aquela criatura aos poucos! Todos os dias, ele aplicaria um castigo naquele infame recém-nascido, e na frente dele.

E quanto à sua mulher? O que fazer com ela?

Depois pensaria no que fazer. Ela havia pedido pelo filho... Será que teve a coragem de amar aquela criatura? Só de ter tal pensamento, sentiu nojo e cuspiu no chão.

Quanto a Anita, quando retornasse, seria colocada no tronco e ficaria sem água e comida. Só seria retirada quando estivesse morta. Mas, antes de ir ao tronco, ele queria ter o prazer de chutá-la várias vezes, como se fosse um monte de lixo.

A negra Isabel ficaria viva para cuidar do odioso menino. Ficaria na cabana que os caçadores usavam antigamente. E, nesse mesmo lugar, Antônio pagaria caro pelo que lhe fizera.

Lembrava-se de que tentara ser generoso e gentil com ele. O que custava lhe fazer o que pediu? Ele poderia viver muito bem, se não fosse orgulhoso e rebelde.

Foi até a cozinha e comeu o que encontrou por lá; enquanto comia, decidiu que mandaria trazer duas novas negras para cuidar da casa.

Saciada a fome, passou pelo quarto, nas pontas dos pés. A negra estava no chão, encolhida, e a esposa parecia morta.

Sentou-se na varanda e falou em voz alta, pois não havia ninguém para ouvi-lo:

– Diabos! Tomara que isso não me traga problemas. Se isso cair no ouvido de algum inimigo meu, estarei encrencado.

Com dificuldade, a negra velha Isabel se arrastou, até conseguir levantar-se. Olhou a sinhá, que mal respirava. Ela não tinha se mexido, e estava no mesmo lugar.

A negra foi até a cozinha e esquentou o caldo de galinha; Com delicadeza, pedia-lhe que engolisse o alimento. Aos poucos, ela conseguiu tomar uma xícara do caldo. Suas faces estavam mais rosadas, seus lábios ganhavam cor.

O sol desapareceu no céu; a escuridão e o vento frio da noite penetravam na casa-grande. O senhor levantou-se e foi até a sala, acendendo o lampião. Preocupado, perguntava a si mesmo: "Será que não encontraram aqueles malditos? Cadê aqueles negros que não apareciam?".

Enquanto isso, a negra Isabel acendia a lamparina no quarto da sinhá, ajudando-a a fazer sua higiene pessoal. Também lhe ofereceu um pouco de chá quente.

A noite foi longa para todos. O senhor andava sem parar, batendo as botas no chão, praticamente a noite inteira, mas não incomodou a sinhá.

Os primeiros raios do dia penetravam pelas frestas da janela. Arrastando-se, a negra Isabel foi até a cozinha preparar o café. O senhor estava sentado numa cadeira de balanço, e ao avistar a escrava, ordenou-lhe que preparasse o seu café. Porém, ele iria vigiá-la, pois não confiava mais no que ela lhe servia.

Após se servir, o senhor levantou-se e saiu apressado. A escrava, então, preparou uma bandeja para sua sinhá, ajudando-a a alimentar-se.

Já passava de meio-dia quando os dois escravos apareceram. Eles vinham sozinhos. Desmontaram e, cabisbaixos, apresentaram-se ao senhor, dizendo:

– Os homens estão vasculhando tudo, mas até agora não encontramos nenhuma pista deles. Se tiver alguma nova ordem para nós, o senhor pode passar. Mas, se nos permitir, precisamos comer, pois desde ontem não colocamos nada na boca.

– Comam, e depois voltem aqui – respondeu o senhor. Pediu que lhe preparassem seu alazão, e ordenou aos dois:

– Não me apareçam aqui sem eles! Sigam com os outros e vasculhem todas as matas. Montando em seu alazão, virou-se e disse: – Não se atrevam a entrar em minha fazenda sem os fugitivos, ou então passarão a ser fugitivos também.

O senhor chegou à fazenda nova, como ficou conhecida, e chamou os feitores. Conversaram alguns minutos; eu estava fazendo um curativo num animal que tinha uma ferida na pata.

Percebi um movimento estranho entre feitores e os escravos internos; vi duas negras e três negros com um saco na mão, e entendi que iam embora. Entraram na carroça e saíram. O senhor seguia na frente.

O negro Chico me contou que ouvira os feitores comentando que haviam contratado alguns caçadores de escravos para atender a um pedido do senhor.

Quem teria fugido na fazenda do senhor? Fiquei matutando, e senti medo de pensar na hipótese de ser o Antônio.

O velho Zacarias aproximou-se de mim e chamou-me de lado.

– O que há, Zacarias? – perguntei.

– Você conhece bem os atalhos das matas, não é?

– Por que me pergunta isso?

– Porque nossos irmãos precisam de sua ajuda.

– Que irmãos?

– Antônio, por exemplo.

O sangue fugiu do meu rosto. Fiquei sem fala.

– O que aconteceu com Antônio? – perguntei, trêmulo.

Zacarias me chamou de lado e, falando baixinho, disse-me o que eu precisava fazer, e com urgência! Pois era questão de vida ou morte.

Fui até o nosso feitor e lhe disse que precisava ir colher ervas e raízes a pedido da avó Joana.

O feitor, olhando-me com ar de desconfiança, respondeu:

– Você não foi na semana passada colher ervas pra ela? Vai me dizer que já acabou tudo!

– Foi a avó que pediu, senhor. Eu sei que só devo obedecer às ordens dos senhores, e do senhor, que é meu feitor. Por favor, fale com ela!

Olhando-me de lado, ele mordeu o cigarro no canto da boca e respondeu:

– Tudo bem, tudo bem, assim que terminar seus afazeres pode ir catar as ervas; se foi a negra velha Joana que pediu, ela precisa mesmo. Essa negra não mente.

Antes de me afastar, ele me advertiu:

– Assobie e cante alto, para que os negros que estão caçando os fugitivos não o confundam com um deles e lhe quebrem as pernas no meio do mato.

– Sim, senhor! Fique sossegado, que eu faço isso sempre que colho ervas. Os caçadores já me conhecem.

Peguei o saco de ferramentas, mas dentro dele havia outras coisas, que Zacarias e a avó Joana tinham preparado. Saí assobiando alto, até me afastar da fazenda.

Atravessei o rio a nado, cheguei ao outro lado e encontrei a trilha que Zacarias havia me indicado. Subi até o alto da pedra e descobri entre os pequenos arbustos uma fresta que dava para o outro lado. Entrei com cuidado e andei mais ou menos uma hora.

Saí entre uma cadeia de pedras. Elas se fechavam formando um círculo; não existia saída, era uma cadeia de pequenas montanhas. Tive de escalar as pedras e descer. Cautelosamente, dei alguns passos e chamei por Antônio, identificando-me.

Ouvi um chorinho fraco; de repente, Antônio e Anita apareciam diante de mim.

– Meu Deus! O que aconteceu, meu irmão? Vocês tiveram um filho? Por que estão fugindo? – perguntei aflito.

Abri o saco e entreguei o que avó Joana havia preparado. Anita pegou a garrafa de leite e foi alimentar a criança.

Antônio me relatou todo o seu sofrimento, e como haviam chegado até ali. Só não sabia como iriam escapar. Estavam cercados por todos os lados, e era uma sorte grande ainda não terem sido descobertos. Ouviram latidos de cães e vozes bem ali, pertinho deles.

Então, aquele menino era o filho de uma sinhá! Meu Deus!

Sentamos. Eles estavam sem comer nada, cercados por pedras. O que encontrar? Não havia nem água nem comida; foi sorte eu ter levado comida para eles.

Após olhar pra mim desesperado, Antônio disse:

– Meu irmão, eu não sei o que fazer! Como posso sair daqui levando Anita e essa criança? Se estivesse sozinho, iria me arriscar a andar noite adentro e me esconder de dia, até que outro senhor me encontrasse. Quem sabe teria mais sorte em ser seu escravo! Mas, quanto a Anita e essa criança, o que fazer?

A pobre escrava chorava, apertando o menino no peito. Eu fiquei sem saber o que dizer, então respondi:

– Antônio, Deus já olhou por vocês hoje; amanhã será outro dia. Vou conversar com Zacarias e avó Joana; tenho certeza que eles consultarão nossos protetores e receberão alguma instrução para ajudá-lo. Fiquem quietos e me aguardem. Não prometo vir amanhã porque dependo do feitor para me liberar, mas aí tem água, um pouco de leite para a criança, comida e alguns lençóis de sacos para vocês dormirem. Não saiam daqui; esperem que eu volto para ajudá-los.

Chorando, Anita me mostrou o que a sinhá dera a eles, dizendo ter muito valor; mas de que iria adiantar aquilo?

– No momento certo, você vai saber o valor disso.

Corri feito louco, atravessei o rio de volta e enchi o saco de folhas. Nem reparei o que era.

Estava quase escuro quando cheguei à fazenda, suado e cansado pela corrida. Quando passei perto do feitor, ele me falou:

– Espero que essa sua demora tenha rendido umas duas semanas sem precisar ir ao mato colher ervas! Isso são horas de voltar? Se o senhor resolvesse vir até aqui na hora da de sua refeição e percebesse que faltava um, o que eu iria dizer a ele? Dessa vez passa, não me apronte outra! Vá comer com os outros! Anda, negro!

Joguei o saco dentro do barracão onde ficava avó Joana e lhe disse que depois contaria tudo.

Com a cumbuca na mão, sentado num toco, Zacarias me fitava aflito. Peguei a minha cumbuca e fui sentar-me perto dele.

– E então? – perguntou ele, disfarçando, como se estivesse cobiçando minha comida.

Sem olhar para Zacarias, relatei-lhe a situação, acrescentando que havia prometido ajudá-los e que ele e avó Joana consultassem os nossos deuses e achassem uma solução. Eu me arriscaria, mas iria ajudar.

– Vou conversar com Joana daqui a pouco. Vamos pro tacho (eles preparavam as garrafadas à noite) e lá pensaremos no que fazer.

– Cuidado com a língua, meu filho! Às vezes, falamos sem pensar, e, quando soltamos as palavras, não tem mais jeito de prendê-las – alertou-me ele.

– Fique tranqüilo, Zacarias, eu também estou metido nisso.

Um dos feitores que acompanhavam o senhor se aproximou e, apontando para Zacarias, disse:

– É você mesmo que eu vim buscar! O seu senhor precisa de você com urgência. A sinhá está muito doente, e ele quer que você leve o que tiver de remédio aqui preparado! Vamos logo, que o senhor tem pressa!

Olhei para Zacarias e prendi a respiração.

Meu Deus, como eu poderia ajudar aqueles três sem Zacarias?"

– Senhor feitor, posso pegar meus objetos lá no barracão? – pediu Zacarias.

– Tem dois minutos! Vá, que eu o espero na saída. Vou acertar sua transferência com o seu feitor.

Saí correndo atrás dele. Em passos forçados, Zacarias tentava alcançar o barracão; a idade já não lhe permitia andar rápido. Ele me disse baixinho:

– Fique calmo, não deixe transparecer que você está aflito! Joana vai lhe dar instruções; apenas tome cuidado. Volte pro meio dos outros, enquanto falo com Joana.

Vi o negro velho Zacarias montando a mula e acompanhando o feitor, e meus olhos se encheram de lágrimas. Ele era um pai para os jovens da fazenda.

Alguns negros cantavam, outros brincavam, espalhados pelo terreiro da casa-grande; naturalmente, estavam debaixo dos olhos dos feitores.

Sentado num toco, eu fingia que desenhava no chão. A lua clara iluminava nossos rostos, e eu pedia que Deus clareasse o meu caminho.

A avó Joana apareceu no terreiro com um lenço amarrado na cabeça e uma colher de pau na mão. Falava com o feitor. Ele se aproximou de mim e ordenou:

– Acompanhe a negra velha Joana! Vá ajudá-la a preparar os remédios. Enquanto Zacarias não voltar, você irá ajudá-la. Já conhece as ervas, e é bom pra você aprender: assim, quando a negra Joana não puder mais fazer, você faz. E levante-se cedo amanhã para ir colher mais ervas, pois Zacarias levou o que você trouxe hoje. Tome cuidado!

– Sim, senhor, pode ficar sossegado – respondi. Graças a Deus, aparecia uma oportunidade para que eu escapasse e fosse até os fugitivos.

Avó Joana era um anjo disfarçado de escrava que Deus colocou no meio de tantos sofredores. Todos a respeitavam: escravos, feitores e até os senhores. Nenhum escravo ali se atrevia a destratá-la, pois os outros hostilizavam quem a magoasse. Suspirei aliviado, olhando pra ela.

– Vamos, filho! Estou com o tacho no fogão e preciso de braços fortes para mexer! Corra lá e vá mexendo o tacho! Suas pernas são boas, as minhas é que estão fracas – falou bem alto para os feitores ouvirem.

Saí correndo, enquanto ouvia Joana gritando:

– Não atice o fogo! Deixe como está.

Assim que ela chegou perto do fogo, eu mexia o tacho enquanto os feitores olhavam de longe.

– Filho, Deus sabe o que faz – disse ela, sentando-se num pilão velho que servia de banco. – Zacarias foi ajudar a pobre sinhá, e Deus não faltou conosco; amanhã cedo, você pode ir ter com Antônio.

Eu mexia o tacho, e de cabeça baixa ouvia o que ela dizia:

– Zacarias vai dar notícias do filho para a sinhá, ela precisa saber que ele está vivo. E nós vamos pensar no que fazer para salvar Antônio, Anita e a criança.

– Mas, avó, o que podemos fazer? – perguntei aflito.

– Cale essa boca, menino! Se soubesse, não ia perguntar a quem sabe mais do que eu! Você vai ficar mexendo isso aí até a meia-noite! Se secar, ponha mais água. Na verdade, não estou preparando nenhum remédio; preciso mesmo é dos doutores de Deus aqui perto de nós. Eu ficarei aqui e tentarei entrar em contato com os nossos deuses; preciso ouvir o que eles têm a nos dizer. E você, continue rezando e mexendo esse tacho; ninguém pode desconfiar de nada.

Assim, todos os negros passavam na frente do fogo e tomavam bênção da avó Joana. Os feitores foram até lá e recomendaram:

A Saga de uma Sinhá 〜 55

— Avó Joana, nós vamos nos deitar, que amanhã a luta será grande. A senhora não fique nessa friagem da noite até altas horas! Leve o negro para o barracão quando terminar.

– Vão se deitar, meus filhos! Eu sei que estão cansados. Querem tomar um chazinho pra dormirem melhor? – perguntou ela.

– Queremos, sim.

Eles foram até perto do fogo. Ela pegou o bule e encheu as cuias para eles. Tomaram o chá, agradeceram a ela e se despediram, dando boa-noite para avó Joana.

Um galo cantou fora de hora, ela disse-me:

– Filho, esse é um sinal... Um dos nossos ancestrais está tentando falar comigo. Vamos rezar.

Sentada no pilão, ela fechou os olhos, rezando. Eu estremeci, pois vi uma luz imensa cercando o corpo dela.

Logo, ela começava a falar não com sua voz, mas com uma voz forte e determinada. Fiquei parado, ouvindo suas instruções quanto ao que deveríamos fazer em relação aos três fugitivos.

Assim que outro galo cantou, avó Joana ergueu os braços e se levantou, dizendo:

– Vamos seguir para o meu barracão. Esta noite, você dorme lá.

Seguimos adiante, e, quando chegamos perto do feitor da noite, ela disse:

– Juvenal, meu filho, saia desse sereno, fique embaixo do telhado, ou vá aquecer-se lá perto do fogo, onde está o nosso tacho. Ah! O negro Miguel vai dormir comigo, assim mostro as ervas que usarei. Ele precisa ver as ervas para não trazer besteiras.

– Sim, avó Joana, com a senhora ele estará em boas mãos! Durma com Deus, e até amanhã.

– Juvenal? – chamou avó Joana. – Deixei um pouco de chá quente no bule. Pode tomar, para esquentar o peito.

– Obrigado, avó Joana, eu vou aceitar mesmo. Até amanhã – respondeu ele, retirando-se.

Trancados no barracão, eu transmiti para avó Joana o que tinha ouvido do nosso encantado. E ela me alertou quanto às providências e os cuidados que eu deveria ter.

Fomos dormir depois de preparar tudo para a minha viagem. Eu levava roupas, remédios, alimentos e uma ferramenta preciosa e necessária para Antônio sobreviver: um facão!

Com os primeiros raios do dia, avó Joana me sacudiu; eu acordei e me preparei para sair. Outra negra velha, que também auxiliava avó Joana a ajudar infelizes que se metiam em encrencas, já havia preparado o desjejum dos negros que iam cedo para a lavoura. Eu aceitei o que ela me entregou, e ainda levei embrulhado um pedaço de bolo e pão para Antônio e Anita.

Passei pelos dois feitores, e um deles me alertou:

– Vá correndo e volte voando! Temos dois potros para você começar a amansar hoje. Não se demore nas matas.

Realmente, saí correndo; amarrei o saco na cabeça e atravessei o rio a nado. As águas estavam geladas, mas a minha ansiedade era tanta, que nem me dei conta. Escalei as montanhas, e logo estava com Antônio e Anita. Então, informei-lhes o nosso plano.

Anita chorava, apertando o pequeno entre os braços. Ela suspirou fundo quando ouviu o plano e a possibilidade de a criança sobreviver entre nós.

Quanto aos dois, assim que eu conseguisse tirar a criança, eles deveriam fugir. Eu iria fornecer um mapa para que se guiassem e conseguissem sair daquelas terras sem serem vistos. Depois, deveriam tomar cuidado e pedir sorte a Deus, e desaparecer para o mais longe possível.

Combinamos que, nos próximos três ou quatro dias, eu voltaria para pegar o menino. Então, voltei correndo e procedi da mesma forma que antes: quebrei galhos das árvores e enchi o saco com eles, e voltei voando, como me pediram os feitores.

O senhor Ambrósio, um dos feitores bondosos que tínhamos do nosso lado, assim que me viu correndo com o saco nas costas, me disse:

– Miguel, pra que tanta correria? Desse jeito, vai ficar doente, e aí eu quero ver quem irá buscar ervas! Vá, entregue as ervas para avó Joana, beba água e descanse um pouco. Os cavalos podem esperar um pouco mais.

– Obrigado, senhor Ambrósio! Deus o abençoe.

Três dias depois, Maria do Céu teve os primeiros sinais de que ia dar à luz. Acompanhada de avó Joana, Maria seguiu na direção do rio, e eu saí correndo para ir buscar uma raiz que, segundo avó Joana, ela precisava tomar. Tudo indicava que Maria teria dois filhos de uma vez. Ela iria lavar-se nas águas correntes do rio para adiantar o parto. Os feitores respeitavam a sabedoria da avó Joana, e os filhos que Maria do Céu daria à luz possivelmente eram do senhor Ambrósio.

Corri feito louco, desci pedreira abaixo me ralando todo, e dei a notícia do parto da Maria do Céu. Anita embrulhou o pequeno, que dormia deitado sobre uma cama de folhas secas. Ela abraçou o pequeno e, chorando, me pediu:

– Miguel, pelo amor de Deus! Eu não me importo de morrer, mas, por favor, salve o filho da sinhá! Eu prometi a ela que cuidaria da criança, e confiarei a vida dessa criança a você – puxou o saco com a fortuna que a sinhá lhe entregara e me disse: – Leve com você!

Eu respondi que jamais levaria comigo aquela fortuna; o pequeno ia viver na senzala com os outros meninos escravos, ele seria um escravo e não um fidalgo! E que aquele ouro poderia ajudá-los a seguir adiante na vida.

Peguei o menino ainda adormecido, e prometi aos dois que voltaria para ajudá-los a seguir os caminhos deles.

A margem do rio, amarrei o pequeno nas minhas costas e atravessei rápido o braço do rio. A água fria fez a criança chorar o trajeto todo. Do outro lado do rio, embrulhei-o em um saco seco e limpo e lhe dei leite que deixara escondido; logo ele fechou os olhos, e então eu segui minha corrida. Rodeando a outra margem do rio, avistei avó Joana com Maria do Céu, que tinha uma criança no colo. A avó me deu sinal, eu corri e quase joguei o menino no colo dela. Ela olhou para o pequenino com tanto carinho! Vi duas lágrimas descendo dos seus olhos.

Segui escondido pelo outro lado, voltei para casa e avisei, na senzala e aos feitores, que Maria do Céu dera à luz dois meninos e estava tudo bem. Avó Joana queria uma carroça para trazê-la para a senzala, e assim foi feito.

Era um espanto! Ela voltava com duas crianças nos braços! Não era comum, mas acontecia de tempos em tempos. Todos queriam ver as crianças. Avó Joana pediu-lhes que deixassem Maria do Céu descansar, pois o parto havia sido muito difícil. Depois, todos poderiam visitá-la.

Corria de boca em boca que as crianças de Maria eram do feitor da noite, e que ele também tinha filhos gêmeos com a esposa. Se o filho da Maria do Céu era dele, nunca fiquei sabendo; mas era bom que a notícia se espalhasse: assim, estávamos protegidos, embora o filho dela tivesse a mesma cor que o da sinhá – era mulato! O garoto aceitou o peito, e era parecido com o outro; até o senhor Ambrósio foi olhar as crianças.

Uma semana depois, vi o senhor se aproximando da casa grande. Fiquei sem fôlego. Sua aparência dava medo: cabelos em desalinho e barba por fazer. Desceu no pátio da fazenda e perguntou ao feitor:

– Então uma negra deu cria a dois negrinhos de uma vez?

– Foi sim, senhor! Os dois passam bem – respondeu o feitor. – O senhor quer ver seus novos escravos?

– Não, deixe pra lá, que cresçam e sejam fortes! Nós precisamos de braços fortes para trabalhar na terra! Deixe que a mãe amamente sossegada, assim eles crescem mais cedo.

– E dos fugitivos, o senhor tem alguma pista? – perguntou o feitor.

– Ainda não encontramos os malditos negros, devem estar encurralados em algum buraco. O castigo deles dobra a cada hora que passa. Eu vou encontrá-los, sem sombra de dúvida! Mandei cercar todas as entradas, dei queixa às autoridades, que estão alertas, e os caçadores de escravos já correm atrás deles pela recompensa. Vocês são testemunhas de que, na minha fazenda, eu trato todos os negros com bondade. Mas não vou admitir esse tipo de comportamento entre escravos meus! Já contratei um profissional em castigos: assim que resgatarmos os fugitivos, eles serão castigados na frente de todos os outros escravos. Servirão de exemplo! Acredito que, depois de presenciarem o que nunca viram, os outros escravos jamais vão sentir vontade de fugir!

As minhas pernas tremiam. "Meu Deus, ajude-nos! Se eles forem pegos, eu também vou para o tronco... E o que será feito do filho da sinhá? Todos seremos castigados!".

O senhor aproximou-se da avó Joana e disse:

– Negra Joana, a sua sinhá está muito doente. O negro velho Zacarias vem tentando de tudo para curá-la, mas não tem conseguido. Sei que você tem mais experiência do que ele em problemas de mulher; vou mandar que a levem até lá para ajudá-la. Quem sabe com você ela melhore!

– Sim, senhor, o que puder fazer pela sua sinhá, farei com muito gosto – respondeu avó Joana.

– E, por falar nisso, negra Joana, dê-me algo para sarar esse vermelhão aqui no meu braço – ordenou ele.

Avó Joana, virando-se pra mim, gritou:

– Miguel, vá buscar aquela pomada de ervas!

Saí quase voando, peguei a pomada e voltei. Escutei a avó Joana dizendo:

– Ah, senhor, isso é provocado por uma certa planta. Mas é só passar a pomada das outras ervas que alivia na hora!

– Vamos ver! – respondeu ele.

Avó Joana deu a pomada, e ele passou em cima do vermelhão, que parecia ser provocado por urtiga. O vermelhão foi clareando, e o senhor disse:

– Que alívio! Esta pomada é boa mesmo! Vou levar para usar à noite, antes de me deitar. Voltou-se para o feitor e disse: – Zacarias vai voltar para cuidar dos remédios aqui, na fazenda. Coloca esse negro para ajudá-lo.

Assim que ele se afastou, eu corri até avó Joana. Desesperado, peguei no braço dela e perguntei:

A Saga de uma Sinhá 61

– Como é que eu vou ficar sem a senhora por aqui? Quem vai me ajudar?

Ela serenamente respondeu:

– Quem vai lhe ajudar é Deus! Fique sossegado... Não vê a chance que Ele nos oferece? Zacarias está voltando para ajudá-lo, e ele conhece essas matas como a palma da mão! Já se esqueceu de que Zacarias fecha os olhos e aponta o caminho que precisamos? Quantas vezes você foi buscar nossas raízes no local certinho que ele indicou sem nunca ter colocado o pé no local? Calma, filho, Deus está do nosso lado.

– A senhora está certa, eu é que fiquei abalado com essa história do menino. Está tão engraçadinho nos braços de Maria do Céu; ninguém diz que não é filho dela!

– Graças a Deus, que não desampara ninguém, o menino vive aqui como escravo, quando na verdade é um sinhozinho! Mas vamos deixar que Deus faça o que já tem escrito para cada um de nós. Reforce o que precisa levar para Antônio e Anita. Vou pedir que feitor o libere para ir buscar raízes que crescem no escuro da mata e avisar que vai demorar um pouquinho. Eles não vão querer nem discutir o pedido do senhor, eu preciso estar com tudo pronto para amanhã cedo. Você combine com eles que esperem Zacarias voltar, e então ele dará mais instruções quanto à hora certa de escalarem as pedras e o lado do rio que devem seguir sem despertar o faro dos cães.

Assim, mais uma vez, eu me encontrei com os dois fugitivos. Levei algumas coisas que poderia ajudá-los e combinamos que eu voltaria com as últimas instruções para a fuga deles em segurança. Deveríamos esperar Zacarias, conforme pediu avó Joana.

Na manhã do dia seguinte acompanhei avó Joana até a carroça. Ela me pedia calma, mas eu não consegui segurar as lágrimas. Assim que ela se afastou, eu escutei os feitores reclamando da partida dela: "Tomara que o senhor não queira trancá-la por lá!". "Quem vai cuidar do parto das nossas esposas e de nossas doenças?".

Um deles perguntou:

– O que será que aconteceu com a sinhá?

– Fiquei sabendo que ela teve um filho, e que o pequeno morreu! – o senhor Ambrósio respondeu. – O que se comenta é que ela enlouqueceu. Nas poucas vezes em que estive lá, eu a avistei de longe; nem lembra mais aquela sinhá! Está acabada, parece uma velha! Também, não foi fácil pra ela: primeiro chega a esta terra sem ter nenhum parente; depois, a dama que trouxe como companhia trai sua confiança (foi o que me contaram; dizem que ela hoje vive na cidade e dirige uma casa de má fama). Segundo as más línguas, comprou algumas escravas jovens e ganha a vida vendendo-as para os escravos livres, feitores e até senhores. Isso foi o que me contaram.

O outro respondeu:

– Não é fácil! Até hoje, não entendo por que o senhor não vive nesta casa, que, na minha opinião, é bem melhor que a outra!

– Deve ser por afeição que ele vive lá! Esqueceu-se de que nasceu e cresceu naquela casa? Com certeza, vive lá por gratidão! Eu também acho que esta casa é muito melhor! Sem contar que aqui tudo está centralizado. Fiquei sabendo que ele adquiriu meia dúzia de novos escravos; não posso afirmar, mas acho que vi alguns negros novos por lá. Quem sabe avó Joana cura a sinhá e até a traz para nós. Já começo a ficar preocupado: tem faltado tudo para os jovens escravos; eles crescem e engordam, e as roupas não servem mais. Quem fez as compras na última vez foi a sinhá; e agora, quem vai fazer isso? O que vamos fazer com tantas coisas erradas?

Só Deus sabe, meu amigo Ambrósio! Dê uma olhada nas minhas botas... Estão furadas, e as chuvas já vão chegar. Nós não sabemos o que vai acontecer. Só podemos rezar e pedir que Deus ajude a avó Joana a curar a sinhá.

Eu trabalhava nos meus arreios de cabeça baixa. Os feitores não evitavam falar perto de mim, sabiam que eu não dava com a língua nos dentes para qualquer um. Fiquei por ali, porque a conversa me interessava.

Um dos feitores perguntou ao senhor Ambrósio:

– Você viu o Antônio por lá? Uma coisa que me intriga é que esse negro sumiu do mapa! Antigamente, o senhor só andava com ele a tiracolo, ele vivia até colocando a coluna do senhor no lugar... De repente, ele sumiu!

– Vou lhe contar uma história, e que fique aqui entre nós: um dos fugitivos que o senhor procura é o Antônio.

O feitor arregalou os olhos e exclamou:

– Você está brincando! Justo aquele medroso que os outros escravos apelidaram de touro manso?

– Pois é. Não dizem por aí que devemos ter medo de boi manso? Essa é a prova, ele fugiu! Eu nunca mais o vi, então a história deve ser verdadeira. Tenho até pena, quando o senhor colocar as mãos nele! Que chance tem esse negro de sobreviver? Ele deve estar escondido, sem comer nem beber, em algum buraco por aí. Nós sabemos que ninguém pode sobreviver muito tempo nessas condições.

– Quantos escravos fugiram além de Antônio? – questionou outro feitor.

– Falaram em três! Deve ser algum escravo afoito que chegou à fazenda, e tendo facilidade, porque lá está totalmente vazio, foi má influência para o Antônio. Bem, só Deus sabe o que vai acontecer com eles daqui pra frente.

– Pois é... Um sujeito bom, vivia aqui no meio da gente! Nunca tivemos nenhum problema sério com ele, e de repente faz uma bobagem dessa. Ele não tem nenhuma chance de sobreviver! Eu sempre digo: não se pode separar os negros! Eles juntos se aconselham, se ajudam. Quando são separados, acabam morrendo! Eles não sobrevivem sozinhos!

Olha o caso dos que conseguem a carta de alforria! Não ficam três meses vivos! Eu acho que é até um crime o que fazem com eles: vivem trancados a vida toda, e de repente são soltos; parecem passarinhos que nasceram na gaiola, não sobrevivem fora da prisão. Vou ser sincero com você. Às vezes, fico pensando muito na minha vida e me perguntando: que castigo é esse nascer com outra cor?

Ambrósio respondeu:

– Conforme nos diz avó Joana, cada um com sua sina! Não devemos nunca questionar a sabedoria de Deus, porque Ele sabe o que faz com cada um de nós.

Assim passei o dia, trabalhando e me torturando, sem saber o que iria acontecer conosco.

No fim da tarde, avistei a carroça que havia levado avó Joana, e logo pude constatar que Zacarias estava voltando.

– Miguel? – chamou o senhor Ambrósio.

– Sim, senhor! – corri até ele.

– Vá ajudar o negro Zacarias a descer da carroça. E você ouviu o que disse o senhor, não ouviu? Está escalado para ajudá-lo. Naturalmente, deve dar conta dos outros afazeres. E escute bem, Miguel: pelo amor de Deus, tome cuidado para não se meter em encrencas! Nós não imaginávamos que um negro sonso como o Antônio fosse se meter a fugir! Por isso lhe dou este conselho: não faça besteiras!

– Eu também acho que ele fez uma grande bobagem, senhor. Ambrósio! Rezo a Deus para que o nosso sinhozinho o mantenha vivo, e que o castigo que ele vai receber lhe sirva de lição. Quanto a mim, o senhor pode ficar sossegado, que eu não vou dar desgosto para a minha avó Joana.

– Esperamos que sim, Miguel. Nas conversas que tiver com seus amigos, diga isso a eles: nós estamos aqui cumprindo o nosso papel, não temos culpa de vocês terem nascido negros. Somos apenas os feitores que trabalham para os nossos senhores. Não vale a pena para ninguém tentar abraçar o que não pode abarcar! Se, um dia, a liberdade geral dos escravos for aprovada como lei, eu serei o primeiro a comemorar com alegria; mas, enquanto isso não acontece, vamos procurar viver com o que Deus nos concedeu.

Obrigado, sr. Ambrósio, eu farei o possível para ajudar meus irmãos a compreenderem o que precisamos aceitar como nossa missão de vida.

Ainda pude ouvir o feitor comentar com o outro:

– Se todos os negros fossem como Miguel, o sinhozinho nem precisaria de feitores! Conheço esse negro desde que chegou aqui: era um menino bom e obediente! Avó Joana o criou e o educou, e assim ele se mantém até hoje.

Corri para abrir a porteira, peguei no braço do negro velho Zacarias e o coloquei no chão. Nós nos olhamos em silêncio; nossa troca de olhares era nossa linguagem. Entendi que ele havia conversado com avó Joana.

Já no barracão, ele me disse baixinho:

– Miguel, meu filho, nenhum sofrimento anda sozinho: um se sustenta no outro. E nós estamos aqui também sofrendo por nossos irmãos, por isso devemos dar a eles essa sustentação. E como vai o garotinho da sinhá?

– Está lindo! Nem parece que passou por tanto sofrimento. Olho pra ele e tenho vontade de chorar, lembrar que atravessei o braço do rio com ele amarrado nas minhas costas, chorando de frio e de medo! Nos braços da Maria do Céu, ele se parece até com o outro filho dela, que dizem ser filho do senhor Ambrósio. Eu até acredito que seja mesmo; ela vivia escapando à noite, segundo as próprias amigas.

– Isso não vem ao caso! – respondeu Zacarias. – Já deram nome ao garoto?

– Com essa confusão toda, nem o sinhozinho nem a sinhá têm dado muita atenção para os escravos. Os dois meninos estão sem nome – respondi.

Zacarias, esticando as pernas, respondeu:

– A presença do padre já está fazendo falta aqui, na fazenda. Parece que esse novo senhor não tem muito compromisso com a Igreja. Depois que o pai viajou, nunca mais foi trazido um vigário aqui para esta fazenda! E a presença do padre é tão importante quanto a dos nossos deuses.

– E não é só o padre que faz falta, não, Zacarias! Faltam roupas e calçados, e muitas outras coisas para nós. Hoje mesmo, ouvi os feitores conversando sobre isso. Um deles mos-

A Saga de uma Sinhá ☙ 67

trou a bota furada, e lembrou bem quando disse que as chuvas estão chegando. Muitos negros já andam por aí descalços, pois as botas se partiram. Os mais novos andam descalços, seus pés cresceram. E as roupas, então? Veja a situação das mnhas! Eu, que ando no meio do mato e amanso cavalos, vejo minhas roupas se acabarem de um dia para o outro. Essa aqui não tem mais lugar onde colocar remendos.

– Olha, meu filho, as coisas não andam bem para nenhum de nós, e podem piorar se não tivermos cuidado e muita astúcia. Vou descansar um pouco; e você, volte a seus afazeres. Não demonstre alegria nem tristeza, procure manter-se tranqüilo e concentrado no que faz. Logo mais, à noite, conversaremos sobre o dia de amanhã.

Retirei-me, tentando me manter calmo. Porém, ficava arrepiado só de pensar no que ouvi da boca do senhor, que tinha contratado um profissional em castigos. Eu nem imaginava que existia pessoa especializada em castigar os outros! Eu acreditava que apenas Deus ou nossos guias podiam fazer isso... Mas havia homens cuja fiunção era maltratar dos outros, sem se importar com seu sofrimento.

Fui ajudar nos cuidados com os animais. Assim como nós, os coitados também viviam sofrendo com feridas causadas pelos maus-tratos dos feitores. Ajudei a retirar todos os arreios e esperei que seus corpos esfriassem, pois todos estavam suados. Limpei as feridas dos animais machucados, coloquei pomadas e os soltei para descansarem.

Agi como se tudo estivesse bem. Depois do nosso jantar, os negros podiam ficar sentados no terreiro da casa-grande, naturalmente sob a mira dos feitores. Sentei-me perto de Zacarias, e ele então me advertiu:

– Vou falar, e você ficará ouvindo e fingirá que está cochilando, como se a minha conversa fosse conversa de velho, entendeu?

– Sim, senhor, pode começar.

Capítulo IV

Segredos

Ouvi todas as recomendações de Zacarias, e, antes de nos retirar, ele foi até o feitor e pediu:
– Senhor feitor, eu gostaria de pedir a sua autorização para acompanhar Miguel até a mata em busca de um cipó, que avó Joana me pediu. Ele não conhece o cipó, e eu preciso encontrá-lo, pois o problema da nossa sinhá é coisa do parto, e grave, se não tratar com urgência. Fingindo inocência, Zacarias acrescentou: – Esse cipó cura problemas de parto mal resolvido. Foi o que aconteceu com a nossa sinhá; ela está perturbada, não só pela ausência do filho, mas também pelas conseqüências do parto. Com esse cipó, segundo avó Joana, ela deve se recuperar logo, logo.

O feitor chegou mais perto de Zacarias e, muito curioso, perguntou:
– Então é verdade que o filho do senhor morreu? A sinhá está mesmo louca? Como é que estão as coisas por lá?

– Bem, senhor feitor, as coisas por lá não andam bem! A sinhá não fala, não come, parece uma morta-viva! Está completamente enlouquecida. De acordo com avó Joana, é problema do parto; ela até me disse que vai tentar convencer a sinhá a vir passar uma temporada nesta casa, até se recuperar da doença. O sinhozinho anda aborrecido, nervoso... Acredito que seja pela doença da sinhá, pela morte do filho e também pela fuga dos escravos.

– Você, que esteve lá, talvez saiba mais que nós: quantos escravos fugiram?

– Os feitores de lá não conversavam comigo. Eu só fiquei sabendo que Antônio levou uma mulher com ele!

– O quê? Santo Deus! Antônio levou uma mulher?

– Foi o que me disseram. Mas, sinceramente, não sei afirmar quantos negros estão com ele. Senhor, posso acompanhar Miguel amanhã cedo para pegar esse cipó?

– Vai agüentar, Zacarias?

– Tenho de agüentar, senhor, é um caso de vida ou morte!

O feitor coçou a cabeça e respondeu:

– O diabo é que Miguel não conhece o cipó; por outro lado, é bom que ele vá aprendendo onde encontrar e onde nasce esse cipó! O senhor procure ir devagar. Se é para curar a sinhá, até eu iria buscar esse cipó com o senhor! Só que não posso me dar a esse luxo, deixar o meu trabalho. Mas posso liberar o negro Miguel para acompanhá-lo. Voltou-se para mim. – Miguel, leve água para o negro velho Zacarias. Você acha que até o meio-do-dia estarão aqui?

– Eu acredito que sim – respondeu Zacarias.

– Um dos nossos feitores vai à fazenda onde estão os senhores, e ele pode levar o cipó que a avó Joana espera. E, por falar nisso, como se chama esse cipó milagroso?

– Cipó-da-cobra, senhor. Ele lembra uma serpente enrolada. Quando chegar eu mostro para o senhor.

Demos boa-noite e nos retiramos. Peguei o que pude para levar para Antônio e Anita.

No outro dia bem cedo, quando surgiram os primeiros raios da manhã iluminando o céu, eu e Zacarias andávamos pela grama toda molhada do orvalho da noite. Passávamos pelos feitores, que ainda não haviam trocado o turno; eles nem saíram de seus lugares: vencidos pelo cansaço da noite, mal respondiam ao nosso cumprimento.

Quando chegamos à margem do rio, Zacarias me ajudou a amarrar o saco nas costas com tudo o que tínhamos levado para o casal fugir. E, conforme combinamos, ele ficou escondido na copa de uma antiga árvore; assim, se algum caçador de escravos passasse por ali, não ia sentir o seu cheiro.

Cheguei ao outro lado da margem, e após a minha escalada pelas pedras encontrei os dois, que estavam ansiosos por minha chegada. Foram logo me perguntando como passava o menino. Antônio abaixou a cabeça, e vi as lágrimas escorrendo pelo seu rosto.

– Fique tranqüilo, o seu filho está seguro. Maria do Céu teve um filho parecido com o seu, e, vendo os dois juntos, ninguém diz que não são mesmo irmãos! Quanto à sinhá, avó Joana foi cuidar dela, e tenho certeza de que ela vai conseguir trazê-la para a fazenda nova. Sem saber, a sinhá estará perto do filho. Quanto a vocês dois, agora é rezar muito e apegar-se com o grande Deus de todos os nossos deuses e tentar sobreviver, até conseguir um novo destino.

Anita pegou o saquinho que a sinhá lhes entregara e me disse:

– Leve, que é do menino!

– Anita, nós já conversamos sobre isso! Vocês devem levar esse saquinho, vão precisar para conseguir atravessar para outra capitania. Façam o possível para sobreviverem. Não tenham pressa em encontrar o porto seguro. Sigam as orientações de Zacarias e não se descuidem, pois os caçadores de escravos estão por toda a parte, dia e noite. É caçando escravos que eles ganham a vida, e vocês a estão sendo disputados entre todos os caçadores de escravos. O senhor ofereceu uma fortuna pelos dois.

Após todas as instruções, eu me despedi deles, desejando-lhes sorte, e fizemos o nosso pacto: em hipótese nenhumam deveríamos contar sobre o menino. Se porventura fossem pegos, até a morte eles jamais deveriam citar o paradeiro da criança. Diriam que o menino não resistiu e faleceu, e eles o enterraram no leito do rio.

Era perto de meio-dia quando chegamos à fazenda. O feitor veio correndo para ver o cipó-cobra, que o negro Zacarias exibiu, dizendo:

– Esse aqui cura muitos males, nas mãos de quem sabe preparar! Não é qualquer pessoa que sabe trabalhar com ele, tem os seus segredos. Foi uma caminhada e tanto para pegar este cipó, mas vai valer a pena!

– Coloque as ervas na mochila que eu vou mandar para avó Joana. Tomara que a sinhá se cure logo, nós precisamos dela aqui para cuidar de vocês. Veja a sua roupa, Miguel! A última vez quem vestiu vocês foi ela, não é mesmo? Mas vá logo arrumar estas ervas, que o feitor já vai partir para a casa nova. Traga as ervas e depois vão almoçar. Após o almoço, Zacarias, vá descansar um pouco, que na sua idade uma caminhada dessas é muito puxada. Descanse para no fim da tarde cuidar de suas tarefas.

Zacarias agradeceu e me seguiu. Enquanto eu arrumava as ervas, ele se deitou na rede e disse:

– Enquanto você atravessava o rio, eu invocava os nossos deuses da mata (espíritos da mata) e senti uma alegria muito grande em meu coração; por isso, acho que tudo vai dar certo na fuga daqueles dois. Você vai almoçar, e eu ficarei aqui, tentando me comunicar com os nossos encantados. Antes de sair, feche a porta. Se o feitor perguntar por que eu não fui almoçar, explique que me senti muito cansado, bebi água e preferi dormir.

Assim fiz: após entregar as ervas para o feitor, fui almoçar com os outros. Logo ele se aproximou de mim e perguntou:

– Onde está Zacarias? Por que é que ele não veio almoçar?

– Ele disse que estava muito cansado e sem fome; só queria tomar água e dormir.

Enquanto nós almoçávamos, eu o ouvi comentando com o outro feitor:

– Você já pensou se essa lei que estão preparando para os velhos sair mesmo? Repare: alguém da idade do Zacarias, que acho que já beira os 80 anos, ser colocado na rua... Uma criatura nessa idade poderá sobreviver? E o mais difícil para mim é que eu cresci sendo ajudado por ele. Zacarias curou minhas feridas, ensinou-me a nadar, a descascar cana, laranja, a preparar laços e outras tantas coisas. Sei que ele é um escravo, mas não dá para deixar de lado essas lembranças e o sentimento que temos por ele.

O outro respondeu:

– Pois é... Por exemplo: quem, nesta fazenda, não deve um pouco de sua vida a avó Joana? Toda criança nascida aqui passa pelas mãos dela. Nossas mulheres são curadas com os remédios que ela prepara. Não dá nem para imaginar que possa ser mandada embora desta fazenda!

Passei uma tarde tensa, a fuga dos dois não me abandonava os pensamentos. Rezava e pedia intimamente que nossos encantados (mentores) ajudassem aqueles dois a seguirem seu novo destino.

A lua apareceu no céu, e a sua volta havia uma sombra cor-de-rosa. O negro velho Zacarias ajudava a separar a lenha seca, e, apontando para o céu, disse:

– Ali é a luz do sol iluminando os que precisam de sua luz...

Entendi como um bom sinal. Era exatamente o momento em que eles estariam escalando as pedras. Fomos tomar banho, e baixinho eu perguntei ao Zacarias:

– Recebeu alguma mensagem dos nossos encantados?

– Sim! Eles vão conseguir fugir em paz. Fique sossegado, vamos comer em paz e mandar bons pensamentos para eles.

Deitado em minha rede, eu não conseguia dormir. Fiquei ouvindo o ronco dos outros negros, e cada vez que ouvia o latido de um cão, estremecia e minha respiração mudava. Meu Deus! Que tormento é a sensação de estar fazendo a coisa errada! Só consegui fechar os olhos perto do amanhecer. Comecei a sonhar que via a sinhá chegando à fazenda. Ela vinha correndo até o barracão da senzala, encontrava-me e perguntava:

"Onde está o meu filho?".

"Ali, sinhá, é aquele!".

A Saga de uma Sinhá 75

Quando me virava, via o senhor segurando o menino com uma das mãos, e na outra tinha uma faca que brilhava de tão amolada. Rindo, ele falava pra sinhá:

"Agora você vai ver como se trata o filho de um negro mentiroso!".

Dei um pulo na rede e acordei sentado. Meu Deus, que pesadelo! Os galos cantavam, e alguns negros já estavam de pé. Fui até o fundo da senzala e olhei para o alto; o céu estava límpido, muitas estrelas cintilavam. Pensei: "Onde será que eles estão?".

Fiquei lembrando se realmente havia transmitidos todas as instruções recebidas por Zacarias, que se resumiam nesta tabela:

Primeira noite: Zacarias pediu que eles pisassem em folhas e galhos secos, e usassem o óleo preparado com banha de cascavel e pimenta, que servia para neutralizar o faro dos cães. Chegando ao rio, deveriam andar dentro da água, sempre cuidando para não deixar rastros. Que o quebrassem um galho de árvore e andassem com ele cobrindo a cabeça. Tirassem as roupas, feitas de saco branco, e se cobrissem com os couros de boi que levei (eram negros) e andassem nus; pois a roupa branca chamava atenção à noite, especialmente no corpo deles, que eram negros.

Eles não poderiam parar em hipótese alguma; assim, quando o dia estivesse clareando, deveriam avistar uma cadeia de pedras, à esquerda do rio, e seguir até lá. Assim que deixassem a água do rio, usariam uma loção que ele preparou, e que afugentava lobos e outros animais da região. Que eles amarrassem nos tornozelos um colar de alhos com algumas gotas de tipi (guiné): isso afastava as serpentes venenosas. E que não deixassem rastros!

Eles deveriam ficar escondidos bem no alto das pedras, em alguma abertura na qual coubessem os dois. Antes de entrar, seria preciso vasculhar o local com um pedaço de madeira, para ver se não havia nenhuma cascavel. Que esperassem ali até anoitecer. Deveriam encher a cabaça de água e comer o pão e a carne seca que lhes levara. Esse alimento seria suficiente para sete dias, se bem racionado. Não podiam sair dali em hipótese alguma, nem para fazer as necessidades; se sentissem vontade, deveriam tomar todo o cuidado, para não chamar a atenção de animais para perto deles. E, mesmo quando estivessem andando à noite, se sentissem vontade de defecar, deveriam fazer e enterrar. E sempre lembrando de apagar os rastros.

Quando a lua aparecesse no céu, que esperassem até que, levantando os braços em sua direção, estivessem tocando na ponta dos dedos. Eles deveriam descer e recomeçar a caminhada, porque nessa hora os animais noturnos já estavam saciados em sua fome e não iriam acompanhá-los. Tinham de olhar sempre para não esquecerem nada no local, sempre seguindo o curso do rio, ao lado contrário do vento; e a maior precaução: não deixar pegadas!

Segunda noite: eles iriam encontrar muitas árvores antigas, sempre vasculhando os troncos secos para ver se não abrigava nenhuma cobra. Em seguida, deveriam entrar neles e usar o óleo de pimenta vermelha e banha de cascavel que ele havia preparado, que ajudava a confundir o faro dos cães. E que não podiam deixar o esconderijo em hipótese alguma. Ao olharem para o céu, se a lua estivesse na altura dos olhos, deveriam deixar o esconderijo, era necessário dar um tempo aos animais noturnos que saíam em busca de alimentos. Deveriam observar bem para não pisar na terra, era necessário pisar nas folhas ou troncos, sem deixar pegadas! Só deveria parar de andar ao raiar do dia e sempre obedecendo às instruções quanto aos esconderijos.

Terceira noite: eles iriam se deparar com uma curva; o rio segue para a esquerda, e deveriam seguir para a direita, prestando muita atenção para não deixar pegadas! Com muito cuidado, porque ali havia ninhos de serpentes, escolhessem um lugar dentro do velho cemitério e ficassem quietos, até a noite chegar e a lua bater no coração deles. Estão seguiriam uma trilha que se iniciava no fundo do cemitério, sem esquecer o óleo e os colares nos tornozelos; era uma trilha estreita, forrada por folhas secas. Que não se assustassem com os animais que poderiam encontrar, como, por exemplo, lobos, porcos-do-mato etc. Deveriam fingir que eram bichos também. Eles avistariam uma mata fechada do lado direito e uma cadeia de montanhas do lado esquerdo: então, seguiriam o lado das montanhas. Ali iriam encontrar algumas pequenas cavernas. Ao lado direito, havia uma abertura que só permitia a passagem de um homem agachado; Antônio entraria, e depois Anita faria o mesmo. Do outro lado, havia um poço de água doce logo à frente deles, e subidas à direita e descidas à esquerda, por onde deveriam seguir, segurando-se nos cipós, até chegarem a um pequeno riacho. Ali iriam encontrar muitos frutos silvestres na beirada do riacho. Eles teriam de andar riacho abaixo até alcançarem uma cadeia de pedras negras; isso seria por volta das 15 horas, quando o sol estivesse na altura dos rins. Deveriam escolher uma pedra e subir, e descansar até chegar a noite. Quando a lua estivesse na altura dos olhos deles, eles deveriam descer e caminhar riacho abaixo. Ao amanhecer, eles avistariam um rio largo.

Quarta noite: sempre cuidando das pegadas e não deixando nada para trás, deveriam seguir a beira do rio e caminhar a noite inteira, sem perder tempo. Ao amanhecer, eles deveriam avistar duas montanhas de areia, uma mais escura e outra mais clara; então, seguiriam a mais clara, protegendo os olhos, porque ali a ventania seria forte. A vantagem é que o o vento apagaria as pegadas. Que não parassem de andar até avistar uma lagoa cercada de pedras e arbustos; isso iria acontecer antes de o sol cruzar o meio do céu. Procurassem um abrigo entre as pedras, tomando cuidado com as serpentes venenosas que se abrigavam naquele local. Ali eles estariam seguros e protegidos pelo vento; nenhum cão iria sentir o cheiro deles. Deveriam descansar o resto do dia, e aproveitar a noite para refazer as forças.

Quinto dia: deveriam andar sempre em frente. É mais difícil andar na areia que em terra, mas, se esforçassem, no fim da tarde, iriam avistar lá embaixo um rio cercado pela mata. Deveriam Descer com cuidado a montanha de areia e se abrigariam naquela noite na copa de alguma árvore. Amarrando-se nas árvores com as cordas de couro, não cairiam se cochilassem. Quando o dia estivesse clareando, descessem e seguissem a trilha aberta que iriam encontrar à direita; como era mata fechada, a trilha estreita iria levá-los a um lugar seguro. No fim da tarde, deveriam sair nas margens do rio. Por fim, escolheriam um canto no meio do capinzal e ficar ali até o clarear do próximo dia.

Sexto dia: assim que amanhecesse, deveriam seguir pela direita e andar pelo capinzal, sem se desviar da rota. Ali havia muitos animais selvagens, cavalos, jumentos etc. Eles deveriam se portar como se fossem animais também. No fim da tarde, iriam se deparar com uma serra; procurariam abrigo ao pé da serra, onde havia frutos silvestres variados e água fresca que cai das pedras. Que pernoitassem ali até o clarear do próximo dia.

Sétimo dia: ao raiar do dia, eles deveriam seguir pela esquerda, por uma pequena trilha; que andassem rápido, sem perder tempo e sem parar, até alcançarem a saída para seguirem um novo destino. Nesse ponto, Zacarias disse que não podia mais ver nada nem interferir; A partir daí, cabia a eles decidirem a direção a seguir. Por isso, deveriam orar e pedir que Deus os iluminasse e indicasse o caminho certo, onde poderiam viver com segurança e paz.

Entre caminhada e descanso até essa saída, eles estariam iniciando seu nono dia de fuga.

Zacarias chegou perto de mim com uma caneca de café, que me entregou, dizendo:

– Em vez de ficar alimentando o sentimento do medo, alimente o sentimento da esperança! Eu tenho fé em Deus que eles já avistaram o seu primeiro abrigo! Tem de dar certo! Deus não ia permitir que os seus trabalhadores traçassem um mapa para ser jogado fora. Peço que o Senhor governador deste mundo me tenha feito compreender direito o que eles me instruíram, e que você também lhes tenha passado direito o que lhe comuniquei. Meu medo é que tenhamos falhado, já que nunca repassamos as coisas como as escutamos. Mas

Deus queira que pelo menos os detalhes necessários para tirá-los dessa terra tenham sido repassados corretamente. Venha tomar seu café, que daqui a pouco você terá de sair! Os deuses estão ao nosso lado. Imagine que o feitor da noite veio me pedir um remédio para a mulher dele, que é feito com lama do fundo rio; então, você terá de ir até lá!

– Meu Deus! Eu estou sofrendo tanto quanto eles! Não existe coisa pior que o medo e a incerteza! – eu disse.

O feitor se aproximou de mim e falou:

– Miguel, eu já acertei com o Zacarias, você deve ir buscar essa lama do rio e voltar voando!, pois a minha mulher está agonizando de dor.

– Sim, senhor, voltarei logo.

Zacarias, chegando mais perto de mim, falou baixinho:

– Corra até lá e verifique se tudo saiu como previmos. Cuidado com as pegadas no chão, e veja se não tem outros vestígios deixados pelos caminhos.

– Zacarias, juro que nunca pensei em ver as coisas que estão acontecendo neste mundo! Começo a ter medo da vida. Antes eu tinha revolta, hoje sinto medo! O filho da sinhá sendo criado na senzala, passando-se por escravo, Antônio se aventurando com Anita por aí... Só Deus pode ter pena de nós.

– É, filho, cada um veio a este mundo com um destino a ser cumprido. Que seja feita a vontade dEle, pois a nossa vontade não é a dEle, e nós temos de obedecer às leis do nosso destino. Procure fazer tudo com muito amor e carinho, e o resto é Deus que resolve.

Zacarias me entregou um pote de barro com tampa, no qual eu deveria trazer a lama colhida no rio. Fiquei curioso e perguntei:

– Que doença é essa que se cura com lama, Zacarias?

Sério, o negro velho respondeu:

– É bom que você se interesse mesmo em saber, porque tenho ordens para lhe ensinar a preparar remédios para atender à fazenda e à senzala, e também aplicar nos doentes. Essa lama é para ser misturada com raiz de guiné e óleo de peixe. Ela acaba com a dor das veias inflamadas que causam a febre na mulher do feitor. A raiz da guiné é uma anestesia, o óleo de peixe desinflama. Também vou preparar algo para que ela tome com a lama. Em três dias, se Deus quiser, estará andando e sem febre. Faça de suas pernas asas e saia voando, para ter tempo de ver o que nos interessa! A essa altura, os nossos deuses estão colocando aqueles dois no caminho de seus novos destinos! Na nossa situação, o que mais importa é manter-nos vivos, mesmo que separados das pessoas que amamos.

Antes de deixar a senzala, ele me recomendou:

– Atravesse o rio, vá até o esconderijo e verifique se eles não deixaram vestígios. Pegue este fumo e esse mel e coloque do outro lado do rio, embaixo da árvore mais bonita que houver por lá; é presente meu para os encantados da mata, que eles continuem nos ajudando! Faça isso com todo cuidado, do jeito que você aprendeu.

Saí matutando no nosso destino como escravos: os feitores incentivavam os escravos a fumar, isso era estratégia criada pelos senhores de escravos. Uma vez que adquiriam o vício, os negros ficavam presos às vontades deles.

Os negros só podiam fumar os seus pitos de barro ou feitos de bambu, milho etc., ou os conhecidos cigarros de palha de milho, na frente dos feitores. E, muitas vezes, como castigo, eles racionavam a quantidade de fumo dos negros, que acabavam multiplicando suas tarefas braçais em troca de um pedaço de fumo.

Todos os negros fumavam. As negras trabalhadoras da casa-grande recebiam como prêmio o direito de correr lá nos oitões da casa e pitar o seu cachimbo ou o seu cigarro de palha. À noite, quando éramos recolhidos na senzala, nós nos sentávamos em círculo e, sob a vigilância dos feitores, fumávamos nossos cigarros, e ali trocávamos palavras e olhares.

Os feitores alegavam que não podíamos andar com nada que ativasse fogo, porque o diabo dominava o fogo e os negros podiam tocar fogo nas fazendas do senhor; então, isso era lei até nos escritos dos brancos.

Nunca fiquei sabendo se isso era real, se esteve mesmo isso escrito no papel ou se foram apenas leis criadas pelas fazendas dos senhores, que os negros não podiam portar nada que provocasse fogo.

Assim, cheguei ao meu destino. Verifiquei tudo; nem parecia que alguém havia passado por ali. O vento tratou de apagar até o cheiro deles. Fiz o que tinha de fazer e voltei com o que me foi pedido.

Zacarias ficou feliz com a notícia de que tudo saiu bem.

Voltei às minhas tarefas: fui cuidar dos arreios, colocar cunhas nas enxadas, amolar os machados e facões. Enfim, envolvi-me tanto com o trabalho, que só me dei conta do tempo quando ouvi o trotar de um cavalo se aproximando do celeiro. Levantei os olhos e senti o sangue fugindo do meu rosto: era o senhor!

Ao chegar perto de mim, chamou-me pelo nome:

– Negro Miguel?

A Saga de uma Sinhá 83

De cabeça baixa, levantei os olhos e respondi, tremendo:
– Sim, senhor...
– Vá lá no barracão e pegue sua mochila, você vai com o feitor! Ande logo, que ele já está do outro lado esperando para seguir.

Larguei o que estava fazendo. Zacarias não estava no barracão; deixei o recado com Benedito, que não sabia o que estava acontecendo. Não deu tempo de esperá-lo. Eu iria para a outra fazenda do senhor, tranqüilo porque sabia que a avó Joana estava por lá.

Benedito me ajudou a colocar meus poucos apetrechos na mochila e me recomendou:
– Diga a Joana que as coisas por aqui vão indo. Tome cuidado, filho, com o que fala com o feitor. Às vezes, uma só palavra e perdemos nossa vida!

No caminho, o feitor me fez várias perguntas; queria saber do comportamento dos outros feitores. Fingi não entender e não respondi com as palavras que ele queria ouvir. Dei graças a Deus quando avistei a fazenda, pois já estava tenso e nervoso com tantas perguntas dele.

Assim que descemos, um negro foi instruído para me levar ao barracão, que já conhecia tão bem! Foi uma sensação maravilhosa voltar para a casa onde cresci!

Justino, um negro simpático e bom sujeito, foi logo me dizendo:
– Quem vai ficar contente é a negra Joana! Ela fala muito em você. Também, ela o criou, não foi?
– É verdade, ela me criou! Já passei poucas e boas nesta vida, e, se não fosse por ela, ainda teria sido pior!

Falando baixo, ele me contou:

– Miguel, correm boatos por aí de que o senhor vendeu esta fazenda para um outro senhor que vem do estrangeiro! Se é verdade, não sabemos ainda. A sinhá, tão boa que era conosco, praticamente hoje vive no mundo da lua. Não se importa mais com nada! Dizem que ele vai levá-la de volta para a família e também ficará por lá. O medo é que pode vir outro pior, não é? Esse é estranho e louco! Mas, pelo menos, não nos maltrata tanto! E não vendeu ninguém, desde que chegou. A única coisa estranha, e que talvez você não saiba, é que dois negros novos – um até parecia muito com o Antônio – se mataram depois que começaram a andar com o senhor. Ele os obrigava a acompanhá-lo dia e noite. Eles foram proibidos de falar com os outros negros. Uma bela manhã, olha o negro pendurado numa corda! Já foram dois que se mataram! E tem gente que desconfia que o Antônio e a Anita também se mataram. Mas o que intriga a gente por aqui é o sumiço do filho da sinhá! Miguel, a sinhá estava grávida, nós vimos a sua barriga... De repente, ela deu à luz, e ninguém sabe da criança? Não é estranho?

– Muito estranho! – respondi. – Você sabe por que o senhor me trouxe? – perguntei.

– Sinceramente, não! Deus o livre que seja para andar com ele! Porque quem anda em sua companhia desaparece ou se mata, e nós não conseguimos ainda descobrir qual é o mistério!

Senti um arrepio percorrer o meu corpo. Então, pensei: "Deus me livre dessa desgraça! Eu posso até morrer, mas, antes, dou fim à vida daquele abutre!".

O feitor veio me buscar e disse:

– Venha acender o fogo para negra Joana colocar o tacho de remédios. Ela vai gostar de ver você, e, como já é quase noite, você a fica ajudando nos remédios. Amanhã cedo, a sua tarefa será amansar as mulas para as lavouras, e os cavalos para os feitores.

Respirando aliviado e quase alegre, respondi:

– Sim, senhor! Com muito gosto! Eu adoro amansar cavalos!

– É, negro Miguel, sua fama como amansador de cavalos tem de ser reconhecida. Os melhores animais que existem nessas fazendas, tanto para a sela quanto para a cangalha, foram amansados por você. Você é um negro que dá lucro para o nosso sinhozinho, além de ter outras qualidades. É o melhor amansador de cavalos da região. E, nessa "leva" de cavalos, tem um que vai ser meu; quero que capriche na atenção com ele!

– Sim, senhor! Vou me empenhar para que seu cavalo fique do seu gosto.

Saí quase pulando de alegria! Graças a Deus que o senhor queria mesmo era o meu trabalho. Mas esse assunto de ir embora seria verdade? Logo mais, eu saberia, através da avó Joana.

Não demorou muito e avistei a minha querida avó Joana! Tive vontade de sair correndo e suspendê-la no colo, mas nós não tínhamos o direito de expressar nossos sentimentos de amor na frente dos nossos senhores. Esperei que ela chegasse perto de mim, então me ajoelhei e tomei sua bênção; senti um nó na garganta! Aquela negra velha era uma santa que colocava ordem entre negros e brancos. Até os senhores a respeitavam! Ela tinha algo que impunha respeito.

– Miguel, meu filho, que bom que veio! Vamos nos sentar ali, perto do fogo. Enquanto eu amasso estas ervas, você vai cortando aquelas raízes e me contando como estão as coisas por lá! Por aqui, meu filho, as coisas não vão nada bem! Somente Nosso Senhor, que está acima de nós, pode ter misericórdia e acabar com esse sofrimento.

Relatei-lhe tudo o que estava acontecendo: falei do filho da sinhá, que ficava a cada dia mais lindo, e dos dois fugitivos que tinham seguido seu caminho. E que não tivemos mais nenhuma notícia de negros mortos nem capturados.

Fiquei sabendo que o senhor havia comprado um negro e que ele se enforcou bem em frente da casa. Logo em seguida, ele comprou outro negro, que acabou cortando os pulsos. O que morreu enforcado era a cara do Antônio; quem não olhasse bem podia até confundir um com o outro, foi o que me disseram.

A sinhá estava bem de saúde, mas não conversava com ninguém. Era como se nada mais existisse pra ela. Vivia por viver, e não era doença física, mas sim da alma.

Perguntei sobre a história da venda da fazenda, e ela me confirmou:

– É, filho, parece que não é brincadeira, não! Dizem que esta fazenda foi vendida para um novo senhor, que vem lá do estrangeiro e é parente da sinhá! Vamos rezar para que ele traga um pouco de ajuda e de paz para nós. Os negros estão sem roupas e sem calçados, as dificuldades chegam todas de uma vez. A sinhá, que era tão boa com os escravos, caiu nessa desgraça. O nosso antigo senhor, com todos os defeitos dele, está fazendo falta. O filho é bem diferente, nunca sabemos do que ele é capaz. E nós sabemos o motivo de esses negros terem se matado! O safado fez com eles a mesma coisa que fez com o Antônio! E acho que ele vai embora porque já provocou suspeita entre os outros senhores.

Fiquei mais de um mês sem ter notícias da outra fazenda. Eu e a avó Joana ficávamos todas as noites rezando e pedindo que Deus olhasse por nós.

Avó Joana conversou diretamente com o senhor. Disse a ele que precisava de ervas, e que o feitor deveria me levar para colhê-las, pois estavam acabando. E também que precisava de lama do rio e de algumas raízes específicas.

O senhor autorizou que o feitor me levasse até a outra fazenda e me esperasse colher as ervas. Deveríamos estar de volta no fim da tarde.

No outro dia, logo cedo, antes de o sol nascer, lá estávamos nós pela estrada que nos levava a outra fazenda. Chegamos na hora do café dos negros. Enquanto tomávamos café, Zacarias me disse que tudo estava tranqüilo. Ninguém ficou sabendo mais nada do paradeiro dos dois fugitivos. E acrescentou:

– Fizemos nossa parte e, com toda a certeza, Deus está fazendo a dEle!

Trocamos algumas informações e nos despedimos, mais aliviados pelas informações trocadas.

Capítulo V

Saindo da tormenta

De vez em quando, a sinhá andava pelo jardim enrolada num xale preto. Eu ficava fazendo o meu trabalho, mas também prestava atenção nela. A coitada parecia uma velha: não se cuidava, nem lembrava mais aquela moça bonita que chegara à casa do senhor. Uma tarde, num desses passeios, ela se aproximou de mim e ficou me olhando; depois de alguns minutos, falou:

– Você é Miguel?

– Sim, minha sinhá, eu sou Miguel.

– Você é amigo do Antônio, não é? Ele me contou! Por favor, fale-me alguma coisa!

– Sinhá, a senhora me perdoe o pedido que vou lhe fazer: fale baixo que os feitores podem ouvir!

Como se despertasse de um sono profundo, ela avivou o olhar e chegou mais perto de mim, quase implorando nas palavras:

– Pelo amor de Deus, fale-me alguma coisa...

A Saga de uma Sinhá 89

– O seu filho está vivo, sinhá! Antônio e Anita também! E a senhora precisa ficar boa, reaja! O seu sofrimento não é maior do que o meu, por isso eu estou aqui para ajudá-la.

– Miguel, você não está mentindo para mim? – a sinhá limpou o suor do rosto.

– Não, senhora! Veja se a senhora consegue ir até a outra fazenda; lá, eu lhe prometo que saberá mais do seu filho.

– Amanhã mesmo, eu vou sair desta fazenda! Você me prometeu e vai cumprir com a sua palavra, não é verdade, Miguel?

– Sim, senhora, vou cumprir.

A sinhá afastou-se rápido, saiu quase correndo; o feitor, desconfiado, chegou perto de mim e me perguntou:

– Miguel, que milagre você fez para soltar a língua da sinhá? Eu estava longe, mais vi que ela falava com você. O que ela disse?

– Perguntou-me se eu poderia amansar um cavalo para ela, que estava com saudades de cavalgar! – respondi.

– Coitada! Está mesmo doidinha! Mas só o fato de ela falar já foi uma coisa boa. Não comente com ninguém que ela falou com você, está bem? Vamos aguardar; se ela voltar a falar, aí sim eu devo comunicar ao senhor, que decerto vai ficar contente.

O feitor se afastou, e eu fiquei rindo sozinho e pensando: "Acho que o louco aqui é outro! Tomara que Deus faça com que ela reaja e tome a decisão de ir para a outra fazenda, e o senhor aceite o pedido dela, que pense que ela está louca mesmo!".

No outro dia, avó Joana piscou para mim e fingiu que me dava uma bronca:

– Negro Miguel, você ultimamente anda muito sossegado! Vá à mata e me traga um pingo de cada coisa! Vou ter de pedir novamente que o senhor o deixe ir colher folhas, cascas e raízes, mas, dessa vez, leve um saco e traga cheio! Está ficando preguiçoso, Miguel?

– Mas, avó Joana, é que o tempo não está propício para colheita! As folhas estão escassas, não é época boa. O mesmo tempo que eu gasto na mata quando encho dois sacos de folhas, gasto nessa época e não colho nem a metade!

– Bom, isso é verdade. O tempo não é bom, estamos no que chamam de outono. Mesmo assim, abra o olho e preste atenção: é quando as coisas estão ruins que devemos fazer o melhor! Entendeu, Miguel?

– Sim, senhora. Eu entendi.

Ela foi até o feitor e disse:

– Ah, senhor Pedro! Eu preciso preparar algumas pomadas, e também acabaram as folhas que coloco no querosene para matar bicho-de-pé! O senhor pode conversar com nosso sinhozinho, ou me leva para que eu mesma fale com ele?

– Olha aqui, avó Joana, cá entre nós, eu acho que nem vai precisar a senhora pedir, porque o senhor vai mandá-la mesmo de volta pra fazenda, acompanhando a sinhá, que cismou em falar e a primeira coisa que pediu foi: "Quero ir para a outra fazenda!". O senhor já ordenou: ela irá para lá por uns dias, e a senhora vai junto.

– E o Miguel? – perguntou avó Joana.

– Isso eu não sei, não – respondeu ele, enrolando um cigarro na palma da mão.

– Quem vai correr e subir nas árvores a não ser Miguel? Como vou preparar remédios sem ter o que preciso? Temos lá o Zacarias, mas o coitado não tem mais pernas nem para andar, que dirá subir nas árvores!

– É verdade, vó Joana, isso tem de ser lembrado ao senhor. Se ele me permitir, eu vou dar uma sugestão: Zacarias volta pra cá, só para aplicar os remédios e reconhecer as doenças, e a senhora leva Miguel para ajudá-la fornecendo tudo o que vamos precisar por aqui. Logo virá o inverno e também as desgraceiras das doenças; vou lembrar isso ao nosso senhor.

– É, filho, vamos pensar antes dos acontecimentos! – respondeu avó Joana.

Naquela tarde, voltamos para a fazenda nova, como era chamada, e a sinhá foi junto.

Quando descemos e abrimos a porta da carruagem, a sinhá nem esperou para ser ajudada: pulou no chão e ficou olhando à sua volta.

Zacarias a observava de longe. Notei que ele colocou a mão no coração; vi que Maria do Céu estava com os dois meninos no colo e também ficou pasma com os garotos nos braços.

Os meninos estavam lindos!

Avó Joana foi até Maria do Céu, pegou o filho da sinhá no colo e beijou o outro, dizendo:

– Meu Deus, como estes meninos cresceram! Parece que foi ontem que os deixei, e olhem só como estão fortes e pesados!

A sinhá chegou perto e ficou olhando para os meninos. De repente, o filho dela esticou os bracinhos, pedindo colo. Desajeitada, ela pegou o garoto, sem se importar com o feitor, que a olhava desaprovando o gesto.

Eu arrumava os arreios e escutei o que ele disse para o outro companheiro:

– Graças a Deus, o sinhozinho não está aqui! Coitada, ela está louca mesmo! Vamos recomendar a avó Joana que não facilite certas coisas; se isso cair nos ouvidos do senhor, até para nós!

O outro, que tinha mais idade, respondeu:

– Será que um dia esse sofrimento todo vai acabar também para nós? Eu, ultimamente, faz muitas noites que nem durmo! Você sabe como é, temos filhos por aí. Fico pensando nos coitados que não tiveram culpa nenhuma de terem nascido. Tornam-se escravos, apanham na nossa frente e, muitas vezes, somos obrigados a matar nossos filhos nos troncos. Na semana passada, quando fui fazer as compras na cidade, fiquei sabendo de um caso que me deixou abalado.

– Que caso? – perguntou o outro feitor.

– Lembra-se do Zarolho? Dizem que ele está igual a nossa sinhá!

– O que houve com ele?

– Em nosso trabalho, temos que aplicar o que se faz necessário para o senhor. Zarolho teve que colocar um dos filhos dele no tronco e chicoteá-lo! O negro ficou sem água, embaixo do sol quente; eram ordens do senhor. Quando foram verificar, estava morto! Era um dos filhos do Zarolho com uma negra da fazenda do senhor.

– Santo Deus! Agora, você me deixou com o coração na mão! Eu tenho dois filhos escravos. São pequenos ainda. Não sei se conseguiria fazer isso com eles!

– Os meus já são crescidos, e sei que estamos para receber um novo senhor como dono dessas fazendas. Nem sabemos se vamos continuar com o nosso trabalho; e o que será desses pobres coitados?

– Olha, eu ouvi dizer que os filhos dos feitores Zé Pereira e Tonho da Barra fugiram, e as conversas que andam de boca em boca é que os feitores estão facilitando a fuga dos filhos!

– Sinceramente? Vai chegar o dia em que nós teremos de fazer isso mesmo! Pense bem: entre matar seu filho e ajudá-lo a fugir, o que você faria? Pelo menos, eles terão uma chance de sobreviver! Veja o caso do Antônio e sua companheira: até agora, nem sinal deles. Os negros estão se reunindo em quilombos. Dizem que estão se fortalecendo e que já existem homens brancos como nós engajados em projetos para libertá-los; e que em outros países os negros já são livres, então, por que não no Brasil também? Eu só sei que, ultimamente, ando pensando muito na minha vida, e ver pessoas que têm o meu sangue sendo massacradas na minha frente... Dói, dói muito!

Os dois ficaram em silêncio, e percebi que o feitor de meia-idade chorava.

Meu Deus! A gente se envolve tanto com os nossos sofrimentos, mas nem percebe que outros também sofrem, independente de serem brancos ou negros. "E a coisa está ficando séria!", pensei. Antigamente não havia tantos filhos de brancos com negros; mas, agora, ocorre justamente o contrário! Os brancos de coração já sofriam pelo sangue que corria nas veias dos seus filhos mulatos. Começavam as fugas em massa, e o que se ouvia aqui e acolá eram as notícias dos quilombos, os próprios feitores estavam facilitando a fuga dos filhos escravos, e a guerra entre os brancos começava.

A sinhá embalava o mulatinho nos braços, e ele sorria e pulava! Pensei: "Meu Deus, é o filho dela...". Eu havia prometido à sinhá que ela saberia do filho, mas nem precisei fazer isso, pois os dois estavam bem na minha frente, sorrindo um para o outro.

Ela entregou a criança para Maria do Céu, que estava perturbada com a reação do pequeno. Ele chorava e esticava os braços em direção da verdadeira mãe.

Avó Joana observava tudo; vi que ela disfarçava, mas tinha os olhos cheios de lágrimas. Zacarias tremia os lábios, fingindo que socava algo no pilão.

A sinhá entrou na casa-grande, e eu dei graças a Deus. Todos os feitores e escravos a observavam de longe. Ela, de repente, parecia curada! Pouco tempo depois, eu a vi encaminhando-se para a senzala, e todas as crianças estavam à sua volta. Uma negra velha costureira de nossas poucas roupas tirava as medidas do tamanho delas e também dos pés.

O feitor Ambrósio comentou:

– Graças a Deus, terei botas novas antes do inverno! E a negrada terá o corpo coberto e os pés calçados. Às vezes, os senhores querem economizar e acabam perdendo, e muito! Não calçam os negros e eles ficam doentes! É bicho-de-pé, é frieira, são vermes, cortam-se! É muito mais barato pra eles cuidar bem dos pobres infelizes, você não acha?

O outro companheiro concordou, e acrescentou:

– E nós também temos menos trabalho quando eles estão satisfeitos.

Naquela noite, a lua iluminava o terreiro da fazenda. Contentes, os negros cantavam e rodopiavam no terreiro da casa-grande, naturalmente sob a mira dos feitores, que adoravam ver as negras requebrando os quadris. Apesar de muito sofrimento aplicado pelos senhores feitores, pois era a profissão deles, os negros deviam-lhes os seus momentos de diversão. Eles convenciam os senhores a deixar os negros dançarem, alegando que ficavam mais calmos e atentos quando se divertiam à noite; mas, no fundo, os feitores queriam mesmo ver as negras pulando e mostrando suas formas.

Enquanto dançávamos, ouvimos a música da sinhá; e fez-se um silêncio geral. Ela caía como um doce em nossos corações. Ela caía triste e ao mesmo tempo linda! Ficamos ali em silêncio, escutando as canções que mais pareciam ouro caindo do céu.

Quando o apito do feitor anunciou que era hora de irmos para nossos barracões, chegamos a lamentar o tempo que passou tão depressa. Enquanto deixávamos o terreiro de terra batida, vimos a sinhá chegar até a janela, a luz do quarto iluminando seu rosto. Ela parecia um anjo.

Avó Joana chegou perto de mim e disse-me:

– Miguel, cuidado com o que você vai dizer amanhã para a nossa sinhá! Sei que você prometeu a ela notícias do filho.

– Vou lhe contar que um dos filhos de Maria do Céu é o filho dela!

– Miguel, meu filho, eu não acredito que você fará isso! Mãe é mãe, Miguel, ela iria agarrar-se ao pequeno e o senhor descontaria no garoto o que nós tanto lutamos para esconder.

– Eu não tinha pensado nisso, vó. Quero que a senhora pense e me diga o que fazer!

– Ela, com certeza, vai chamá-lo para lhe perguntar do filho, pois foi isso que você prometeu!

– Não pensei no risco em que estava colocando o menino, avó Joana! – respondi.

– Calma! Nós vamos encontrar uma solução. Durma bem, que amanhã será outro dia.

Fiquei deitado, pensando no que iria dizer para a sinhá. Avó Joana estava coberta da razão, eu não tinha me preocupado com as conseqüências que a verdade poderia desencadear. Eu, sempre muito emotivo, não pensei na reação da mãe.

Também fiquei pensando em Antônio e Anita: o que será que aconteceu com eles? Onde estariam? Santo Deus, que castigo era esse de nascer com uma cor diferente da dos outros? Tínhamos os mesmos sentimentos, éramos seres humanos, apenas a cor nos distanciava dos considerados "normais", e nada mais"

No outro dia, bem cedo, fui correndo ao barracão da avó Joana. Ela estava sentada num toco de madeira, fumando o seu cachimbo.

– E então, vó, pensou no que vamos falar?

– Que modos são esses, Miguel? Eu por acaso dormi com você? Primeiro me tome a bênção, eu tenho idade para ser sua mãe e avó. Segundo, um bom-dia nós devemos dar até aos animais, que dirá às pessoas, que são iguais a nós!

– Perdão, vó, estou tão aflito que já comecei o meu dia fazendo besteiras!

– Vá até o fogão, pegue uma caneca de café e sente-se aqui, perto de mim! – disse ela tranqüilamente.

Sentei-me perto dela e fiquei esperando suas sábias palavras.

– Muito bem, Miguel, logo, logo a sinhá vai procurá-lo para saber do filho. Você dirá a ela que o Antônio e a Anita levaram o pequeno com eles, e que ele está a salvo. Antônio entregou a criança para uma negra que deu à luz o filho de um feitor; o menino morreu, e o filho da sinhá ficou no lugar. É uma verdade em meio a uma mentira necessária. Diga-lhe também que o senhor desta fazenda é muito bom para os escravos.

– Meu Deus, avó Joana! A senhora vive me corrigindo para não inventar mentiras, e agora me pede para falar uma tão grave!

– Miguel, mentir sem necessidade é pecado, mas mentir para defender a verdade é uma bênção! Faça o que lhe digo, e não fique titubeando nas palavras!

Eu estava cortando umas tiras de couro para preparar os cabrestos, quando vi a sinhá vindo na minha direção. Não usava mais o xale preto e tinha os cabelos soltos, parecia um anjo com os cabelos ao vento.

O senhor feitor estava a certa distância. Ela chegou perto de mim e começou a mexer nas tiras de couro. Fingia me perguntar sobre as peças, mas o que me disse foi o seguinte:

– Miguel, eu sonhei que o meu filho está nesta fazenda. Eu quero a verdade! Não se preocupe, eu saberei cuidar da segurança do meu filho. Não poderei tê-lo em meus braços, nem tratá-lo como meu filho, mas poderei ajudá-lo e amá-lo a distância. Quero ter pelo menos o direito de saber a verdade sobre ele!

– Sinhá, o seu filho está a salvo. Antônio confiou o garoto a uma negra escrava de outra fazenda. Ela deu à luz um menino, que morreu; então, colocou o seu filho no lugar. A senhora sabe que na fazenda do Porfírio os escravos vivem bem e não são vendidos, por isso seu filho está protegido!

– Não minta para mim, Miguel! O meu filho está entre os filhos desta senzala! Eu confiei em você e não aceitarei isso que me diz, porque na verdade não sonhei: estava acordada e alguém me dizia: "O seu filho está na senzala, e Miguel sabe!".

O feitor se aproximou e perguntou:

– Algum problema, sinhá?

– Sim. Quero que Miguel me ajude. Pretendo ir à cidade, e ele pode me acompanhar. Assim, carrega o peso. Também gostaria que o senhor me acompanhasse. Pretendo comprar calçados e tecidos, além de outras coisas necessárias na fazenda. Quando me distanciei de tudo, os pobres negros ficaram aí, sem que ninguém fizesse nada por eles.

– A sinhá me perdoe, mas o sinhozinho não precisa saber que a senhora vai fazer essas compras? – perguntou o feitor.

Ela tirou uma lista do bolso e estendeu a ele, dizendo:

– Por favor, vá imediatamente até o seu senhor e lhe apresente esta lista. Traga-me a autorização dele, que amanhã mesmo eu pretendo ir à cidade resolver esse problema.

O feitor pegou a lista e olhou para mim, dizendo:

– Miguel, daria para você preparar um cavalo para que eu vá até a fazenda velha?

– Sim, senhor feitor, agora mesmo, se a sinhá consentir! – respondi.

– Claro, Miguel! Vá arrumar a montaria para o feitor e depois volte ao seu trabalho.

Assim que cheguei à estrebaria, o feitor, que estava atrás de mim, me chamou baixinho.

– Miguel? Acha que a sinhá enlouqueceu ou melhorou um pouco? O que houve? Ela recobrou a memória ou ficou louca de vez?

A Saga de uma Sinhá 99

– Senhor, se essa decisão dela for uma loucura, é a primeira vez que vejo um louco acertar! Eu não tenho mais roupas e os meus calçados não têm mais sola. Dê uma olhada nisso aqui. – levantei a bota de couro de boi curtido. A sola dos meus pés apareceu nos buracos.

Ele respondeu:

– É verdade, a situação por aqui está difícil. Vou até o senhor, e seja o que Deus quiser.

Logo me vi cercado novamente pela sinhá, que me cobrava uma resposta, dizendo que não acreditava na minha história. Eu simplesmente fiquei em silêncio. Ela se afastou, dizendo:

– Hoje à tardinha, vou mandar trazer todas as crianças. Você chegará perto do meu filho e me dará um sinal de quem é ele. Fique tranqüilo, Miguel, foi a decisão mais penosa que já tomei quando arrisquei a vida dele e de mais duas pessoas. Sei que o meu filho está salvo, sim, e vai continuar protegido! Mas quero saber quem é ele!

Quando pude me encontrar com vó Joana, contei o ocorrido, e ela balançou a cabeça dizendo:

– Santo Cristo, nós vamos ter ventos e tempestades! Seja feita a vontade de Deus.

No fim da tarde, lá estava Maria do Céu no meio das crianças com os seus gêmeos. Assim que a sinhá apareceu, o garoto estirou os braços para ela e chorou. "Santo Deus, será que eu precisava mostrar quem era o filho dela?", pensei. Fui até o garoto e o tomei nos braços. Olhei para a sinhá, que esboçou um sorriso de alegria. Num ímpeto, ela avançou até onde eu estava com o garoto, que insistia em estirar-lhe os braços.

– Deixe-me pegar esse menino lindo, que tanto quer vir comigo! – percebi que ela apertava o menino contra o peito. Olhei para avó Joana, que também acompanhava com os olhos o encontro do filho com a mãe.

– Então, você ganhou dois filhos de uma só vez? O senhor deve ter ficado muito feliz, não? Não é todo dia que uma escrava tem dois rebentos de uma só vez!

Maria do Céu tremia e balançava a cabeça afirmativamente. A sinhá entregou o menino e pediu para segurar o outro filho de Maria do Céu, dizendo:

– Acredito que é difícil para você me dizer de quem gosta mais! Até eu, que não sou mãe deles, não posso dizer qual é o mais bonitinho ou de quem gosto mais! Cuide bem dos seus filhos, você é uma mulher muito abençoada por Deus.

Antes de sair, ela me chamou em voz alta:

– Miguel, pode me ajudar com um vaso que quero trocar de lugar?

– Sim, senhora. – enquanto andava ao lado dela, ela me disse:

– Muito obrigada, Miguel, pelo que fez por mim. Vocês não são escravos, são anjos que Deus colocou em minha vida. Fique tranqüilo e procure tranqüilizar a negra velha Joana. Não vou prejudicar o meu filho, mas lutarei para ficar perto dele. Não irei embora com o meu marido, ficarei aqui e vou ajudar vocês. Meu filho mora na senzala e esta fazenda é dele, pois o dinheiro que foi pago por ela veio da minha família.

O feitor voltou, acompanhado do senhor. Gelei quando os vi entrando na varanda da casa-grande. O senhor entrou na casa, e nós corremos a riscar o chão e, pisando em cima, invocávamos a ajuda dos nossos deuses para a sinhá. Depois de muito tempo, o senhor deixava a casa e chamava pelos feitores. Conversaram algum tempo, e logo após ele montou seu belo animal. Eu havia amansado aquele alazão negro.

Nós fomos chamados e avisados de que iríamos receber roupas e calçados novos, e que todos deveriam comportar-se da melhor forma possível. Na ausência do senhor, quem mandaria ali era a sinhá.

Ficamos pulando de alegria! Ouvi até uma negra dizendo baixinho:

— Tomara que ele não volte nunca mais!

Fomos à cidade no dia seguinte. Enquanto a sinhá fazia as compras e eu aguardava embaixo das árvores, em frente das lojas, encontrei outros negros, que também esperavam suas senhoras. Um deles, de nome Numi, me disse:

— Vê aquela casa ali, com flores penduradas na janela? É de uma mulher que aluga as escravas dela para os homens. Ela só compra escrava bonita, e depois coloca a mulher para servir feitores, senhores e até os escravos livres que têm dinheiro. Eu mesmo tenho uma irmã que ela comprou do meu senhor, e ela aluga a coitada para os homens que vão buscar mulher.

Encontrei minha irmã só umas três vezes depois que ela foi vendida para aquela casa. Dizem que essa mulher compra escravos homens também, para ajudar lá dentro, nos serviços. Eu até pedi para minha irmã me recomendar, quem sabe ela um dia queira me comprar! Segundo a minha irmã, será muito difícil, pois ela não aceita escravos que são parentes.

Lembrei-me de que ouvira falar que a ex-dama da sinhá estava na cidade fazendo isso. Arrisquei e perguntei:

– E como é essa mulher? Você já a viu?

– Não, eu nunca a vi, mas a minha irmã disse que ela é do estrangeiro e que foi expulsa de uma fazenda; comprou uma casa e abriu esse negócio de alugar escravas para os homens se divertirem.

– Eu queria muito ver essa mulher! – falei em voz alta.

– Ficou louco? Se chegar lá sem dinheiro e sem a carta de alforria, ela manda entregá-lo aos caçadores de negros, e aí você vai ver o que é ser negro!

– Ela não aparece na janela?

– Nunca vi. Acho que só quem o rosto dela é quem poderá entrar lá – respondeu ele.

Fiquei de olhos pregados nas janelas encobertas por vasos de flores, as cortinas fechadas. Não víamos nada. Algo me dizia que aquela casa era da ex-dama da sinhá.

No fim da tarde, um carro de boi estava lotado de compras e seguíamos para a fazenda. Eu fui matutando de cabeça baixa. A sinhá, no meio do caminho, colocou a cabeça para fora da janela e me perguntou:

– Miguel, o que você tem? Está se sentindo bem?

– Sim, minha sinhá, eu estou bem – respondi.

A imagem da casa não saía da minha cabeça. Quando chegamos à fazenda, a luz da lua já clareava o terreiro onde os negros brincavam. Todos vieram nos ajudar a descarregar. A sinhá nos alertou que só no outro dia iria distribuir o que trouxe. Tínhamos feito mesmo uma longa viagem.

Contei para avó Joana sobre a tal casa de mulheres de aluguel. Ela me disse que poderia ser da ex-dama da sinhá, e que eu não deveria comentar com mais ninguém, especialmente para não chegar aos ouvidos da nossa sinhá.

Na manhã do dia seguinte, a sinhá estava de pé e deu ordens para os feitores fazerem filas com todos os escravos. Pediu ajuda para alguns escravos, entre os quais estava eu.

Começamos e entrega dos calçados, lençóis e toalhas de banho de saco alvejado. As roupas iriam ser feitas pelas nossas negras velhas costureiras, que tiravam medidas de todos.

Quando terminou a entrega dos adultos, que saíram para suas ocupações, a sinhá dispensou os feitores, dizendo que bastaria ficarem alguns negros para ajudá-la com as crianças. Estas se aglomeravam pelos cantos do terreiro, ansiosas e curiosas sobre o que iriam ganhar.

A sinhá começou a abrir os sacos, e avó Joana ia chamando pelo nome as crianças, que se apresentavam encolhidas e acanhadas perto da sinhá. Ela deu roupas, calçados, lençóis, toalhas e bonecas de pano para as meninas, e peão com ponteiro para todos os meninos. Distribuiu doces para todas as crianças, que saíam pulando de alegria e contentamento.

Maria do Céu estava com os dois meninos no colo; eles lambiam o doce babando na roupinha. A sinhá se levantou e pegou o filho no colo, sem se importar com a sujeira.

– Maria do Céu, como é o nome desse menino tão especial? E, é claro, o nome do irmãozinho dele?

Ela olhou para mim como se pedisse socorro, e em seguida respondeu:

– Sinhá, eles ainda não têm nomes, era o senhor quem dava nomes para todas as crianças quando nasciam. Os que nasceram depois que ele foi embora continuam sem nomes.

– Pois bem, Maria do Céu, então eu darei os nomes a todas as crianças. Onde já se viu alguém não ter um nome? Avó Joana! – chamou a sinhá.

– Sim, senhora, minha sinhá, pode falar! – respondeu avó Joana.

– No fim da tarde, eu quero todas as crianças que não foram batizadas e as que ainda não receberam um nome. Vamos resolver isso hoje à tarde. Vão brincar, crianças! E você, Maria do Céu, vá cuidar dos seus filhos!

Saiu em passos firmes. Parecia outra sinhá; estava rosada e muito decidida. O que será que ela conversara com o senhor que ele não voltou mais para aborrecê-la, nem para proibi-la de fazer o que estava fazendo? A sinhá não demonstrava sentir mais medo dele e afirmou que não iria embora da fazenda.

Naquela tarde, algumas mulheres estavam acocoradas com os filhos entre as pernas, esperando o que a sinhá poderia fazer por eles. E ela fez: deu nome aos que não tinham, e chamou o feitor mais velho da fazenda e mandou que ele combinasse com o padre para vir rezar uma missa na capela da fazenda e batizar as crianças.

O clima começava a melhorar entre nós. O nosso medo era que o senhor, achando que estivesse louca, quisesse levá-la à força.

Certa manhã, eu preparava remédios para os animais, e avistei o senhor chegando, montado em seu alazão preto. Ele desceu e, sem olhar na minha cara, disse:

– Cuide do meu cavalo!

Peguei as rédeas do alazão, que era meu amigo. Fui eu quem o amansou, e os animais guardam carinho ou mágoa das pessoas que trataram deles. Ele me lambeu, e eu sorri, dizendo:

– Ah! Você é meu amigo! Também, tem a minha cor! Embora tenha mais sorte do que eu! Pensando bem, acho que a nossa sorte é a mesma! Vamos lá, deixe-me ver estes cascos. Vou cuidar para ficar melhor!

O senhor entrou na casa-grande, e já era hora do almoço. Vi as negras correndo; fui até a cozinha pelo lado de fora e perguntei baixinho para uma cozinheira amiga:

– Ele vai comer hoje aqui?

– Vai! Ah! Se a gente pudesse espremer o veneno de uma cascavel no prato dele! – disse ela, com raiva.

A outra respondeu, brava:

– Cala a boca, Irene! Olhe os castigos de Deus, mulher! E você, Miguel, já ganhou a carta de alforria? Com o senhor em casa e você aqui como se fosse um de gola branca? Escafeda-se daqui! Era só o que me faltava, ter de ficar ouvindo besteiras de um negro desocupado!

– Calma! Eu só passei por aqui para ver como vocês estavam e se precisam de alguma coisa! Estou indo para a senzala pra comer, que eu também sou filho de Deus!

– Vá, vá! Os outros já estão comendo, está tudo bem por aqui. Desculpe, meu filho, às vezes eu não penso para abrir a boca! A gente despeja o que sente em cima dos inocentes – disse ela, sorrindo.

No meio da tarde, vi o senhor deixando a varanda. Larguei as ferramentas que estava cuidando e fui para servir ao senhor. Ele gritou lá da varanda:

– Apronte o meu cavalo, negro Miguel, e depois vá pegar uma pomada daquelas que curam coceiras.

Corri a aprontar o alazão, e fui buscar a pomada do senhor. A avó Joana disse em voz alta:

– O que será que o senhor está aprontando dessa vez? Dá medo de pensar nas coisas que pessoas como o sinhozinho

são capazes de fazer! Acho que ele vai embora logo, logo...
Mas o que fará com a sinhá?

O senhor montou o alazão e saiu. O pó da estrada deixado pelas patas do cavalo chegava até onde eu estava. Meu Deus! O que será que ele e a sinhá conversaram trancados por tanto tempo?

O sol já se escondia no céu; os escravos voltavam dos campos. Corríamos para retirar as cargas dos animais, colocar remédios nas feridas e ajudar em outras tarefas. Estávamos reunidos em uma roda, comendo e brincando; então o feitor se aproximou, e todos se calaram.

– Negrada! Amanhã, no fim da tarde, os nossos senhores querem fazer um comunicado importante! É bom que estejam todos presentes e não se atrasem! Podem continuar com a comida de vocês.

– O que será? – falou um dos irmãos em voz alta. – Miguel! Você, que fica na casa-grande, nunca sabe de nada! – reclamou. – Essas mulheres escutam mais que o vento! Garanto que sabem coisas do outro mundo, e você está aqui de boca aberta, sem saber nada?

Zacarias chamou a atenção dele:

– Quer ficar sem a língua, rapaz? Quem é que pode ser adivinho aqui, menino? Nós não ficamos grudados na casa-grande, e nem sempre as negras podem ouvir o que conversam os senhores! O nosso sinhozinho passou o dia hoje dentro da casa-grande, e só Deus sabe o que ele combinou com a sinhá. Só vamos ficar conhecendo amanhã, é bom vocês rezarem! Os ventos andam muito calmos por aqui, e a gente deve ficar com medo das tempestades que podem se formar!

Naquela noite, eu não dormi direito. Não via a hora de chegar o dia para que a gente ficasse sabendo do que se tratava a chamada dos escravos. Na tarde do outro dia, lá vinha o senhor, acompanhado de dois feitores da fazenda nova.

Não demorou muito, ele aparecia acompanhado da sinhá. Ela parecia outra pessoa, rosada e altiva ao lado dele.

O senhor sentou-se na cadeira de balanço e deu ordem para os feitores se aproximarem os escravos do terreiro. Ficamos sem respirar, o silêncio era geral. Então ele começou a falar:

– Todos vocês aqui me pertencem. Eu, como o senhor de vocês, tenho a comunicar o seguinte: vou fazer uma viagem deixando as fazendas a cargo de meu administrador e da minha esposa, que, com a graça de Deus, parece ter se recuperado. Por esse motivo, não vou levá-la comigo! Ela pode se cansar no caminho e ter uma recaída. Minha demora é breve, em pouco tempo estarei de volta. O meu administrador e sua família estão se transferindo para esta fazenda, e cuidará de tudo o que se fizer necessário.

Após uma pequena pausa, continuou:

– Dei ordens para o administrador tomar qualquer providência que se fizer necessária a respeito dos envolvimentos dos meus escravos com a indisciplina aqui, nesta fazenda. Não pensem que abandonei o caso dos fugitivos! Assim que forem descobertos, e serão, virão acertar contas neste terreiro na frente de vocês! Não ousem desobedecer às ordens do meu administrador, pois ele será o senhor de vocês até a minha volta; além de ser meu tio, confio plenamente nele e em sua esposa. Amanhã, logo cedo, ele deve chegar com a família, e todos devem acatar suas ordens e determinações.

Pondo-se de pé, ele acrescentou:

– A sinhá fez uma grande compra de roupas e calçados, além de outros bens para a fazenda. Espero que zelem pelo que receberam; isso é para durar! Que os feitores obedeçam às ordens do administrador, que na minha ausência é quem vai tomar decisões. Quanto a vocês, escravos, voltem às suas obrigações.

Assim, ele nos dispensou. Cada um tinha uma opinião diferente. A verdade é que nenhum de nós sabia o que estava por vir.

Na boca da noite (por volta das 19 horas), nós nos reunimos e, mesmo diante dos olhos e ouvidos dos feitores, trocamos idéias a respeito da vinda do tio do nosso senhor. Ninguém sabia quem era ele. Engraçado... se era da família do nosso antigo senhor ou da nossa velha sinhá, como é que nunca havia aparecido para visitar os parentes? Teria chegado recentemente? As perguntas eram muitas, e as respostas não tínhamos!

Avó Joana, que tinha a liberdade de conversar com os nossos feitores, foi até o senhor Ambrósio e perguntou:

– O senhor conhece esse novo senhor?

O feitor, enrolando um cigarro na palma da mão, respondeu:

– Sinceramente? Eu nem sabia que o senhor tinha outros parentes por aqui! Nunca ouvi o senhor velho nem a sua esposa comentarem sobre família, nem visitar ou receber visitas deles! Cá entre nós, vó Joana, eu acho que esse novo administrador não é parente coisa nenhuma! Isso deve ter outro fundo de verdade! Ele pode ser amigo desse senhor, e eu posso até conhecê-lo. Vamos aguardar para sabermos quem é!

– E vamos rezar a Deus, senhor Ambrósio, pois não sabemos que destino esse novo senhor pode nos trazer! E sabe mais o quê? Eu não entendi por que ele não levou a nossa sinhá com ele! Se bem que dou graças a Deus em tê-la ao nosso lado.

– Eu não entendi! Mas desconfio! – respondeu ele.

– Desconfia do quê? – insistiu avó Joana.

O feitor, olhando para os lados, respondeu:

– Que ela conte para a família o que lhe aconteceu, e eles acabem com o senhor! Fiquei sabendo que esta fazenda foi comprada com o dinheiro do dote da sinhá! Parece que a família dela tem muito dinheiro. A dele também! Dizem que são tradicionais! Esse nosso senhor é muito estranho, vó Joana. Vou lhe contar uma coisa estranha demais: o pai dele (pelo amor de Deus, não comente com ninguém!) tem mais filhos espalhados por aí que batata na terra! E o filho é um homem cobiçado pelas mulheres. Eu sou homem, mas tenho de reconhecer que ele é muito bonito! E sabe de uma coisa? Com toda sua beleza, dinheiro e poder, ele não tem nenhuma amante! Dá para entender?

– Dá, sim, senhor Ambrósio! Há coisas que parecem que ficam mais claras entre nós do que entre vocês!

– Do que está falando, avó Joana?

– Ah! Senhor Ambrósio, eu acho que estou é com medo e nem sei mais o que digo! Quer saber de uma coisa? Eu vou é me deitar para estirar os ossos, que amanhã será um dia cheio de novidades para nós.

– Boa-noite, avó Joana! Leve as mulheres com a senhora. Pedirei que Zacarias leve os homens, assim todos nós podemos descansar o corpo. Se não conseguirmos descansar a mente, pelo menos o corpo ficará descansado.

Fiquei me revirando na rede e não conseguia dormir; e assim estavam os meus companheiros de quarto, no escuro da noite. Não falávamos, mas sabíamos que todos estavam acordados, cada um com seus pensamentos.

Quando consegui dormir, sonhei que Antônio entrava no nosso barracão e, me abraçando, perguntava: "Onde está o meu filho? Onde está a sinhá?".

Sorrindo de alegria por vê-lo bem, respondi: "Seu filho está lindo! E a sinhá está conosco aqui, na fazenda. Ela está cuidando do filho de vocês com muito amor e carinho. Que bom que você voltou! Mas onde está Anita?".

"Ela está na casa da dama de sinhá. Nós trabalhamos lá, ela nos comprou de um atravessador de escravos! Eu ainda não tive a coragem de contar tudo o que aconteceu com a nossa sinhá e o menino; você acha que eu devo revelar isso para a dama? Eu sei que ela nos comprou para pirraçar o senhor! Ela mesma disse que iria nos esconder para que ele sofresse a humilhação de perder. Encostou-me na parede, queria a todo custo saber se o senhor me obrigou a fazer o que eu não queria – você sabe do que estou falando. Eu neguei, porque fiquei com medo de que ela, tendo a minha confissão, me jogasse de volta nas mãos dele. Acabei dizendo que ele nunca me obrigou a nada. Tenho certeza de que ela não acreditou em mim. Por sorte, Anita disse que sempre fomos namorados e que fugimos porque queríamos ficar juntos e o senhor me levava para longe".

Acordei assustado e pulei da rede.

Na manhã do outro dia, chegaram as carruagens trazendo as mudanças de nosso novo senhor. Logo atrás, uma carruagem de luxo encostava no terreiro da casa-grande. Nossa curiosidade era imensa, espreitávamos para vê-los.

O feitor abriu a porta da carruagem e vimos descer um senhor alto e forte, de cabelos grisalhos e uma expressão forte.

A Saga de uma Sinhá 111

Ele deu a mão a uma senhora de meia-idade, sacudindo o pó do vestido e reclamando. Atrás dela, descia um rapaz loiro, que parecia um moleque brincalhão.

A sinhá aproximou-se e apertou-lhes as mãos, levando-os para dentro.

Então, esse era o nosso novo senhor? Tínhamos de esperar para ver o que ele queria de cada um de nós.

Eu limpava os arreios e soltava os animais quando vi o rapaz loiro se aproximando de mim.

– Como se chama, negro? – perguntou ele, alisando o belo corcel marrom-café.

– Eu me chamo Miguel, meu senhor – respondi, de cabeça baixa.

– E o que é que você faz aqui, na fazenda? – ele tornou a perguntar.

– Cuido de todas as ferramentas da fazenda, amanso cavalos, colho e cultivo as ervas com que se preparam os remédios, cuido da horta e do jardim, ajudo na preparação dos remédios e dou uma mão às mulheres que trabalham na casa, ou para pilar café, ou arroz ou outra coisa qualquer. Abasteço a casa de lenha e água, transporto as coisas pesadas de um lado para o outro e sigo qualquer ordem dos meus senhores com alegria e obediência.

– Ah! Então é você o Miguel amansador de cavalos? Escute aqui, Miguel, na próxima semana, meu pai vai comprar um lote de cavalos. Como é criador de cavalos, ele compra, amansa e depois vende! Você é amansador de cavalos, e meu pai é amansador de escravos! Quero que você amanse um para mim. Só de olhar para o bicho você deve saber se dará um bom cavalo depois de domado, não é?

– Sim, senhor, algumas vezes, eu percebo isso no cavalo – as minhas pernas tremiam; senti um aperto no coração. O pai dele era amansador de escravos? Por que será que ele disse aquilo?

Fiquei apreensivo com a declaração e comentei com os outros, que ficaram assustados. Os novos senhores foram à cidade, porém não me levaram; dei graças a Deus. Realmente, eles trouxeram seis cavalos de raça, e o senhor me recomendou:

– Quero esses cavalos prontos para qualquer homem montar e fazer deles o que quiser!

– Sim, senhor, farei o que me pede.

Capítulo VI

Surge o administrador

Os senhores conversavam e andavam de um lado para o outro da fazenda. O nosso senhor mostrava tudo para o administrador. A sinhá estava sempre ao lado deles. As sinhás foram à senzala; o filho da sinhá-moça dormia no colo de Maria do Céu. A sinhá olhou pra ele com carinho. Ouvi a outra sinhá dizer:

– Que bonitinho! Ele deve ter puxado muitas coisas do pai, tem nariz afilado e lábios delicados.

A sinhá estava com os olhos marejados de lágrimas, mas nós sabíamos que o motivo não foi o que ela escutou da outra senhora, e sim o segredo que estava escondido em seu coração.

O senhor viajou, e o administrador começou a fazer mudanças. Trocou os feitores e as mulheres que trabalhavam dentro da casa-grande. Mandou derrubar, retirar a madeira e queimar tudo o que sobrou dos gravetos; ia aguardar para plantar capim nas terras onde antes havia uma faixa de mata separando as duas fazendas; agora, ambas, de fato, eram uma só. Achamos aquilo muito estranho: se, ficaria apenas tomando conta da fazenda até o dono voltar, por que ele fazia tantas mudanças?

Certa tarde, a sinhá foi até a senzala e, como sempre, longe dos olhos dos feitores, ela pegava o filho no colo e o beijava muito. O administrador chegou em tempo de vê-la beijando o menino; vermelho de raiva, ele gritou:

– Eu não quis acreditar que você, de fato, estava louca! Agora tenho certeza! Onde já se viu uma dama como você beijando um negro? Escute bem o que vou lhe dizer: eu a proíbo de vir sozinha à senzala! De hoje em diante, só entra nesta senzala acompanhada por minha esposa; ela pelo menos tem juízo! Não me arranje problemas, pelo amor de Deus, ou serei obrigado a tomar sérias providências!

A sinhá empalideceu:

– Desculpe-me, Humberto, eu não fiz por mal! As crianças são tão inofensivas!

– Margareth! Não desmereça sua família! Você é uma moça de família e nome! Não pode andar por aí beijando filhos de escravos! – com raiva, ele virou-se para Maria do Céu e disse com rispidez: – Leve as suas crias e vá embora daqui. Se a pegar outra vez usando essas crias para impressionar a sua sinhá, vou mandar levar os dois ao mercado e trocá-los por um tronco e um chicote!

– Perdão, senhor, isso não vai mais acontecer! Eu prometo! – implorou Maria do Céu, de joelhos.

No fim da tarde, o senhor me chamou e disse:

– Amanhã, logo cedo, vamos à cidade, e você deve nos acompanhar. Meu filho cismou que você conhece os cavalos quando são bons, vamos ver se ele está certo.

Chegamos à cidade, e, após andarmos de um lado para o outro, o senhor nos levou para um mercado de cavalos; acho que era isso, pois naquele local só havia cavalos.

Mandou que eu escolhesse três bons cavalos. Eu rezei e pedi que Deus me inspirasse, pois, se não agradasse o senhor, estaria em maus lençóis.

Após a compra dos cavalos, o administrador foi fazer o pagamento. O sinhozinho me chamou de lado e falou baixinho:

– Agora você vai me acompanhar e ficar de bico fechado. Direi ao meu pai que nós vamos à igreja, e que eu fiz uma promessa para que você acertasse na compra dos melhores cavalos. Na verdade, vou à casa das mulheres de aluguel. Você ficará escondido, me esperando.

O pai dele voltou, e o filho avisou:

– Meu pai, vou levar o negro Miguel comigo; quero ir até a igreja, vou pagar uma promessa. Depois disso, o próprio Miguel lhe contará qual foi a minha promessa. Fiz em voz alta e fui atendido. Não se preocupe comigo, vou à igreja: se for hora de missa, vou assistir, senão faço as minhas orações e depois vou tomar um suco de graviola e comer um beiju de tapioca na praça da igreja. Fique sossegado, que eu tomo conta do negro Miguel, e assim que terminar venho lhe encontrar.

– Muito bem, pode ir. Cuidado com o que vai fazer e fique de olho no negro, não quero aborrecimentos! Agora que resolvi os negócios, vou prosear com os amigos e tomar meus drinques sossegado. Não se esqueça de que temos de seguir viagem lá pelas 15 horas. Quero chegar à fazenda antes das 20 horas.

– Fique tranqüilo, pai, não vou me atrasar. Eu gostaria que o senhor me adiantasse algum dinheiro; tenho de pagar a minha promessa! Minha mãe me ensinou que, quando queremos algo melhor, temos de oferecer também uma quantia boa para os santos. Foi o que eu fiz!

– Eu preciso falar com a sua mãe! Ela precisa aprender a negociar com os santos! Se, a cada vez que vocês fizerem uma promessa, eu tiver de pagar esse preço alto, vou começar a cobrar as taxas dos milagres, porque estou sempre levando prejuízo com as promessas que você e sua mãe vivem fazendo! De quanto foi agora sua promessa?

– Papai, eu sei que o senhor vai ficar aborrecido, mas eu prometi 20 contos de réis para a igreja.

– Você enlouqueceu? Qual é o santo que cobra tão caro por um milagre? Quem é, negro Miguel, esse santo? Meu filho disse que fez a promessa em voz alta, então você a escutou! Quero o nome desse santo esperto, que pensa que eu tiro dinheiro das folhas do pasto! Quem é o santo, negro Miguel?

Olhei para o rapaz, que transpirava na testa. De cabeça baixa, porque eu jamais iria falar uma mentira e caluniar o nome de um santo de cabeça erguida, respondi, pedindo perdão ao santo:

– É Santo Antônio, senhor!

– Eu logo vi! Sua mãe vive com esse santo pra cima e pra baixo, como se fosse da família. Pois muito bem: aqui estão seus 20 contos de réis! E leve mais algum dinheiro e traga outro santo qualquer que tiver lá na igreja. Vou presentear a sua mãe, e você vai convencê-la de que quem fez o seu milagre foi ele. Vamos dar uma folga para Santo Antônio, ele está ficando caro para mim. Será bom que sua mãe mude um pouco de santo. Vá lá saber se um outro santo não precisa de trabalho e vai se esforçar em atender às promessas com mais rapidez, e mais barato também?

– Está bem, papai – respondeu o rapaz. – Vamos, Miguel, você me ajudará a escolher o santo para minha mãe.

Assim que nos afastamos, o rapaz disse:

– Pegue esse dinheiro aqui, vá até a igreja e compre o santo que custar mais barato; assim, vai sobrar dinheiro, e eu pagarei um suco e um beiju para você.

– Sinhozinho, eu não posso ir sozinho e entrar na igreja sem uma permissão! – lembrei.

– Que inferno! Venha, vamos até ali.

Entramos em uma venda, e ele pegou um lápis e uma caneta. Escreveu algo num papel e me pediu que o mostrasse ao zelador, que iria me entregar o santo e me devolver o dinheiro. E, assim que terminasse lá na igreja, eu deveria descer a rua e, lá onde havia jaqueiras, seguir pelo meu lado direito e ir até onde estava uma praça com muitas pessoas. Que ficasse com o papel na mão; se, por acaso, alguma autoridade me parasse, era só mostrar o papel. E que eu esperasse ali sentado no banco que dava para a frente da casa de aluguel das escravas; ele estaria lá.

Assim fiz. Cheguei à igreja e apresentei o papel e o dinheiro ao zelador. Ele me mandou esperar. Ouvi-o discutir com o sacristão

– O santo mais barato é São Benedito! Esse ninguém quer! Podemos vendê-lo

– Quer arranjar confusão para mim, não é? Você já viu, em alguma casa dos senhores, uma imagem de São Benedito?

– Não, nunca, só nas casas dos escravos libertos e de alguns feitores!

– Vamos, ache outro – pediu o zelador.

– Tem de ser santo? Não serve santa – perguntou o sacristão.

– No papel, pedem santo! Tem muitos senhores que não acreditam nas santas, só nos santos.

– Bem, eu tenho São João, São José, que pertencem à mesma família de Santo Antônio, e o preço está dentro do que ele pede aí no bilhete.

– Embrulhe São José e mande! Passe-me o troco, que o negro está esperando.

O embrulho chegou às mãos do zelador.

– Está aqui, negro, o novo santo do seu senhor! Diga-lhe que esse faz milagres tanto para homem quanto para mulher, velho e menino, e dizem que atende negros e brancos do mesmo jeito.

Abracei o santo e saí com remorso. "Oh! Meu santinho São José, o senhor me perdoe, e peço perdão a Santo Antônio e ao senhor São Benedito. Cá entre nós, eu não acredito que o senhor seja santo, não! Perdoe-me, mas se fosse santo mesmo, o senhor ia deixar seus irmãos de cor no inferno? Os homens brancos não querem o senhor dentro de casa e pra quem trabalha?".

"E o senhor, Santo Antônio, não me castigue! Eu tive de mentir colocando o seu nome no meio da mentira, mas não tinha outro jeito!".

Cheguei diante da casa que eu já conhecia de longe, e lembrei-me do sonho que tive com o Antônio. Meu Deus! O sinhozinho estava pecando e colocando os santos no meio das histórias dele. Eu era apenas um escravo, nem podia falar a verdade para o pai dele, mas também não sei se era certo acobertar suas mentiras: eu não estava acostumado com isso. Eu ia conversar com avó Joana e Zacarias, precisava saber a quem eu deveria obedecer.

– Não tirava os olhos da casa; alguns negros também estavam ali, esperando seus senhores. Um deles me disse:

– Sabe que eu já sonhei que estava entrando nessa casa?

Passou um bom tempo, quando eu vi alguém pegando um feixe de lenha no quintal da casa. Meu coração quase parou de bater: de chapéu na cabeça, roupas diferentes, o negro tinha o mesmo jeito de Antônio! Meu Deus, eu estava ficando louco! Só podia ser por causa do sonho que tive!

Mais uma vez, o negro voltou para pegar lenha; sim, era idêntico a Antônio no jeito de movimentar-se, andar, e tinha a mesma altura... Santo Deus, seria possível? Minha cabeça doía. Como saber a verdade?

O tempo passou, e lá vinha o senhor olhando de um lado para o outro da rua. Apressado, disse-me:

– Vamos andar rápido, que meu pai deve estar louco da vida! Você comprou o santo? Vamos providenciar o seu suco e o seu beiju, você vai comendo pelo caminho, não temos mais tempo para nos sentar em lugar nenhum! Como é o nome do santo que você comprou?

Respondi a ele e dei-lhe o recado do zelador sobre os poderes do santo:

– Ótimo! Você dirá ao meu pai que teve de ir à casa do zelador buscar esse santo, e que ele é o avô de Santo Antônio; é muito mais experiente do que ele, entendeu?

– Mas o senhor zelador não me disse isso – respondi, com medo de receber o castigo dos santos.

– Você não vê que esse santo tem cara de velho, e Santo Antônio tem cara de jovem? Então, um tem idade para ser o avô do outro – disse o sinhozinho. – Quem pode saber se de fato não são mesmo avô e neto?

– Mas, negro Miguel, nem lhe conto... que maravilha aquela casa! Esses santos vão ter de me ajudar muito! Vou comprar todos os santos da igreja para minha mãe, mas quero voltar lá sempre! Arranjaram para mim uma negra de quadris largos, seios fartos, dentes brancos, uma negra feita sob medida para satisfazer os desejos de um homem! Paguei essa com gosto! Essa Anita é uma negra e tanto!

Ao escutar aquele nome, senti o sangue congelar nas veias. Meu Deus! Eu sonhei com Antônio, e ele me dizia que morava naquela casa. Tive a impressão de tê-lo visto pegando lenha no quintal, e agora o senhor me falava de uma negra chamada Anita! E a descrição que fazia dela combinava com nossa Anita

– Eu quero vir todas as semanas. Vou arrumar um pretexto para vir à cidade, nem que eu comece a trabalhar!

– Essa casa é só para os brancos?

– Ah, sim! As mulheres são negras, exceto a dona, uma senhora ainda bonita, que é a dona da casa. Você a deve ter conhecido, ela foi dama de companhia de sua sinhá! Falam pelos quatro cantos que ela tinha um segredo com o seu senhor. Você nunca percebeu nada entre eles?

– Será que é mesmo a dama da minha sinhá?

– Claro, Miguel! Acha que eu não a conheço? Nós nunca soubemos o verdadeiro motivo pelo qual ela foi embora da casa-grande. Sei que o seu senhor expulsou a coitada, e que quem se deu bem fomos nós; ela compra escravas jovens e bonitas e as prepara para servir bem aos brancos. Dizem que, no começo, ela até aceitava escravos libertos, se chegassem com dinheiro! Agora não! Foi proibida a entrada dos negros e de feitores, só entram os brancos com dinheiro no bolso.

Assim que chegamos aonde o pai dele estava esperando, pensei que o senhor ia bater no filho e em mim:

– Onde você se meteu até essa hora?

– Fale, negro Miguel, por que nós demoramos tanto para voltar! Responda a meu pai.

– Bem, senhor, tive de buscar o santo na casa do zelador, pois o que está aqui é o avô de Santo Antônio e tem mais experiência que ele. Foi o que disse o zelador.

– E que santo é esse? – perguntou o senhor, olhando a imagem.

– É o senhor São José! O sacristão disse que ele faz milagres para pessoas de todas as idades.

– Bom, ele tem jeito de quem viveu muito! Vamos ver se faz milagres mesmo! Vocês comeram alguma coisa? Deu alguma coisa para esse infeliz comer?

– Não comemos nada, papai! Eu fiquei sentado no banco da igreja, e rezei três terços e sete salve-rainhas. Minha mãe me disse que quem reza muito é atendido no céu em qualquer coisa que pedir – Tomara que ela esteja certa! Pelo que vocês rezam e, pelo o tanto que eu pago, nós temos passagem livre para o céu! Venha comer e beber alguma coisa. Espere aí fora sentado, negro Miguel, que eu vou mandar alguém lhe trazer alguma coisa para comer. Depois, você vai ajudar os outros dois negros, e vamos seguir viagem.

Vi o sinhozinho sentado, comendo e bebendo bem tranqüilo; eu, porém, estava com o coração aflito! Tive de mentir duas vezes usando os nomes dos santos. Enquanto engolia outro copo de suco quase sem agüentar, pensava: *"Não dá para entender os senhores brancos: primeiro, eles nos ameaçam com o tronco se pegarem uma mentira nossa! Depois, obrigam-nos a mentir, a inventar histórias com os santos."*

No caminho, eu estava calado. Os outros negros me perguntaram:

— Por que está calado? Aconteceu alguma coisa grave?

— Não se preocupem, está tudo bem. Acho que não gosto dessas viagens, mas nós não temos de gostar ou não, mas sim obedecer!

Um deles falou baixo:

— Pois eu confesso a você que adoro a cidade. Há tantas coisas bonitas por lá! Quando vou à cidade, para mim, é o mesmo que ir ao céu.

Chegamos à fazenda já com o clarão da lua cheia. Os outros negros vieram nos ajudar, e o sinhozinho chegou perto de mim e falou baixo:

— Bico fechado, Miguel, não conte para ninguém o nosso dia de hoje... Ou o tronco que meu pai trouxe será inaugurado por você.

No barracão, André me perguntou:

— O que o senhor falava com você?

— Sobre alguns cavalos que eles compraram! Talvez devem chegar amanhã. Pediu-me para amansar o corcel negro para ele.

Zacarias falou baixo:

— Hoje, a sinhá foi à senzala ver o filho. É engraçado que o menino passou estranhá-la, está mesmo apegado é a Maria do Céu. A sinhá precisa tomar cuidado para não despertar suspeitas, se um feitor vê-la sozinha na senzala pegando Frederico no colo, isso pode comprometer a vida dele. Não podemos confiar nem mesmo em nossos irmãos de cor, pois eles às vezes saem de nosso lado pensando que poderão ficar ao lado dos brancos e acabam nos levando à morte.

Avó Joana trouxe um bule de café, e pelo buraco da janela Zacarias olhou para ver se não tinha nenhum feitor escutando a nossa conversa. Só então eu lhes relatei o que fiquei sabendo na cidade, o fato de ver um negro igual a Antônio, a moça com o mesmo nome e descrição de Anita, e as mentiras sobre os santos, que me deixaram amedrontado.

Avó Joana e Zacarias ouviram a minha história, depois Zacarias perguntou:

– Joana, o que você acha?

– Sinceramente, pode ser que os dois estejam trabalhando na casa da dama da sinhá. Ela odiava Antônio, porque o senhor vivia com ele a tiracolo. Mas talvez ela o esteja usando para vingar-se dele. Pois lá ninguém irá encontrá-lo.

Zacarias acrescentou:

– Eu acho que eles deram a volta e foram aportados do outro lado da cidade. Alguns negociantes de escravos os levaram até a dama e os venderam, e devemos dar graças a Deus que eles estão vivos; mesmo no sofrimento, estão livres das garras do senhor, tomara que sejam eles mesmos. Só temo que algum amigo do nosso senhor encontre Antônio ou Anita e conte para ele. Após uma pausa, continuou. Mas olhe, filho, Deus escreve certo por linhas tortas: o sinhozinho branco vai voltar àquela casa e com certeza deve levá-lo novamente. No caminho, contará a ele que conheceu uma escrava chamada Anita, que deveria se lembrar de um negro chamado Miguel, e que você se recordava dela porque ela gostava muito de andar pela beirada do rio, não apreciava ver os seus próprios rastros, tinha medo que viesse alguém atrás dela. Ela vai entender o recado; se forem mesmo Anita e Antônio, ela lhe mandará uma resposta que também entenderá.

Zacarias ficou em silêncio por alguns instantes, depois continuou:

– Quanto aos santos, fique tranqüilo! Eles não farão nada contra você. É por isso que são santos, porque agüentam tudo calados! E, para falar a verdade, talvez estejam até nos dando uma mão.

Quase um mês depois, o sinhozinho inventou para sua mãe que precisava ir pagar a promessa para São José. Disse a ela que estava andando no meio da madeira que era consumida na casa-grande, e uma jararaca pulou em seu braço; ele só pensou no santo, e a cobra pulou de volta no chão. A mãe chorava e agradecia o milagre e encheu as mãos dele de moedas. Nunca escutara uma mentira tão sem lógica! Uma cobra pulando no braço dele e desistindo de picá-lo! E a mãe acreditou!

O feitor nos acompanhou; ele ia comprar algumas ferramentas para a lavoura. Chegando à cidade, o sinhozinho deixou os dois negros com o feitor e lhe disse:

– Antes das 15 horas estaremos aqui, deixem tudo pronto! Devemos obedecer às ordens do meu pai. O negro Miguel vai me acompanhar. Como ele conhece as folhas dos remédios que todos vocês tomam, amansa os cavalos, arruma as ferramentas da lavoura etc, o padre me disse, uma vez, que o negro Miguel precisa receber água benta nas mãos para que tudo o que fizer seja bom para todos! Eu não dei importância antes, mas agora, pensando melhor, acho que estava certo. Vou levá-lo comigo até a igreja e conversar com o padre, adoro trocar idéias com ele! Eu só não estudo para ser padre porque meu pai não aprova! Eu sou muito católico, não fico sem ir à igreja, e, se venho à cidade, não saio sem tomar a bênção do padre! O feitor balançava a cabeça, admirando a fé do rapaz. Depois o ouvi comentando com um dos negros:

– Senhor de coração santo como esse existem poucos por aí! São poucos mesmo! É o que eu sempre digo para brancos e negros: cada um deve ter a sua fé e obedecer sempre ao destino que Deus lhes deu! Este nosso sinhozinho é um exemplo a ser seguido!

No caminho, eu criei coragem e disse:

– Meu sinhozinho, pelo amor de Deus, o senhor pode ser castigado e eu também! Eu não posso desobedecer às suas ordens, mas percebo que agora o senhor está mexendo com os santos! E santo é coisa séria, meu sinhozinho:

– Miguel, existem pessoas que fazem coisas piores do que eu! Se Deus não levar isso em consideração, aí quem vai ficar chateado sou eu! Veja bem: não mexo com as negras da fazenda, porque acho que a humilhação delas ultrapassa todos os limites! Não desrespeito as esposas de nossos amigos. Então, essas mentiras entre mim e os santos não são graves! Eu até ajudo onvencvê-los! Entre as amigas da minha mãe, escutei três delas falando que fizeram promessas e foram atendidas por São José! Por isso, acho que os santos não vão se aborrecer comigo, lá na casa de aluguel, procuro ser bondoso e gentil com a escrava que me serve.

Ao chegar à cidade, ele deixou o feitor e os dois negros recomendando que eles arrumassem tudo, porque quando voltássemos, era só pegar a estrada! Deu ordens para o feitor alimentar os negros; nisso ele era muito atencioso, não tínhamos o que reclamar.

No caminho, eu fiz como Zacarias me instruiu, e o senhor caiu na minha conversa:

— Então você conheceu uma Anita?

— Sim, éramos quase crianças. Depois, ela foi embora para outra fazenda e nunca mais a vi! Só me passou pela cabeça que pode ser a minha amiga Anita. Ela era muito bonita quando menina.

— Bom, se for sua amiga de infância, eu descubro. Vou perguntar se ela conheceu um Miguel, que andava com ela pela beira do rio! Você está vendo, Miguel? Se for sua amiga Anita, eu posso até dar um jeito de você vê-la.

— O senhor faria isso? — perguntei, cheio de alegria.

— Claro que sim! Naturalmente que ela vai aparecer somente à janela, mas já é bom, não é?

— Sim, senhor! É uma bênção do céu! O senhor vai fazer isso hoje?

— Se for a mesma Anita, farei isso ainda hoje! Com uma condição: você vai me ajudar sempre confirmando as minhas histórias. Quando a história com a igreja despertar suspeita, vou arrumar outro relato envolvendo caridade. Minha mãe acredita que a porta do céu é aberta quando agradamos aos santos, aos padres etc. Mas eu sei que a porta do céu se abre é dentro do nosso coração.

— Eu lhe prometo que vou ajudá-lo meu senhor, pois está sendo generoso comigo.

— Preste bem atenção, Miguel, em uma coisa que vou lhe confessar: eu sou a favor da libertação dos escravos! Eu nunca vou querer tocar nenhuma fazenda do meu pai, pois jamais serei senhor de escravos! E se eu pudesse escolher uma mulher para me casar, seria uma negra! Porém, sei que vou me casar com uma mulher branca, pois a nossa sociedade não aceitaria que eu entrasse de braços dados com uma negra em local público! E filhos, então? Qual seria a igreja ou o cartório que iria registrar um filho meu, se fosse negro? É complicado, Miguel. Infelizmente, não podemos expressar os nossos sentimentos, mas sim acatar os sentimentos de toda a massa!

E ele continuou falando palavras que eu não entendia; mas sei que falava de liberdade e de igualdade entre brancos e negros.

Por algum tempo eu escutava aquele jovem e estremecia: um jovem revolucionário? Ele me dizia que simpatizava com os negros e até casaria com uma negra! E devia ser verdade, porque vinha até a cidade para ficar com Anita!

Ele me deu o papel autorizando a minha entrada na igreja e na mercearia. Eu estava indo à igreja adquirir mais um santo para a coleção da sinhá, mãe dele.

O zelador me reconheceu e convidou a entrar, dizendo para o sacristão:

– Ele vem da parte dos senhores de fazenda. Vamos ver o que podemos mandar para a nossa boa senhora com essa quantia dada pelo filho: o que você acha de mandarmos São João e São Jerônimo? – perguntou o sacristão, trocando um olhar com o zelador. – E se mandarmos São Pedro e São João? Assim ela ficará com todos os santos da mesma família: já tem Santo Antônio, levou São José, agora pode completar com São João e São Pedro – respondeu o zelador, examinando as imagens e falando como se realmente estivesse sendo inspirado pelos santos.

128   *Maria Nazareth Dória / Luís Fernando (Pai Miguel de Angola)*

– Isso! Então você leva os dois e fala para sua sinhá que agora ela tem todos os santos da mesma família! Diga a ela que deve fazer pedidos a todos eles; se um estiver ocupado, passa o pedido para o outro que está perto dele! Sem ajuda, ela não vai ficar.

– Sim, senhor, eu dou o recado. Então, os nomes dos santos são: São Pedro e São João – falei alto para decorar os nomes dele

– É isso mesmo! Vejo que você é um negro de memória boa! Por isso, vamos fazer um bom preço para o seu senhor! Venderemos dois santos pelo preço de um, e ainda sobrará dinheiro para você beber um suco e comer um pedaço de bolo! Vá com cuidado para não derrubar os santos de seu senhor e diga-lhe que nós temos muitos santos; ele pode mandá-lo você vir buscar, e nós recomendaremos os mais milagrosos!

Voltei bem devagar. O senhor me disse que eu podia apresentar o papel que me autorizava a comprar e pagar comida. Então, todo orgulhoso por entrar sozinho em uma venda, apresentei o papel e mostrei o dinheiro. O empregado era um mulato, que depois soube ser filho do dono. Entreguei o papel, ele leu e me pediu que mostrasse a quantia de dinheiro que tinha. Então, puxou as moedas e disse para outro mulato:

– Dê a esse negro o suco no sabor que ele quiser, e pode escolher ou um beiju ou um pedaço de bolo.

Peguei o meu suco e um pedaço de bolo, fui me sentar lá fora e comer sossegado. Depois, voltei e entreguei o utensílio que usei ao empregado. Ele colocava os canecos usados pelos escravos de um lado e os dos brancos do outro. Os brancos comiam sentados em bancos lá dentro da venda, e os negros

A Saga de uma Sinhá 129

pegavam a comida e comiam lá fora; depois, era só devolver o que utilizaram e ir embora.

Andei bem devagar, olhando os transeuntes, negros arrastando carroças, outros levando baús nas costas, algumas sinhás acompanhadas por suas mucamas, que as cobriam com sobrinhas coloridas.

Saí bem devagar. Sabia que o senhor iria demorar um pouco mais dentro daquela casa. Estava ansioso, prometera que falaria com Anita sobre mim, e, se fosse ela mesma ele a traria até a janela. Fiquei sentado num tronco embaixo da sombra de uma árvore.

Fiquei sem fôlego ao ver que pararam bem na minha frente duas sinhás, com suas mucamas. As sinhás, cobertas de jóias, usavam chapéus e saias rodadas que se arrastavam pelo chão. Uma delas, olhando na minha direção, falou alto:

– Eu sinceramente acho um absurdo o que temos de suportar! Andar tropeçando aqui e ali nesses escravos! O mundo está perdido! Aonde é que vamos parar? Esses rapazes vão estudar fora, e quando voltam trazem uns procedimentos vergonhosos! Se não houver um pulso forte para colocar ordem, logo, logo vamos ter de comer sentados à mesma mesa com os negros! Veja esse aí! Sentado, sem ocupação nenhuma! Onde está o senhor desse escravo? Com certeza seu dono é um sinhozinho novo! Tenho minha vontade de chamar as autoridades e mandar vendê-lo! Quem sabe o dono desse escravo dá ocupação a ele?

– A outra, parada e me olhando, respondeu- Deixe pra lá! Que está uma vergonha, isso está! No dia que o dono deste negro precisar vendê-lo, quem vai querer comprá-lo? Daqui a alguns anos vamos ter o que dentro de nossas casas?

– Um vagabundo – respondeu a primeira, com os olhos cheios de raiva – Vamos sair daqui que está me dando nojo – cuspiu no chão e saíram.

Nesse momento, eu pensei: Santo Deus! Que perigo eu corro ao ficar parado aqui, em frente desta casa... O meu senhor vai arrumar confusão pra ele, e muito mais pra mim! E se vierem os caçadores de escravos e me prenderem? Até provar que eu não fugi, já fizeram comigo o que bem entenderam! De vez em quando, passavam damas brancas e me olhavam com simpatia, outras com desdém. Mesmo assim, eu não tirava os olhos da janela; parece que havia se passado um século, eu estava morrendo de vontade de urinar, mas sem a ordem e a presença do meu senhor não podia entrar nos locais apropriados para os escravos. Teria que esperá-lo, e rezava que ele viesse logo. Nesse momento, a janela se abriu, e uma mulher apareceu. Fiquei sem fôlego! Era mesmo Anita! Ela se recolheu, e eu fiquei parado, com as pernas tremendo.

Logo o senhor saiu, quase correndo, para não ser visto por ninguém. Chegou perto de mim e perguntou:

– Então, é a Anita que você conheceu, ou não?

Pensei na resposta e disse:

– Ela era muito pequena quando nos separamos! Aquela é uma mulher! Pode ser ela, mas, se for, está bem diferente!

– Foi o que ela me disse! Ela conheceu um Miguel quando era criança. Quando foi à janela, eu perguntei se ela se lembrava de você, e ela disse a mesma coisa. Bem, deu tudo certo lá na igreja? – perguntou o senhor, ansioso.

– Sim, senhor! O dinheiro foi suficiente para comprar dois santos, e ainda comi e bebi, como o senhor determinou.

– E os santos, quem são? Preciso contar a história deles para a minha mãe, para convencê-la!

– Bom, segundo o sacristão um deles é São João, o outro é São Pedro! E ele disse que a sinhá agora tem todos os santos da mesma família e ela pode pedir a todos eles: se um estiver ocupado, pedirá para o outro atender! Sem atendimento, ela não vai ficar

– Gostei! Esses vendedores de santos têm idéias brilhantes! São melhores do que eu, quando se trata de inventar uma história! É por isso que não fico com remorso nenhum! Eu invento minhas histórias para fazer o que gosto, e eles inventam suas histórias para ganharem a confiança dos fiéis e tirar o dinheiro deles! Para mim, tudo bem! – ele sorriu – Vamos apressar o passo, que nós precisamos seguir viagem! Bico fechado, ouviu, Miguel? Você não sabe de nada, não viu nada e lavou as mãos na água benta! Tudo o que você tocar será abençoado!

– Senhor! Eu tenho medo dessas mentiras! E se Deus castigar as minhas mãos mandando alguma doença?

– Deus não vai castigá-lo! Quem inventou a história fui eu! E Ele sabe que eu não tenho outra solução a não ser essa! Não estou prejudicando ninguém, e, se toda mentira do mundo fosse como essa, teríamos um mundo melhor! E por falar em mentiras, você nunca contou uma mentira do bem?

– Eu não entendi, senhor... O que é mentira do bem?

– A mentira do bem é aquela que se conta para proteger outras pessoas de algum mal. Eu já contei muitas mentiras do bem, sim, senhor, muitas mesmo – Falei isso lembrando dos últimos acontecimentos.

– Então, você agora me entende?

– Acho que sim, meu senhor.

– Você é um homem de bem, Miguel! Vamos lá! Veja só, o feitor já arrumou a carga!

132 ᗱᗷ *Maria Nazareth Dória / Luís Fernando (Pai Miguel de Angola)*

Chegando à venda, ele foi comer algo, e eu fui ao privativo dos escravos. Logo mais, nós estávamos na estrada. O senhor adormeceu, e o feitor veio conversar comigo, e me perguntou baixinho:

— Miguel, o sinhozinho ficou todo esse tempo conversando com o vigário?

— Não, senhor! Ele ficou muito tempo fazendo suas devoções!

— Pois é: um rapaz novo, rico... Se fosse outro, iria se divertir por aí. Já ele vai à igreja, e sempre leva um santo para a mãe..

— Um, não! Dessa vez, ele comprou dois! São João e São Pedro. O sacristão disse que São Pedro é quem abre e fecha as portas do céu! Se ele não abrir, nenhum outro santo abre, porque a chave fica na mão dele.

— Eu já ouvi falar muito desse santo, nunca vi a imagem dele, mas sei que é poderoso! E você bebeu água benta?

— Eu não bebi água benta! Eu lavei as mãos para que possa colocá-las em tudo e abençoar! Foi isso que disse o meu senhor

— Coloca então as mãos no meu facão, no meu chapéu, e passe as suas mãos aqui em minhas mãos. Quero ser o primeiro e receber as bênçãos dessa água benta.

Fiz aquilo, porém com vontade de rir. Se aquelas senhoras vissem a cena, o que iriam dizer? O feitor alisando as minhas mãos de olhos fechados!

À noite, contei o que descobri sobre Anita para Zacarias e avó Joana. O negro velho, suspirando aliviado, respondeu-me:

— Graças a Deus! Agora, é cada um seguir o rumo de seu destino e deixar Deus decidir o que fazer! Você, Miguel, não abra a sua boca com ninguém sobre Anita, Antônio ou o menino! Você não sabe de nada, não viu nada. Deixe as coisas caminharem!

Antes que eu respondesse, avó Joana completou:

– Isso mesmo, Zacarias! Você está certíssimo! Se todos estão salvos, agora é só tocar a vida e não lastimar. Nem com os nossos deuses devemos tocar mais no assunto, entendeu, Miguel? Eles sabem tudo, antes de nós! Todos calados e andando em frente com a vida: é assim que devemos seguir, um respeitando o destino do outro.

Ficamos os três em completo silêncio, e avó Joana, pitando o seu cachimbo, lembrou:

– O que me preocupa é a sinhá... Ela é mãe, e mãe é mãe. Mas por hoje é melhor não falarmos mais nesse assunto! Vamos dormir, que amanhã será outro dia, e para Deus tudo é renovado! Encontraremos uma solução para cada coisa.

Capítulo VII

Um dia após o outro...

Na fazenda, tudo seguia bem. Nossa sinhá rodeava a senzala, Frederico crescia a cada dia, e os falatórios também. Diziam que ele era filho do feitor, e alguns negros mais ousados falavam que o rosto dele era de branco.

Na fazenda, dava gosto ver o capinzal; onde era a faixa de mata virou um capinzal, não havia mais divisórias. O senhor não vendeu nenhum escravo, e a vida realmente continuava a mesma para todos.

A sinhá passava as noites tocando piano. O sinhozinho me levava a cada 15 dias para a cidade; a casa-grande estava repleta de santos e santas, todos com recomendações do sacristão e do zelador da igreja.

A sinhá rodeava a senzala, olhava de longe as crianças, mas, graças a Deus, não foi mais ao barracão onde ficava o filho.

O inverno chegara, as primeiras chuvas caíram e a fazenda estava sombria. A sinhá arrumou-se um dia e avisou que queria ir à cidade fazer algumas compras para a fazenda. O senhor administrador pediu que ela fizesse uma lista que o capataz ou ele próprio iria fazer as compras, pois havia prometido ao senhor que ela seria poupada dessas caminhadas.

A sinhá bateu o pé: iria ela própria de qualquer jeito; afinal, queria comprar algumas coisas pessoais e precisava escolher. No final, o senhor não teve alternativa a não ser consentir.

Acompanhamos a sinhá até a cidade; chegando lá, ela pediu para o capataz procurar uma pousada de família. Ela iria pousar lá e só voltaria no dia seguinte. Ele seguia levando as mercadorias com os negros que nos acompanharam. Ficaríamos com ela apenas eu e o sinhozinho.

Vi o capataz tirar o chapéu e coçar a cabeça. Ele não podia desobedecer às ordens dela e sabia que iria se complicar com o administrador.

Enquanto os negros ajudavam a arrumar as mercadorias, o capataz pediu que a sinhá me deixasse acompanhá-lo até a pousada.

A sinhá consentiu, e nós nos pusemos a caminho. Assim que alcançamos uma boa distância, o capataz me perguntou:

– Miguel, que diabo aconteceu com a nossa sinhá? Ela não pode pernoitar na cidade como uma mulher qualquer! O que vou dizer ao senhor administrador? Que a nossa sinhá resolveu dormir na cidade, em uma pousada popular?

Respirei fundo e respondi:

– Se o senhor me permite uma palavra, eu dou a minha opinião de escravo.

– Fale, Miguel! Fale! – respondeu ele, aflito.

– Diga ao senhor que, por não estar acostumada a fazer essas viagens, a sinhá não se sentiu bem, e o sinhozinho achou melhor que ela só retornasse no dia seguinte! Assim, o nosso senhor pensará que foi decisão do sinhozinho e não dela!

A Saga de uma Sinhá ❦ 137

O problema vai se tornar menor. Será preciso apenas combinar tudo com os dois e explicar-lhes a situação.

– É, você tem razão! Vamos à pousada conversar e ver se conseguimos um lugar pra vocês se ajeitarem! Eu não vejo a hora de voltar, Miguel, ainda mais depois do que eu ouvi hoje da boca de um capitão-do-mato! Quer saber o que foi?

Fiquei em silêncio, olhando pra ele e me lembrando do que aprendi: jamais responda aos seus superiores, mesmo que eles lhe ofereçam uma chance.

– Pois é, Miguel: segundo um capitão-do-mato que encontrei na venda, Antônio e a companheira dele foram encontrados por um capitão-do-mato trapaceiro que vende escravos com documentos falsos. E esse capitão-do-mato que me revelou isso irá à fazenda do nosso senhor levar-lhe uma nova proposta: capturar o capitão-do-mato trapaceiro para fazê-lo confessar a quem ele vendeu os escravos do senhor; e aí, sim, eles serão devolvidos a seu verdadeiro dono.

Senti um aperto no coração! Meu Deus! O que fazer? Antônio e Anita estavam ali, bem pertinho, na casa da ex-dama da sinhá. Esse tal capitão-do-mato, por certo, até já sabia onde encontrá-los!

Arrisquei uma pergunta:

– Mas, senhor, se o Antônio fosse vendido por essas bandas, não teria sido encontrado?

– Miguel, os senhores não andam fiscalizando as fazendas uns dos outros! Não são todos os negros que podem andar como você, acompanhando os seus senhores!

Chegamos à pousada, e o capataz deixou tudo acertado para que a sinhá, o sinhozinho e eu fôssemos alojados, cada um no seu lugar.

O capataz e os demais negros regressaram à fazenda, e nós só voltaríamos no outro dia. Comecei a pensar na situação do Antônio, quando vi um capitão-do-mato vestido em uma farda verde, botas até o joelho; ele se aproximou da sinhá e do sinhozinho. Segurei a respiração enquanto ouvia o homem falar:

– Disseram-me que a senhora é a esposa do senhor que busca por seus escravos fugitivos; então, tomei a liberdade de vir falar-lhe.

– Pois não? – indagou a sinhá.

– Fui um dos contratados para resgatar negros fugitivos de sua fazenda e acabei de saber que um traficante de escravos capturou e vendeu o negro Antônio e quem estava com ele. Agora, preciso de uma nova autorização para pegar esse falso caçador de escravos e fazê-lo confessar para quem vendeu os fugitivos! Para pôr a mão nesse pilantra, preciso de autorização... e de um novo pagamento, é claro!

A sinhá ficou tão pálida, que pensei que fosse desmaiar. Ela tossiu e respondeu:

– Perdão, capitão, mas esse negócio é com o nosso administrador; o senhor deve procurá-lo. Mas me fale um pouco mais sobre esta informação: é verídico que os negros foram capturados ou é apenas uma suspeita?

– É certeza, senhora! Quem me transmitiu essa informação me disse que tem certeza plena! Também sabe quem foi o capitão-do-mato que nos trapaceou. Ele deixou claro que iria até a fazenda negociar com o administrador sobre a captura do ladrão de escravos. Com esse sujeito nas mãos, seria fácil reaver os dois fugitivos e ainda cobrar uma multa de quem os adquiriu!

Assim que nos dirigimos à pousada, a sinhá se aproximou de mim e disse, trêmula:

– Miguel, pelo amor de Deus, o que vamos fazer? Eles encontrarão Antônio e Anita e chegarão até o meu filho!

– Não, sinhá, eles não vão encontrar nem o Antônio nem Anita, nem chegar perto do seu filho, se a senhora ajudar!

– O que eu posso fazer, Miguel? – respondeu, aflita.

– Eu sei onde estão Antônio e Anita, sinhá! – falei, confiante.

– Sabe? – ela arregalou os olhos para mim.

– Sei, sim, senhora: eles estão bem aqui, perto da senhora. Na casa de sua ex-dama!

– Rose? O que você sabe sobre ela? Ela não foi embora do Brasil?

– Não, senhora. Ela é a dona da casa onde se alugam as jovens escravas! O sinhozinho visita a casa dela sempre que vem à cidade. Com certeza, hoje à noite, ele vai voltar lá, na casa onde estão Antônio e Anita.

– Santo Deus! Você tem absoluta certeza, Miguel, de que Antônio e Anita estão lá?

– Tenho, sinhá. Primeiro, eu fiquei na dúvida, mas agora tenho certeza.

– Vamos andar – pediu a sinhá.

Quando chegamos à pousada, eu levei os pertences da sinhá até o quarto. Ela me pediu para entrar e fechou a porta.

– Vamos falar baixo, e me ajude a pensar no que posso fazer para tirar os dois de lá!

Sem levantar a cabeça, respondi:

– Chegando até a sua dama! Envie-lhe uma carta!

– Como mandarei uma carta? Quem vai entregá-la?

– O sinhozinho! A sinhá pode inventar qualquer assunto para ele! Peça-lhe que entregue a carta e traga resposta! Ele vai atender a seu pedido, porque, se a senhora revelar ao pai dele que ele freqüenta aquela casa, é bem possível que ele o mande embora do Brasil.

– Você é muito inteligente, Miguel! – respondeu a sinhá.

– Agora você pode descer, e peça que o senhor venha até o meu quarto.

– Sim, sinhá. Quer mais alguma coisa?

– Não, pode ir e aguardar o meu chamado.

No bar, encontrei o senhor bebendo um copo de vinho com outros rapazes. Dei sinal e ele gritou:

– Aproxime-se, Miguel, o que deseja?

Dei-lhe o recado da sinhá. Ele me pareceu surpreso. Fiquei sentado com outros negros do outro lado do salão, no lugar reservado para nós. Não demorou muito e vi o senhor subir as escadas.

Fiquei rezando e pedindo que os nossos deuses instruíssem a sinhá no melhor caminho a seguir com o sinhozinho.

Enquanto eu rezava para a sinhá, um cão bonito e bem tratado que desceu de uma carruagem se aproximou de mim e começou a me lamber. Eu já estava incomodado com aquele animal, mas não podia fazer nada, ele me parecia cachorro de senhor! Pêlo bonito, aparência saudável e uma coleira bem diferente no pescoço. Um dos negros disse baixinho:

– Esse daí é que é feliz! Deve ser o bicho de estimação desses senhores que entraram na pousada. Ser cachorro de branco é ter sorte! Não trabalha, não apanha, só come, diverte-se e dorme, e ainda por cima provoca a gente, fazendo inveja!

E veja só... Eu não sei ler, mas sei que aí na coleira dele tem algo escrito! Dê uma olhada!

– Tem razão. Pena que nós não saibamos ler para saber o nome dele – respondi. – Se os homens brancos tivessem a bondade e os sentimentos dos animais, o mundo seria bem diferente! Os donos não olham para nós; no entanto, seus cães nos lambem, fazem festa e comem com a gente! Estes são verdadeiros amigos.

Enquanto o cão pulava em cima de mim, vi uma moça branca como uma nuvem deixando a pousada. Saía de braços dados com um senhor de meia-idade que parecia bêbado. Chegando mais perto de nós, ele se virou para trás e gritou:

– Oh! Mesquita! Eu troco o meu perdigueiro por todos esses negros que estão aqui! Quer fechar negócio? O meu Trovão não perde uma caça! De bicho de pena a negro de couro, ele fareja e pega tudo!

O outro branco respondeu lá de dentro:

– Se esses negros fossem meus, eu estaria rico, Epaminondas! E quem sabe trocava mesmo um deles pelo Trovão!

Um dos negros saiu correndo para perto da moça, que lhe disse:

– Vamos, Tomás, leve o senhor até a carruagem e o acomode lá! – virando-se para o lado onde estava o cão, ela chamou: – Trovão? Vamos lá, suba!

O cachorro subiu, balançando o rabo e olhando em nossa direção. Parecia se despedir da gente. Ficamos olhando até a carruagem sumir.

O negro comentou:

– Reparou como os cachorros rodeiam a gente? Na verdade, eles acham que nós também somos cachorros! E não estão errados! A única diferença é que eles são bem tratados, vivem no meio dos brancos, e nós não!

Eu entrei na conversa e respondi:

– Espere aí, irmão! Eu não sou tratado como branco, mas também não sou tratado pior que os cachorros, não!

– Então você é um felizardo! Quem é o seu senhor? Conte-nos se você nunca ficou sem comer e sem beber, amarrado no tronco debaixo de sol, chuva e sereno!

– Eu? Sinceramente, nunca fui para o tronco. Aliás, na fazenda do meu senhor, não há troncos nem esses castigos de que você me falou!

Um outro negro, que tinha o rosto e os braços marcados por cicatrizes e mancava de uma perna, chegou perto de mim e perguntou:

– Está falando sério ou só se gabando?

– Eu falo sério! Fui comprado na fazenda ainda menino, cresci vendo os escravos trabalharem muito. Mas nenhum deles sofreu esses castigos, a não ser nos últimos tempos: tivemos uma situação por lá envolvendo até a fuga de um negro. A história foi que o senhor resolveu fazer o negro de mulher dele!

Outro negro, chegando mais perto, acrescentou:

– Se os deuses não tiverem pena da gente, não sei qual será o nosso fim! Dia desses, eu ouvi uma conversa estranha entre o meu senhor e um outro que não conheço. Este contou que recebeu uma proposta para que vendesse um escravo de sua fazenda. No começo, ele rejeitou a proposta, mas o senhor interessado na compra insistiu muito; por fim, pagou uma quantia que daria para comprar dez bons escravos!

O dono do escravo fez o negócio e entregou o negro. Tempos depois, ficou sabendo que o negro havia morrido.

A SAGA DE UMA SINHÁ 143

E esse mesmo comprador voltou a negociar, com outro senhor, que pediu por um negro uma quantia suficiente para comprar cinco ou seis bons escravos; pois bem: o homem pagou na hora! O senhor que vendeu ficou sabendo que o negro terminou morrendo de forma estranha. Então, começaram a desconfiar das atitudes do senhor que comprou os escravos, que por causa dessas besteiras perdeu muito dinheiro.

Ficamos em silêncio. O negro fez uma pausa e continuou falando:

– Eles comentaram que um dos escravos desse senhor fugiu, e ele ficou tão furioso que ofereceu uma quantia que dava para comprar escravos e mais escravos! Foi a partir daí que passaram a desconfiar dele: na fazenda do pai dele, negro nenhum nunca tinha fugido! Foi só ele tomar conta que começou a acontecer uma coisa atrás da outra! Escutei meu senhor comentar com seu amigo que esse homem está viajando, e que a mulher dele havia enlouquecido, por isso ele não a levou. Talvez por medo da família dela! Dizem que deixou um administrador tomando conta das fazendas dele, os outros senhores o estão investigando.

Eu ouvi a conversa e meu coração disparou. Meu Deus! Eles estão falando é do meu senhor e da minha sinhá!

O negro que havia começado a conversa, olhando pra mim, perguntou:

– Você disse que na fazenda do seu senhor os escravos não são castigados?

– Disse. É na fazenda desses senhores que entraram nesta pousada! – respirando fundo, acrescentei: – Vejo que você é bem informado! Anda muito na cidade?

— Toda semana, venho com o meu senhor! – respondeu ele, orgulhoso.

— Então me diga uma coisa: o que você sabe da casa onde são alugadas as jovens escravas?

— Qual delas? – respondeu ele.

— Tem outra? – perguntei assustado, porque, de fato, nunca pensei que existisse nem aquela casa, que dirá outras!

— Aqui, na cidade, há várias casas em que se alugam escravas! Tem senhor de fazenda pegando as escravas filhas dos feitores com as negras e alugando para o divertimento dos outros senhores. Mas, se você se refere à da praça principal, eu ouvi falar que ali estão as negras mais bonitas, e que a dama as ensina a se comportarem como se fossem brancas. Usam roupas e perfumes iguais aos das damas, e por algumas poucas horas com elas o preço é alto. A dama está ganhando um dinheiro danado, e é sócia de um grande senhor da lei; por isso, a casa dela não é revistada. Na certa, há negros fugitivos lá dentro, trabalhando, e a dama só recebe lá quem ela quer!

Um negro mais idoso, que até então estava calado, aproveitou a pausa e falou:

— Pessoal, o que eu já ouvi falar dessas casas eu nem posso acreditar! Nós reclamamos, às vezes, de nosso sofrimento e da nossa falta de sorte como homens. Mas devemos ter pena mesmo é dessas meninas, que são obrigadas a se deitarem com esses monstros brancos! Segundo Laurinda, uma negra velha que ajuda como parteira numa dessas casas, as doenças estão acabando com elas. São obrigadas a fazer abortos, e muitas ficam doentes. E existem casos em que a coitada chega até o fim da gravidez, e quando dá à luz é obrigada a se desfazer dos filhos! As crianças são todas dos senhores!

A Saga de uma Sinhá 145

Por isso, eles obrigam a dona da casa a matá-los! E as infelizes que sobrevivem e não conseguem mais realizar o que se deseja delas acabam também adoecendo e morrendo, ou se matando. Laurinda diz que o fundo da casa é um verdadeiro cemitério de filhos e mães. Vocês podem observar que todas essas casas são bem trancadas, e com um terreno grande nos arredores e nos fundos; assim, eles enterram os desafortunados e ninguém sente a falta deles.

Ficamos nos olhando, e o negro velho continuou falando:

– Pois é, meus filhos, eu tenho idade para ser pai de vocês, e tem dias que me pergunto quando é que Deus vai tomar uma providência. Antigamente os filhos dos negros eram bem tratados quando eram bebês, com leite e tudo, para crescerem e se tornarem fortes a fim de serem bons escravos dos seus senhores. Agora, nascem os filhos deles com nossas filhas e são mortos, porque não são nem brancos nem negros! O que vai acontecer daqui a alguns anos? Hoje, nós já temos muito mais da metade de filhos na senzala gerados pelos senhores e seus feitores, alguns com beiços finos, outros com olhos claros, cabelos avermelhados, e assim por diante! Como explicaremos a esses jovens que eles carregam o sangue branco nas veias? E como vamos odiar os brancos se eles fazem parte de nossa família?

Enquanto falava, as lágrimas escorriam pelas faces.

– Eu mesmo tenho uma neta assim. Nunca cheguei perto dela! Vi a garota algumas vezes de longe... Ela tem os olhos verdes, beiços finos, cabelos lisos e uma cor que fica entre branco e negro. Sei que ela é filha do meu senhor... E sabem o que ele fez com ela? Colocou-a em uma dessas casas de aluguel! Dizem que ela rende mais pra ele que dez negros na lavoura! Foi isso o que eu ouvi os feitores comentarem.

Na verdade, nossas filhas estão se transformando em produtos de prazer nas mãos dos brancos.

Um outro acrescentou às palavras do preto velho:

– Isso é verdade! Lá na fazenda, três mulatas foram levadas. Dizem que não foram vendidas, mas alugadas! Eu ouvi uns feitores bebendo cachaça e brincando; diziam que, em pouco tempo, o maior negócio do país não será mais o café, nem o cacau e nem o boi, e sim as mulatas! E que muitos senhores já as vendem para o estrangeiro!

Um deles, que não havia falado nada, resolveu também dar sua opinião:

– Eu conheci um negro chamado Isaías, que me contou um segredo e jurou pelos nossos deuses ser verdade. Disse-me que um tal senhor – deve ser o mesmo de que vocês falavam – primeiro obrigou a esposa a ter relações sexuais com um negro na frente dele, e que a sinhá engravidou do negro. Depois, o maldito aprisionou o negro, com quem fazia o que queria com ele. Que esse senhor é um pervertido sexual, ele gosta de homens especialmente dos negros! Isaías também me contou que a sinhá teve um filho desse escravo, e que o senhor queria matar o menino na frente da mãe, mas resolveu usar o garoto para castigar o negro e obrigá-lo a servi-lo em suas perversidades sexuais; só por isso ele não matou a criança. E disse-me que uma escrava de nome Anita, com a ajuda da sinhá, conseguiu fugir com o menino e o negro, que se chama Antônio. E, segundo Isaías, esses fugitivos estão sendo procurados a preço de ouro, talvez por causa do menino! A sinhá depois disso ficou louca. Quando ele me contou, eu não quis acreditar, porque via o senhor dele de longe: parecia muito sério e tranqüilo. Mas, um dia, com esses olhos aqui que a terra há de comer, eu o vi olhando por baixo do chapéu para um negro que rachava lenha, e era um olhar estranho! Depois, fiquei sabendo que ele comprou esse negro pagando pelo preço de cinco escravos! E dizem que levou o negro escondido, e até viajou para fora do Brasil com ele.

Eu ouvi aquilo e fiquei sem fala. Nós ficávamos trancados na fazenda, e não sabíamos do que se passava pelas cidades, que cresciam a cada dia. Por último, um negro que tinha um dos olhos vazados disse:

– Escutem o que eu vou lhes relatar: me contaram que essas casas que alugam moças estão servindo também a navios, e navios lotados de homens brancos que vêm de fora do Brasil para trabalharem nos engenhos e nos negócios dos senhores brancos! Ontem mesmo, a casa da praça principal estava lotada de homens brancos que chegaram de longe. São barulhentos e usam umas roupas estranhas. Ouvi dizer que são portugueses. Não entendi nem uma palavra do que falavam, mas entrei lá na sala da casa de aluguel, para levar umas caixas com bebidas; parece que meu senhor conhece a dona de lá!

Ele fez uma pausa. Parecia lembrar-se do que vira lá dentro.

– Lá dentro, é um luxo que eu nunca vi, nem na casa do senhor! Tem cheiro de perfume, tapetes de couro espalhados pelo chão, um balcão cheio de copos e bebidas, e muitas mulatas, bem diferentes de como estamos acostumados a vê-las!

Eu respirei fundo e perguntei:

– Falaram-me que nenhum escravo pode entrar lá na casa da dama branca, nem mesmo acompanhando o seu senhor. Como é que você conseguiu entrar?

– Nem feitor pode entrar naquela casa da praça principal, muito menos escravo! Tem outras casas mais afastadas em que os feitores entram. Se o senhor tiver influência e precisar carregar coisas até lá, é lógico que os escravos entram! Meu senhor levou para a casa da praça bebidas do estrangeiro, que chegaram no navio que trouxe os homens brancos! Ouvi dizer que os senhores estão ganhando com mulheres e com o que os brancos consomem enquanto estão com elas.

Então, vi o sinhozinho chegando ao salão e olhando em volta. Corri para que me visse; ele acenou, e eu fui até ele.

– Negro Miguel, hoje eu vou passar uma noite diferente, e você vai me acompanhar, levando algumas coisas que preciso transportar. Nós sairemos assim que escurecer, e você volta num pé! Aqui na cidade, tanto quanto na senzala das fazendas, os negros não podem circular depois das 20 horas se não estiverem acompanhados de seus donos. Assim, vou subir e me arrumar. Se desejar ir ao banheiro, aproveite e vá! Na volta, vá se banhar e procure jantar com os outros negros. Depois, vá deitar-se no seu canto e não saia de lá em hipótese alguma, ouviu?

– Sim, senhor, pode ficar sossegado, que eu não vou desobedecer às suas ordens.

– Muito bem, espere-me aqui mesmo. Assim que eu descer, nós iremos. Já mandei reservar e preparar a carruagem; você me leva e depois volta com a carruagem. Amanhã cedo, não precisa me buscar, eu alugo uma carruagem e volto, então seguiremos viagem para a fazenda.

Ele afastou-se, e o negro velho me perguntou:

– Esse é o seu senhor?

– Bem, ele é filho do administrador da fazenda. O meu senhor, que é o marido da sinhá, está viajando – respondi.

Um deles, falando baixo, comentou:

A Saga de uma Sinhá 149

– Aposto que ele vai passar a noite na casa da dama! O meu senhor toda semana faz isso. Hoje mesmo ele irá, e é bem capaz que os dois cheguem lá lado a lado.

– E sua sinhá, ela está sozinha lá no quarto? Não trouxe nenhuma mucama?

– Ela veio fazer compras para a fazenda, mas não se sentiu bem e acabou pedindo para pernoitar aqui e voltarmos amanhã.

Combinamos que iríamos tomar banho e comer juntos. Logo cada um foi atender os seus senhores, e eu também corri, vendo o sinhozinho todo enfeitado, penteado e perfumado. Sentou-se na carruagem e eu fuicom o cocheiro; lá na praça, ele desceu e comprou um grande pacote de coisas que eu não pude ver. Pediu que eu subisse com ele para entregar o pacote.

Meu coração saltava no peito! Quando entrei no salão, as lamparinas estavam acesas. Uma dama toda pintada, e vestida de um jeito estranho, recebia os convidados e chamava alguém; aparecia uma moça e sumia com os senhores pelos corredores.

Quando foi a vez do sinhozinho, ele cochichou no ouvido dela, colocou em sua mão uma quantia em dinheiro que ela olhou, verificou, sorriu e gritou: número 21!

Qual não foi o meu susto ao ver Anita vindo igual às outras! Nem parecia mais a moça que eu ajudei a sair da fazenda do senhor.

Ela falou no ouvido do sinhozinho:

– Ele pode levar até o quarto?

– Pode! Ele é o negro Miguel.

Ela, fingindo não dar importância, respondeu:

– Traga esse pacote até o quarto, negro Miguel!

Antes de acompanhar Anita, vi o sinhozinho tirando do bolso um envelope e entregando escondido para a dama, que o colocou no seio e lhe respondeu alguma coisa.

De modo apressado, Anita me perguntou:

– Como está o menino?

– Na fazenda, perto da sinhá. Ela sabe que o garoto é seu filho. E Antônio? Ele está bem? A dama sabe o que aconteceu com vocês? – perguntei, ansioso.

O sinhozinho aproximou-se antes que ela me respondesse. Ele abriu a porta do quarto eu depositei o embrulho na mesa, então, ela disse:

– Está tudo bem conosco. Pode ir, negro Miguel, siga em paz! – olhou para mim e piscou. Eu entendi o recado dela. Antônio também trabalhava ali na casa da dama. O que será que fazia? A dama nunca gostou dele na fazenda; será que ela sabia o que acontecera entre Antônio e a sinhá?

Saí pela porta lateral e dei de cara com Antônio, que estava disfarçado: usava barbas e um chapéu de palha. Não pude abraçá-lo, mas perguntei:

– Como vai?

Ele respondeu baixinho:

– Estou bem. Como estão a sinhá e o menino?

– Os dois estão bem e vivem na fazenda. O menino é criado na senzala como filho de uma escrava, mas a sinhá sabe que é o filho dela.

– E o maldito? – perguntou arrumando o feixe de lenha nos braços. Eu fingia aguardar que ele saísse para que eu pudesse passar.

– O senhor viajou para o estrangeiro. Deixou um administrador cuidando das fazendas e da sinhá, que se curou, com as graças de Deus.

A Saga de uma Sinhá 151

Um outro me empurrava para fora, dizendo:

– Ei, irmão! Vamos saindo, pois aqui ninguém pode parar! Saia depressa, porque aqui também tem feitor, a diferença é que são mulheres!

Logo pude entender o que ele dizia: uma moça branca, com cabelos cor-de-fogo, apareceu do nada e começou a esbravejar, dizendo:

– Aqueles que não estiverem satisfeitos em trabalhar nesta casa continuem fazendo besteiras, e voltarão aos troncos dos seus senhores!

Ela continuou, resmungando:

– Esse negócio de deixar os negros de fora entrarem aqui, com a desculpa de entregar isso e aquilo, está nos causando grandes aborrecimentos! Precisamos tomar providências! – dizia isso olhando para mim.

Eu voltei à carruagem que levou o sinhozinho, e no caminho o cocheiro me convidou para me sentar perto dele. Puxou conversa comigo, perguntando-me:

– O que você viu lá dentro? As mulheres são bonitas mesmo? Só tem negras ou brancas também?

Ao que eu respondi:

– As únicas mulheres brancas que vi lá dentro foram a dona da casa e as feitoras! Não vi nenhuma das moças que são alugadas.

Ele falou, virando os olhos:

– Eu tenho a maior vontade de entrar naquela casa! Já entrei em duas casas que ficam do outro lado do centro da cidade, porém aquela casa é a mais cobiçada por todos... Mas só entram endinheirados! Quem sabe, um dia, eu consiga entrar lá e me divertir com alguma mulata de olhos verdes!

Dizem que há lá algumas mulatas, filhas dos feitores, que são verdadeiras princesas...

– Isso eu não sei, não, senhor! Não vi nenhuma das moças. Só entrei, coloquei o pacote onde mandaram e saí. É proibido ficar parado lá dentro.

Assim que chegamos, fui direto para o banho, logo em seguida, acompanhei os outros escravos à mesa onde a nossa comida estava sendo servida.

Quando acabei de comer, uma negra velha veio para perto de mim e disse:

– Vá lá fora, que a sua sinhá quer falar com você!

Eu dei a volta e fui até onde ela estava, sentada em um banco do jardim. Fiquei na frente dela e disse:

– A sinhá quer falar comigo?

– Miguel, sente-se aí na grama, vamos conversar! Eu hoje coloquei em risco a minha vida, a vida do meu filho e de outras pessoas. Escrevi uma carta para Rose e lhe contei toda a verdade. Pedi sua ajuda, a fim de que possa proteger Antônio e Anita. Seguiseu conselho: escrevi para Rose e pedi que o senhor entregasse a ela a carta e me trouxesse uma resposta. Eu disse a ele que estava pesquisando os preços das cortinas e dos tecidos que vêm do estrangeiro; como não podia ir lá pessoalmente, ela me responderia através de uma carta. Recomendei senhor que mantivesse sigilo, pois ninguém poderia saber que eu enviei uma carta àquela mulher, assim como ninguém podia saber que ele freqüentava aquela casa.

– Bem, sinhá – disse eu –, hoje entrei naquela casa para levar um pacote para a negra de aluguel do sinhozinho; essa negra é Anita! Na saída, deparei-me com Antônio, que carregava lenha. Ele me parece muito bem: anda como os outros, bem disfarçado, usa até um chapéu e deixou a barba crescer! Dei notícias da sinhá e do menino para ele e para Anita.

– Eu vou subir e você também se recolha, Miguel. Aguardaremos o resultado, e seja feita a vontade de Deus.

Naquela noite, custei a dormir, pois havia muito barulho. Lembrei-me do que falavam avó Joana e o negro velho Zacarias: "No meio do nosso sofrimento, deixamos as coisas boas passarem despercebidas. Não tem lugar melhor no mundo para se dormir que a nossa senzala...". Eles tinham toda razão! Ali, deitado naquele jirau de palha de milho, virando-me de um lado para o outro, não conseguia pregar os olhos. Era barulho de gente e de carruagem, o tempo todo; parecia que ali ninguém respeitava o silêncio da noite!

Dormi mal e me levantei cedinho. Encontrei os meus irmãos de sina, fomos fazer nossas necessidades e aproveitamos para conversar e conhecer as moças que trabalhavam na pousada. Nessas horas que os sinhozinhos e as sinhás ainda dormiam, a gente aproveitava para namorar às escondidas, principalmente quando os feitores, cansados pela fadiga da noite, cochilavam pelos cantos.

A negra velha chamou as moças, e elas foram que ir cuidar de suas tarefas. Alzira, uma das escravas que eram filhas da casa, falou em voz alta, revoltada:

– Meu sonho é trabalhar na casa das damas! Dizem que lá é só luxo, ninguém trabalha pesado, come do bom e do melhor e se veste e se perfuma como qualquer branca! Eu quero ser vendida para uma dessas casas! Vou começar a mostrar o meu corpo para o meu senhor; quem sabe ele me veja e queira me alugar! Estou cansada de viver neste lugar, sem nunca ter visto nada! Eu só ando da cozinha para os quartos, nunca vejo as pessoas bonitas! Tenho inveja também de vocês! Reparem só! Dormem em quartos arrumados, comem melhor do que nós! Passeiam! Acompanham os senhores e ficam aí de papo pro ar, sem fazer nada!

Eu respondi a ela:

– Esse é o pior sonho que você já teve em sua vida! Virar uma escrava de aluguel! Se soubesse o que se passa lá dentro com essas meninas, nunca iria desejar estar no lugar de nenhuma delas!

– Credo! E o que é que você sabe delas? Por acaso, já trabalhou lá? – perguntou ela, com as mãos na cintura.

– Sei que elas estão cheias de doenças, e muitas morrem e são enterradas lá no fundo da casa-grande. E há outro detalhe: nenhuma delas têm filhos! Sabe o que acontece com seus filhos? São mortos! E elas apanham e se sujeitam aos desejos dos brancos, que fazem delas o que bem entendem. São tratadas da pior maneira que você pode imaginar; sei disso porque converso com pessoas que conhecem a história dessas casas.

– Deus me livre se eu quero uma vida dessas pra mim! Aqui eu trabalho, mas como e durmo em paz e não sou violentada! Posso escolher um negro para me casar e ter meus filhos perto de mim; o nosso sinhozinho conserva pais e filhos juntos! Acho que estou falando bobagens!

Ela saiu correndo, e eu fiquei pensando na situação que escutei da boca dos outros escravos: as mulatas rendiam fortunas para os senhores, que estavam levando para fora do país; e meninas como Alzira, escutando aqui e ali o que se falava das moças de aluguel, inocentemente sonhavam em se tornarem uma delas.

Para os senhores, isso era bom! Facilitaria o tráfico, pois elas iriam de bom grado, pensando que mudariam de vida; e conhecíamos casos em que as mocinhas eram maltratadas dentro das senzalas e sempre aparecia o convite de um feitor a mando do seu senhor; assim, ele lucrava prostituindo sua escrava.

E os filhos dessas infelizes? Pobres crianças! Estavam sendo mortas sem dó nem piedade; alguém tinha de fazer alguma coisa! Se fôssemos verdadeiramente maldosos, iríamos achar bom que os filhos dos brancos fossem mortos, e até facilitar isso. Assim nos vingaríamos pelas mortes dos nossos filhos. Porém, o ser humano carrega algo chamado consciência cristã, sendo branco ou negro, e não poderíamos permitir que crianças inocentes – como Frederico, filho da minha sinhá – fossem mortas, só porque nasceram com a pele escura.

Enquanto matutava com o meu medo, avistei uma carruagem chegando: era o sinhozinho, com cara de sono e cansaço. Corri para ajudá-lo a descer, e ele me disse:

– Miguel, ainda é cedo; vou dormir um pouco, e, quando a sinhá descer para o café, você diz a ela que nós vamos pegar a estrada logo após o almoço.

Ele subiu, e eu fiquei esperando o café e os outros negros para continuar com a nossa prosa. Logo estávamos todos juntos no nosso canto, trocando informações.

O negro velho me perguntou:

– Seu sinhozinho voltou hoje cedo; passou a noite na casa da dama?

– Pois é, ele passou a noite por lá. Eu o levei ontem, e veja o horário em que volta! Morto de sono e cansaço. Não sei se isso é tão bom assim, não! Ele se arrisca a pegar uma doença; dizem que lá, no meio daquele luxo, é fácil pegar uma doença!

Comentam até que é doença dos estrangeiros! Você já ouviu falar nisso?

– Não só já ouvi falar, como já vi gente morrer por essa tal doença chamada de sífilis! Apodrecem as partes tanto do homem quanto da mulher! Não tem perdão, essa doença mata mesmo! Cega e aleija os que são contaminados. E pega com facilidade; é bom que todos saibam e tomem cuidados. O meu medo é que já conhecemos casos de negros contaminados vivendo na senzala! Isso pode levar a morte lá pra dentro.

– Como assim? Eles estão indo às casas das damas?

– Não é preciso! Alguns feitores e senhores andaram com as mulheres desses escravos e jogaram suas doenças; agora, a gente pode ter várias outras pessoas contaminadas, incluindo crianças, que podem nascer defeituosas, cegas e com outras doenças até piores.

– Meu Deus! O senhor está falando sério mesmo?

– Menino! Você acha que o assunto é pra brincar? É pra você, que é moço, ficar de olhos abertos e não sair por aí aproveitando as chances com qualquer uma. Pra sarar, eu não sei o remédio, mas, pra pegar a tal doença, eu garanto que é num minuto! Olhe, meu filho, eu vou lhe contar uma coisa que ouvi dos mais velhos, quando ainda era um menino: o velho Antônio, sentado no seu banco debaixo da antiga aroeira velha, dizia pra gente que ainda era pequeno, que ia chegar uma época em que a escravidão não ia ser nada, perto do sofrimento que estava chegando! Eram umas doenças bravas, que não tinha doutor branco nem mão de nenhum negro com experiência no oculto que iriam salvar os doentes! Essas doenças iam matar brancos e negros; ensinariam que brancos podem sofrer igual aos negros, e também mostrariam aos negros que o bem e o mal, quando Deus permite, pegam tanto o branco quanto o negro!

Fez uma pausa e prosseguiu:

– Nós, ainda meninos, ficávamos de olhos arregalados e tremendo! E eu digo mais, filho, estou vendo acontecer o que nossos mais velhos diziam. Essas doenças não existiam por aqui naqueles tempos, e agora matam brancos e negros. O que mais tem por aí é sinhá contaminada. Semana passada mesmo, vi uma sinhá sendo enterrada por causa dessa doença; e dizem que o marido não vai longe, e que tem muito negro contaminado por lá!

Outro amigo, que estava perto da gente, pediu licença e entrou no assunto.

– Olhe só o que eu já ouvi dizer dessa doença: que, se a gente usa resto de sabão, navalha para fazer a barba e as roupas dessas pessoas, pode pegar a doença! Será que isso é verdade?

O negro velho coçou a barba e respondeu:

– Para ser bem sincero, eu não sei lhe responder com clareza o que é falso ou verdadeiro nisso, mas deduzo que, se está no sangue da pessoa, a doença está na carne também; então, acho que para passar a outro corpo é bem fácil!

O outro negro prosseguiu falando:

– E o senhor não ouviu também dizer que uma tal doença chamada tuberculose vem se alastrando e matando muitos brancos que vêm de fora do Brasil, contaminados?

– É, eu sei de muitos casos de morte por tuberculose, principalmente entre os que moram nas cidades. E essa doença também é contagiosa e mata sem dó! As pessoas que estão morrendo sentem febre, ficam fracas, emagrecem rápido, tossem até vomitar sangue e vão se esvaindo até a morte.

– Santo Deus! Eu ainda não tinha ouvido falar dessas doenças! Acho que ainda não chegaram fazenda do meu sinhozinho, mas vou falar com Justino e com avó Joana para que eles procurem alguma erva que cure essas doenças!

– Aliviar até pode! Curar vai ser muito difícil! – respondeu o negro mais moço. – Não ouviu o que lhe disse Tomás? Já estava escrito que essas doenças viriam ao mundo! Quem sabe morrendo branco e negro das mesmas causas os brancos não descubram que diante de Deus somos todos iguais?

Logo apareceu o negro que chamavam de Coxo: ele arrastava a perna e tinha cicatrizes por todo o corpo, além de ter um olho vazado. Fiquei sabendo que foi castigo na fazenda do seu antigo senhor; ele se negou a matar sua sinhá. Ela foi morta do mesmo jeito, talvez pelo próprio marido, e ele recebeu todo aquele castigo, que lhe marcou o corpo pra o resto da vida.

Naqueles tempos, havia muito disso: o senhor, quando queria se livrar da mulher, de amantes ou de algum membro da família, escolhia um negro que lhe inspirasse confiança e que fosse destemido e preparava tudo direitinho, para que o negro fizesse o serviço e não deixasse suspeita sobre o senhor. Depois era fácil! O negro recebia um castigo que lhe deformava o corpo; se escapasse, ficava inválido, mas em compensação a família dele era libertada. Isso animava qualquer negro! Só de saber que a família seria alforriada, ele não se importava de correr o risco de morrer ou ficar inválido. Ele não matou a sinhá, mas recebeu o castigo por ter desobedecido a ordem do senhor e passou a ser conhecido como o assassino da sinhá. E os outros senhores gostavam de comprar esses negros para provocar medo nos outros escravos.

Ele dizia que teve sorte, porque o senhor morreu jovem e seu filho herdou a fazenda. Segundo o negro, o sinhozinho novo descobriu que ele era inocente e passou a andar com ele pra cima e pra baixo. O negro costumava dizer o seguinte:

– Das duas uma: ou ele quer me recompensar do castigo que levei sendo inocente, ou faz isso para que os outros negros tenham medo de mim! É um caso para se pensar! Na ignorância de alguns, que pensam que eu matei a sinhá, imagine matar um negro! E, na verdade, nunca matei ninguém, sou a favor da vida, tanto que resisti aos meus sofrimentos; porque queria viver! A morte, só por ordem de Deus! – ele pigarreou, e depois continuou: – Bem, pessoal, ontem eu estive com o meu senhor na casa da amante, que nada mais é que a prima da mulher dele! Fiquei lá, encolhido no canto em que eles me deixam sempre, para vigiar algum visitante inesperado! Então, escutei muitas coisas que vou lhes contar, e vocês devem guardar segredo; a coisa é muito séria.

– Fale de vez, homem de Deus! A gente não pode perder tempo com palavras! Logo, nossos senhores aparecem, e a gente perde as palavras pela metade! – disse o negro velho.

– Eles falaram de um lugar chamado França, que aboliu a escravidão faz tempo! E que agora luta para ajudar outros países! Querem ajudar os escravos brasileiros, e tem muita gente de Portugal envolvida nisso! E falaram outros nomes de lugares de que eu não me recordo direito. E disseram uma coisa que me deixou até com vergonha – e o pior é que é verdade! Que eles têm de se reunir às escondidas e tomar mais cuidado com os negros, porque eles escutam tudo e correm para contar aos brancos, às vezes em troca de um copo de aguardente! Estragam todo o trabalho deles, quando não os levam à morte.

O negro velho respondeu:

– Pois bem, vocês, que são jovens, tomem cuidado com o que falam; há homens brancos que são verdadeiros anjos, e existem negros que são verdadeiros demônios! Vamos ficar calados e não sair por aí contando tudo o que escutamos para os nossos senhores e nossos feitores, que a mando dos senhores dão cachaça e cigarros para os negros tolos, que contam tudo o que interessa ao senhor! Depois, vem o castigo em cima de todos. Muitos castigos e muitas coisas penosas que já aconteceram com muitos negros saíram da boca de outro negro! Nós, que andamos sempre com os nossos senhores, vemos e ouvimos várias coisas que não podem ser contadas para qualquer um.

– Eu sei desse movimento formado por alguns senhores brancos que estão se unindo a outros brancos do mundo inteiro. E também há alguns negros envolvidos! Para que eles façam um bom trabalho, é necessário o depoimento de alguns negros que conhecem os costumes das fazendas; por isso, estão fazendo amizades com os senhores que pensam diferente deles e concordam em tudo com eles; mas a idéia é colher o que precisam. Se vocês virem e ouvirem esses senhores concordando com os malvados e tiranos senhores, entendam que é necessário: senão, como eles poderão nos livrar? Eu mesmo colaboro com esses senhores brancos.Ai de vocês se saírem por aí contando o que conversamos aqui! Veja bem, eu já estou velho, chegando ao fim da minha estrada, porém vocês ainda têm muitas coisas a seguir; fiquem atentos e bocas caladas!

Então, chegou o sinhozinho do negro Coxo, que se levantou com dificuldade e acenou para nós em despedida. Estava indo embora, e nós sabíamos que poderíamos ou não voltar a vê-lo. Era sempre assim entre nós: não tínhamos a certeza de poder ver as pessoas amigas outras vezes.

Mas ele havia deixado a sua contribuição. Assim, nesses breves encontros, semeávamos a esperança uns nos corações dos outros, e lá adiante essas sementes vingariam e se transformariam em liberdade para os que vinham atrás de nós.

Logo, avistei a minha sinhá; acenei para os amigos, e também saí correndo ao encontro de minha sinhá. Ela andava bem devagar pelo jardim, fingindo prestar atenção nas flores. Olhando para o outro lado, ela me perguntou:

– Cadê o senhor? Ele já retornou?

– Sim, minha sinhá, ele chegou muito cedo, o sol ainda não tinha aparecido. Foi descansar e mandou avisar a sinhá que logo após o almoço nós vamos seguir viagem.

– Ele não lhe entregou nada?

– Não, senhora.

– Muito bem, Miguel, chame uma carruagem para nos levar até a igreja!

– Sim, senhora! Já providenciarei.

Enquanto me dirigia até o cocheiro perguntei a mim mesmo: "E se o sacristão me perguntar pelo senhor, o que direi? Desta vez, não vou comprar nenhum santinho; tomara que a sinhá me deixe do lado de fora."

Fui sentado ao lado do cocheiro, que ficou assobiando durante o caminho. Já estava me deixando nervoso. Dei graças a Deus quando chegamos em frente da igreja e ele desceu, abrindo a porta e dando a mão para a sinhá descer. Em seguida, foi logo perguntando:

– Quer que eu a espere, madame?

– Sim, me espere, não demoro.

– A madame quer que o escravo a acompanhe ou ele aguardará sua volta aqui fora?

– Ele me esperará aqui fora, vou apenas pagar uma promessa, que é coisa séria. Não podemos dever nada!

– Sim, senhora, eu fico esperando pela madame e cuido do seu escravo! – respondeu ele.

Assim que ela começou a subir as escadas, ele comentou em voz alta:

– Que madame linda! Meu Deus, eu ficaria trabalhando dia e noite de graça, carregando ela pro céu, pra igreja, pro inferno! É bonita demais!

Eu o olhei em silêncio, e não respondi nada.

– Olhe aqui, negro, eu vou lhe pagar um pedaço de bolo e uma caneca de suco, só porque é o escravo de confiança da madame mais linda que eu já vi!

Enquanto eu comia o bolo, que estava uma delícia, o cocheiro me perguntou:

– O marido da madame também está na cidade?

– Não, senhor, mas ela está acompanhada pelo senhor filho do nosso administrador!

– Como é o nome dela? Isso você pode me dizer... Ou não?

– Sinceramente? Nós a conhecemos por nossa sinhá. Já ouvi falarem o nome dela, sei que é um nome estrangeiro muito difícil de se dizer! Não me recordo!

– Não é à toa que você é escravo! Não decorar o nome de uma criatura dessas é pecado mortal!

Olhei pra ele e não respondi nada. Ele era um mulato de olhos azuis e cabelos alaranjados.

Como se estivesse divagando, ele começou a contar a sua história:

– Eu sou filho de um coronel muito importante! Minha mãe conseguiu minha liberdade; hoje trabalho por minha conta, e ainda vou ser um coronel! Quem sabe se ainda não compro você! Estou juntando dinheiro! Pretendo comprar uma casa na cidade e transformá-la em uma fonte de dinheiro. Em três anos, vai cair dinheiro na minha mão como água da goteira! Pode acreditar. Vou colocar umas carruagens de luxo para levar e trazer os grã-finos. Mas, se eles preferirem não sair do aconchego, mando-lhes as mulatas. O importante é o dinheiro entrar no meu bolso! E quem sabe eu possa até comprar a sua carta de alforria e torná-lo livre para fazer o que você gosta? Já pensou? Eu, rico, com dinheiro para fazer o que bem quiser, casado com uma madame igual a sua sinhá, pai de filhos brancos... Porque eu, sendo dessa cor, se me casar com uma mulher branca, terei a chance de ter filhos brancos! E olha aqui, negro Miguel... É esse seu nome, não é?

Balancei a cabeça em sinal afirmativo.

– Eu vou chegar lá! E não vai demorar muito tempo, não! Eu disse três anos, mas, daqui a um ano, eu tenho a certeza de que já terei a minha casa funcionando do jeito que quero. Vou lhe contar um segredo, e se você abrir a boca vai morrer comigo! Eu tenho um amigo que é capitão-do–mato; ele está caçando os escravos fugitivos das redondezas e vendendo para essas organizações fechadas, essas casas de prazer. Faz algum tempo, ele encontrou um casal de negros fugitivos que estavam sendo avaliados pelo preço de dez escravos.

Pertenciam um tal senhor que, segundo ele, é suspeito no meio. A dama da casa onde o seu senhor passou a noite ficou sabendo da fuga desses escravos e encomendou ao capitão-do-mato a captura dos dois negros. Pagou muito mais que a quantia oferecida pelo senhor. Por outro lado, os dois negros, pensando que ele iria devolvê-los ao senhor, entregaram ao capitão uma bolsinha cheia de jóias e moedas de ouro. O capitão não deu importância para a bolsinha, nem olhou o que tinha dentro. Passou pra mim, em troca do transporte. Eu só descobri que era uma fortuna tirando informações aqui e ali! Por isso eu lhe digo que: já sou rico! Ainda não sei que destino dar a essa fortuna, mas vou encontrar entre esses fidalgos um jeito de reverter minha fortuna em dinheiro.

Eu fiquei sem fôlego! Meu Deus, então ele transportou Antônio e Anita, e a bolsa era a herança da minha sinhá, entregue por sua mãe, recomendando que só usassem em uma grande necessidade.

Não sei naquela hora o que me deu, mas sem pensar eu disse:

– Como é mesmo seu nome?

– Benjamin, seu futuro senhor!

– Pois vou lhe dizer uma coisa: se o senhor, que diz ser meu futuro patrão, acreditar em mim, eu posso ajudá-lo na venda dessa fortuna que o senhor tem guardada.

– Ficou louco, negro? De que jeito você pode me ajudar? Conhece algum fidalgo com dinheiro que seja seu amigo?

– Eu conheço, e estou perto de uma sinhá que conhece muito bem isso que o senhor falou. Ela pode ajudá-lo, sim! Tudo depende de sua fidelidade para com ela.

– Ela faz parte do movimento de libertação dos escravos? – perguntou ele, de olhos arregalados.

– O senhor disse que se eu falasse demais poderia ser morto do seu lado, mas acho que nenhum de nós precisa morrer! Então, eu vou falar: ela faz parte do movimento de libertação dos escravos, sim!

Ele deu um soco de alegria na palma da mão. Olhando para os lados, viu que não vinha ninguém; abraçou-me e disse:

– Abençoada hora que você apareceu em minha vida, negro Miguel! Vou comprar sua carta de alforria! Eu também estou neste movimento!

– Se o senhor ajudar a minha sinhá e a outras pessoas que estão ligadas a ela, eu dispenso a carta, e continuo servindo a minha sinhá e até o senhor, se for preciso.

– Mas como faço para falar com a sua sinhá sobre tudo isso?

– Eu tenho um jeito! No caminho de volta, o senhor escolhe um lugar onde possa conversar sem causar desconfianças, desce e finge que troca a roda da carruagem. Nesta parada vocês conversam. Nesse meio tempo, eu informo para a sinhá o que de fato acontece. Depois nós não vamos ter mais oportunidade de conversar; chegando à pousada, teremos de regressar à fazenda, e aí não será mais possível.

A sinhá deixava a igreja e se dirigia à carruagem. O cocheiro, educado e gentil, perguntou:

– A madame deseja ir a outro lugar ou podemos seguir?

– Pode seguir, senhor – respondeu ela. Acho que pela primeira vez a vi olhando pra ele.

— Benjamin, às suas ordens, madame – respondeu, ajudando-a a subir.

A sinhá tinha as faces rosadas. O que será que ela foi fazer na igreja, que demorou tanto? Eu precisava falar com ela antes de chegarmos à pousada, e logo percebi o truque de Benjamin: ele desviou a carruagem para uma estrada paralela; desceu e pediu mil desculpas para a sinhá. Explicou que precisava pegar uma madeira para calçar as outras rodas, enquanto iria trocar a danificada.

Relatei às pressas o que havia descoberto, e que ousei dizer ao cocheiro que ela poderia ajudá-lo.

Ela me respondeu que foi a providência divina que fizera tudo aquilo! Logo mais ela conversava com Benjamin, e prometia que na próxima semana voltaria à cidade e iria procurá-lo. Queria ver a bolsinha e o seu conteúdo: só assim iria fechar negócio com ele. Porém, garantiu que se fosse o que ela imaginava ser, daria pra ele montar um grande negócio na cidade e tornar-se independente para o resto da vida.

Batendo nas minhas costas, ele disse:

– Se tudo isso acontecer, madame, eu quero fazer uma proposta para o seu senhor: quero comprar este negro!

A sinhá respondeu:

– Mil perdões, Benjamin, mas Miguel não tem preço para mim! A sua bolsinha contém uma valiosa fortuna, mas este negro vale mais que a sua bolsinha! Porém, isso não impede que ele se torne seu amigo. Eu também gostaria de negociar com o meu marido a carta de alforria de Miguel; o problema é que ele é muito jovem. Temos dezenas de bons escravos que poderiam receber este prêmio, e pela lei, é para os mais velhos que devemos dar a carta de alforria.

Quando chegamos à pousada, o senhor estava sentado, tomando um copo de vinho e lendo alguma coisa. Quando nos viu, correu até a sinhá, abriu o paletó e lhe entregou uma carta, dizendo:

– Sua resposta sobre tecidos, cortinas, perfumes e outras coisas de que só mulher entende.

Benjamin ficou um tempão fingindo que cuidava da carruagem, mas ele estava mesmo era de olho na sinhá.

A sinhá disse para o sinhozinho:

– Vou subir e me arrumar, e conforme combinamos, logo após o almoço seguiremos.

Enquanto ela atravessava o salão, vi Benjamin olhando-a com admiração e paixão. Mas notei que o sinhozinho também olhava pra ela como se a estivesse vendo pela primeira vez.

Enquanto me lavava, tentava imaginar por que a sinhá havia ido à igreja, e o que sua dama havia lhe escrito.

Quando a sinhá desceu, eu já tinha feito a minha refeição. Estava no pátio, mas podia ver pela janela o que se passava dentro do grande salão.

O sinhozinho não tirava os olhos dela! Vi que ele serviu um copo de vinho para ela, e logo mais a vi sorrindo e mostrando os dentes brancos e perfeitos. O rosto rosado lembrava um morango silvestre. O que será que eles conversavam?

Benjamin aproximou-se de mim e perguntou:

– Aquele sinhozinho também faz parte do movimento de libertação, ou simplesmente é um doutorzinho metido a engraçado?

– Não posso colocar a mão no fogo por ele, mas ele mesmo afirmou que está alinhado ao movimento!

– Se ele está ou não alinhado ao movimento nós vamos descobrir; mas se tentar jogar a rede dele naquele peixe, vou acabar com a raça dele! – Disse isso com o rosto corado de raiva.

Deixamos a pousada. Eu estava apreensivo, temia pelo porvir. No caminho de volta, fizemos uma parada. A sinhá aproveitou um momento em que o senhor distanciou-se e me disse:

– Miguel, os dois estão mesmo trabalhando com a Rose. Ela sabe tudo o que aconteceu comigo e com eles, garante que estão em segurança e que vai me ajudar. Está juntando dinheiro para comprar a nossa fazenda; ela acredita que até o senhor voltar terá todo o dinheiro necessário para essa compra. Disse que usaria o que sabe da vida dele para coagi-lo a me deixar em paz e poder voltar para o exterior. E que se isso acontecer eu vou poder ter meu filho do meu lado. – Ela suspirou. – Também fui à igreja e pedi ao padre que enviasse a meus pais uma carta relatando toda a minha vida aqui neste país. Pedi a ajuda deles para me resgatar, juntamente com o meu filho. Fiz isso diante do confessionário, e sei que o padre não poderá me trair, deixando de enviar aos meus pais toda a verdade sobre o meu casamento e a minha vida. Meu pai é um homem bem-sucedido, sempre sonhou com nosso futuro. Ele não é um crápula e não vai me deixar viver assim! Sabe de uma coisa, Miguel? Eu não tenho medo de morrer! Passei por toda essa humilhação, e só me resta enfrentar esta batalha e resgatar a minha dignidade! Eu tenho que me proteger e enfrentar meu marido, mesmo que isso me custe a vida! Não permitirei que ele volte e continue esmagando os inocentes. Miguel, escute bem: este sinhozinho que está conosco agora não é uma pessoa tão irresponsável quanto eu imaginava; ele está lutando pelos direitos de vocês. Ele me confessou isso hoje! Ele freqüenta a casa de divertimentos onde se encontram muitas negras com este propósito: ajudá-las a sair do

A Saga de uma Sinhá 169

cativeiro! Eu descobri que ele é uma pessoa boa e confiável! Nós nos tornamos amigos. Ele visita a casa de Rose para colher informações e ajudar ao projeto. Confessou-me coisas de sua vida, e eu contei a ele com quem eu me casei, o que meu marido é! Só não contei do meu filho e dos dois negros que estão escondidos na casa de aluguel. Ainda é muito cedo para que eu possa lhe confiar algo tão sério. Mas descobri que tenho um aliado, alguém que poderá me ajudar. – Olhando o vazio, ela continuou falando: – Deus tem me sustentado! Agora, o Benjamin diz ter a minha pequena fortuna em mãos! Eu não tenho dinheiro para pagar o valor real dela, mas vou propor-lhe um bom negócio: se me devolver a bolsa com tudo o que tem dentro, dou-lhe a quantia de que disponho no momento. Acredito que seja o suficiente para que ele realize o seu sonho. – Ela respirou fundo. – Eu confio em vocês, devo a minha vida e do meu filho a vocês, negros de almas brancas! Avó Joana e Zacarias me devolveram a saúde e a vontade de viver, e você, Miguel, arriscou sua vida pela vida do meu filho! Jamais esquecerei o que vocês fizeram por nós. Se um dia Deus me ajudar, hei de recompensá-los por isso.

– Não se preocupe, sinhá, nós não fizemos isso pensando em tirar vantagens, mas porque a nossa consciência pediu.

O senhor estava voltando alegre e sorridente. Eu me afastei, e de longe fiquei prestando atenção neles dois. Descobri que a sinhá devia ter a mesma idade dele. Os dois riam-se, e pareciam felizes; nunca tinha visto a sinhá gargalhar. Rindo ela ficava linda, fazia covinha no rosto. Seus olhos estavam mais bonitos, e suas faces rosadas emolduravam o seu belo rosto.

Os dois subiram na carruagem, e eu andei um bom tempo em silêncio, lembrando-me o quanto o senhor judiou daquela criatura, fazendo-a passar tantas dores e humilhações. Pobre moça! A sua vida não era diferente da de nenhuma negra que era vendida e usada pelo seu senhor.

O negro que conduzia a carruagem puxou conversa, e falando baixo disse:

– Esse negócio entre o senhor e a sinhá está me cheirando a encrenca! Lá na fazenda estes dois nem se cumprimentavam, e de repente os dois estão juntinhos, bebendo vinho, gargalhando e segredando! Homem e mulher quando começam assim a gente não precisa ser branco para saber qual será o fim! Você notou isso também?

– Posso até ter notado, mas a melhor coisa que a gente faz é ficar de bico fechado! Não vamos nem comentar entre os outros na senzala. Se cair no ouvido das mulheres, logo, logo estará nos ouvidos do nosso administrador e da sua sinhá, e aí o que será de nós? Se não fosse a sinhá, como estaríamos vivendo? Sem roupa, sem calçados, sem nada!

– Tem razão, Miguel! Nós vamos ficar calados. Mas e se eles dois continuarem demonstrando essa amizade lá na fazenda, debaixo dos olhos dos feitores? Você acha que ninguém perceberá? Eles parecem que estão cegos! Mas quem está fora vê perfeitamente que os dois estão começando um "chamego" que vai resultar em romance! Ela é nossa sinhá, mulher do nosso sinhozinho... Se ele chegar de repente e pegar uma desgraça dessas, morrem eles dois e nós também! Você, que tem oportunidade de conversar com a sinhá e com o senhor, crie coragem e abra os olhos deles! E faça isso antes de chegar à fazenda! Eu posso arranjar um jeito de parar esse carroção; e você, dê um jeito de falar com eles sem mencionar o meu nome! Eu não vi nada, não escutei nada, entendeu?

Olhei para ele e vi que de fato tinha razão: assim como ele percebeu, qualquer um que visse o comportamento dos dois iria pensar a mesma coisa. Era bom dar um alerta para eles, mesmo que ouvisse um sermão do sinhozinho!

Assim que o negro cocheiro parou a carruagem, eles dois abriram a cortina e perguntaram o que estava acontecendo.

Eu me fiz de ousado e pedi:

– Os senhores podem descer um instante? A questão é séria.

Eles desceram, e o cocheiro gritou:

– Vou pegar um pedaço de madeira para fazer umas cunhas para a roda da carroça! – E saiu rápido, me deixando sozinho com eles.

Fui direto ao assunto:

– Me perdoem o atrevimento, mas eu preciso alertá-los de uma coisa muito grave! Vocês dois não podem demonstrar toda essa amizade na frente dos feitores e dos negros, e especialmente dos seus pais, sinhozinho. Isso pode provocar outros problemas envolvendo vocês dois e a todos nós.

A sinhá ficou vermelha. O sinhozinho me questionou:

– Do que é que você está falando, negro Miguel?

– Da amizade repentina de vocês dois! Essa viagem foi uma bênção de Deus para vocês, mas é preciso que se lembrem que vocês dois nem se conversavam lá na fazenda. Como podem agora chegar rindo e conversando, como se fossem velhos amigos? O que vão pensar de vocês? A sinhá é nobre, mas é uma mulher, meu senhor! Ela passou a noite fora porque estava doente, e não pode chegar rindo com o senhor!

– Não é que este negro tem razão? Eu não tinha pensado nisso! Vamos chegar como saímos, sem chamar atenção.

Assim, chegamos à fazenda, e logo eu estava no barracão da senzala, cercado por Zacarias e avó Joana, que me interrogaram:

– Miguel, meu filho, um capitão-do-mato está aqui na fazenda! Ele diz ter quase certeza que um capitão-do-mato que faz serviços sem autorização legal achou os fugitivos da fazenda do nosso senhor, e que ele deve ter entregado os dois negros de graça, já que é um traidor da lei! E disse também que esse capitão-do-mato está junto com outros brancos e mulatos, arranjando um jeito de provocar uma revolução; e que se os senhores não fizerem alguma coisa, logo, logo os escravos serão libertos! Os dois estão trancados na sala da casa-grande; a Zinha está tentando ouvir mais alguma coisa e trazer pra gente. Nosso medo é que eles botem as mãos em Anita e Antônio. Se os pegarem, você já sabe qual será o futuro do Frederico, não é?

O velho Zacarias se levantou do banco e disse, com voz trêmula e os olhos cheios de lágrimas:

– Eu já estou velho e cansado. Se for preciso matar aqueles dois para salvar o pequeno Frederico, farei isso! Ninguém pode fazer mal a este menino! Meu Deus, essa criatura foi gerada por um sofrimento tão grande que eu seria um injusto se não levantasse a minha mão para defendê-lo!

– Calma, velho sem juízo! – gritou avó Joana. – Depois de velho deu para abrir a boca e falar besteiras, Zacarias! A gente aqui, quebrando a cabeça em busca de uma saída, e você apresenta a pior delas! Eu tenho fé no menino Jesus que se eles conseguiram se manter vivos até agora, já passaram pelo pior! Deus não seria justo se os entregasse à morte! – disse avó Joana, sentando-se no banco.

A Saga de uma Sinhá 🙠 173

– Eu posso falar? – pedi a eles.

– Fale, filho! Fale! Quem sabe você, com uma cabeça nova, também tenha idéias novas para nos dar – disse avó Joana, aflita.

Eu tenho algumas notícias para dar a vocês a respeito de tudo isso! Não será tão fácil como imaginamos, mas tenho esperança de que tudo dê certo para nós. – Contei tudo o que sabia; quando terminei de falar, Zacarias se ajoelhou no chão e, colocando as mãos para o alto, orou:

"Senhor Deus, que está no clarão do dia, e também na escuridão da noite, Senhor Deus, que está no branco e também no negro, tenha piedade, senão de mim, deste pequeno ser que inocentemente veio a este mundo pelas graças do Senhor! Ofereço a minha vida – que não vale muito, mas para o senhor pode ter valia – em troca da vida desse seu outro filho que vale mais do que eu, no céu e na terra".

Ele sentou-se no banco e começou a chorar. Eu peguei uma caneca de água e lhe ofereci, e então o abracei em silêncio e também chorei. Os três choravam sem nada dizer. Enxugando os olhos na toalha que lhe cobria a cabeça, avó Joana disse:

– Minha gente, nós temos que acreditar em Deus! Estamos cansados e com medo, mas Ele não vai nos abandonar.

– Miguel, meu filho, prepare seus pertences que amanhã cedo você precisará ir colher folhas e raízes para nossos remédios. O pobre do Frederico, de Maria do Céu, pegou uma brotoeja danada, está se coçando como um cachorrinho! Preciso que você me traga flor de mandacaru, agora é época. Ele está tão sabido! Imagine que já está engatinhando! Se facilitar, ele sai correndo porta afora! Não pode ver o Zacarias que se joga nos braços dele!

Zacarias, secando os olhos e rindo, disse:

– Meu Jesus Crucificado! É um apego tão grande comigo que parece coisa de Deus! Dorme no meu colo tão sossegado que até parece um anjo. Eu também me apeguei demais a esse menino! Não sei explicar o porquê, mas é como se ele fosse algo meu.

Antes de sair, combinei com avó Joana que ela iria falar com o feitor, e logo cedo eu estaria indo fazer o que ela me pediu.

À noite, após o jantar, eu estava sentado embaixo da jaqueira quando vi o sr. Ambrósio chegando perto de mim. Fiquei tenso: o que será que ele queria de mim?

– Oi, Miguel! Fumando seu cigarrinho?

– Sim, senhor, eu já cumpri os meus deveres hoje.

– Eu sei, eu sei, só quero lhe fazer algumas perguntas, até em segredo. Estou muito preocupado com o que ouvi lá dentro da casa do senhor. Tem um capitão-do-mato profissional contratado pelo sinhozinho; ele veio comunicar que foi enganado por outro capitão-do-mato, sem autorização de trabalho dentro da lei. Ele quer autorização do senhor administrador para aprisionar e trazer esse capitão até aqui, e torturá-lo até que ele confesse para quem vendeu os dois negros! Você está sabendo de alguma coisa?

– Não, senhor, eu não sei de nada! Como iria saber, sr. Ambrósio?

– Porque eu ouvi o capitão-do-mato falando para o administrador tomar cuidado com os negros que vão à cidade! Eles estão trocando idéias e informações! Logo, pensei que você tinha ouvido algum comentário.

– Não, senhor, eu não ouvi nada, fiquei o tempo todo servindo aos meus senhores.

Recolhi-me na minha rede e fiquei matutando o que ainda estava para vir em nossa triste caminhada. Ouvi a música do piano da sinhá, fechei os olhos e pedi a Deus que livrasse ela e o sinhozinho de qualquer suspeita ou perigo. Eles dois eram jovens e sonhavam em fazer coisas boas para os outros, não viam o perigo que corriam.

No outro dia, quando retornava com as ervas da avó Joana, dei de cara com a sinhá plantando umas mudas de roseiras bem próximas à senzala. Maria do Céu estava com Frederico no colo; os cabelos dele estavam ficando amarelados; conforme o sol batia dava pra gente ver. O falso pai dele era branco, mas não tinha cabelos amarelos. Os olhos dele também tinham mudado de cor: ao sol, ficavam verdes. Nós, que conhecíamos a descendência dele, sabíamos de quem eram os olhos e os cabelos dourados. A sinhá fingia mexer na terra, mas ela não tirava os olhos da senzala.

Chamei Maria do Céu para dentro do barracão e pedi:

– Pelo amor de Deus, não fique mostrando o menino assim! Olhe a diferença entre seu filho verdadeiro e ele! Veja os cabelos de fogo dele, e os olhos verdes, da cor da mata! Não fique facilitando que uma hora dessas até o falso pai vai começar a desconfiar de quem ele puxou olhos verdes e cabelos amarelos! E depois, você já viu o problema que houve com a sinhá por ela vir na senzala e pegar as crianças no colo!

– Escute aqui, Miguel! Eu fiz de coração um favor pra ela, amamentar e criar o menino. Eu sou negra, mas sou gente, e além de ser gente sou mãe; se ela fosse uma desavergonhada, e maldosa conosco, eu nem a deixaria se aproximar do menino; mas ela não tem culpa, Miguel, eu não acho justo não deixá-la ver o filho, mesmo que de longe! E depois, toda noite eu fico pensando: "E se o maldito voltar e levá-la embora?" Aí, sim, nunca mais ela poderá ver o filho, nem de longe!

– Vira sua boca pra lá, Maria do Céu! Deus me livre de a sinhá ir embora! O que seria da gente? – respondi.

– Sei lá! Um dia, mais cedo ou mais tarde, alguma coisa há de mudar por aqui. Eu sou sincera, todo dia jogo uma pedra no fogo e mando o espírito dela queimar toda força do senhor até ele morrer e nunca mais voltar! Acho que todo mundo aqui faz isso! E outras coisas que fazem pra ele não voltar! Todo dia, a Zulmira, em jejum, pega a faca da cozinha e finca sete vezes no chão, pedindo que a terra não dê forças para ele voltar. O André pegou as penas de um curió e jogou na fogueira da sexta-feira, pedindo que o espírito do pássaro fizesse ele perder o rumo do ninho e morresse como ele. O Zacarias e avó Joana, esses eu não posso dizer nada, que eles são mesmo santos! Se eu for lhe contar o que cada um faz aqui para nunca mais ver o senhor! E garanto que você também deve fazer o seu! Ou não faz?

Sinceramente? Eu faço, sim! Todo dia me levanto, faço o sinal-da-cruz e peço a Deus que coloque uma cruz bem grande na frente dele, que ele só possa caminhar com ela nas costas e nunca chegue aqui! Mas isso é pecado, viu, Maria do Céu! Nós não podemos ficar pedindo coisas ruins nem mesmo para os nossos inimigos! Não é isso o que aprendemos com os nossos mestres encantados?

– É! É isso o que eles ensinam, mas nós não somos santos! Eu não consigo deixar de sentir raiva desses senhores brancos e malvados! Eu não tenho raiva da sinhá menina, mas dessa sinhá velha, mulher desse tal de administrador... Eu tenho ódio de vê-la colocando aqueles santos brancos no sol e obrigando a gente a se ajoelhar, fazer sinal-da-cruz e pedir perdão! Eu tenho vontade de cuspir nos santos dela!

– Maria do Céu! Você está errada! Que culpa têm os coitados dos santos? Eles não falam, não se defendem e nem pediram para pintá-los de branco! Então, repare a situação dos coitados dos santos: tem que agüentar a ignorância da sinhá e a sua! – respondi, rindo.

– Eu sou ignorante? – questionou ela, apontando para si mesma.

– Você me disse que tem vontade de cuspir neles! Que culpa eles têm se a sinhá obriga você a se ajoelhar diante deles?

– É mesmo, não é, Miguel? Acho que vou mesmo pedir perdão de verdade pra eles! Eu sou negra, sou escrava, mas não preciso ser ignorante com os santos!

O capitão-do-mato foi embora, e nós ficamos ansiosos por saber qual foi a ordem dada a ele. Logo ficamos sabendo, através da sinhá, que o administrador pediu que ele sondasse melhor, se certificasse de que o outro havia mesmo capturado os negros; aí, sim, entrariam por meios legais. Ele teria que confessar a quem vendeu os dois, e então ele deveria devolver o dinheiro ao comprador, que pagaria a multa por ter comprado escravos sem a documentação exigida.

Percebi que os dois jovens estavam cada vez mais juntos. A sinhá começou a cavalgar ao lado do senhor. Ela, que antes não montava, agora todas a tardes saía junto com o sinhozinho.

O administrador vivia fora da fazenda, tratando dos negócios e das amantes, era o que nós ouvíamos da boca dos feitores. A sinhá velha vivia sentada em frente do oratório rezando e colocando flores para os santos. Ela tinha uma mania que

178   *Maria Nazareth Dória / Luís Fernando (Pai Miguel de Angola)*

todos os escravos odiavam: todos os dias que tivesse tempo bom, ela colocava os santos no sol, e depois obrigava todos os escravos a se ajoelhar em frente dos santos e pedir perdão.

Todas as noites a sinhá ficava tocando piano, e o sinhozinho, sentado em frente dela. Não demorou muito para ouvirmos feitores cochichando aqui e acolá.

Uma noite, eu arrumava a porteira da fazenda, um animal afoito conseguiu abrir e escapar. Fui atrás do danado, e na volta tratei de consertar o estrago. Enquanto arrumava a tranca da cancela, ouvia dois feitores comentando:

– Já está mais do que provado! Os dois são amantes! Só quero ver a cara do senhor quando regressar e ficar sabendo do corno que o filho do seu administrador lhe meteu na cabeça!

O outro respondeu:

– Nós não temos nada com isso, mas quando a bomba estourar, branco e preto vão pagar o pato diante do administrador; e pior ainda, diante do senhor! Por isso eu lhe pergunto: o que devemos fazer? Já conversou com os outros sobre o que eles acham?

O feitor que começou a história respondeu:

– Já conversamos, e os outros acham que nós devemos dar um jeito mesmo é no sinhozinho!

– Que jeito? – perguntou o feitor, curioso.

– Colocar na cabeça do pai dele que é necessário afastá-lo da fazenda, que ele está provocando prejuízos, dando presentinhos às negras e fazendo com que elas se sintam protegidas! Inventar um fuxico!

– É isso! Nós temos que nos unir e fazer um fuxico para o pai dele, inclusive com o apoio dos escravos mais velhos. Ou seja: a solução é afastar o sinhozinho afoito! Ele pode ir morar na cidade! Quem sabe leva a mãe dele, e nós matamos dois coelhos de uma cajadada só! Eu não agüento mais essa velha e os seus santos!

– Pensando assim, a idéia é boa! Mas já pensaram na reação da sinhá? Já pensou se ela resolve acompanhar o sinhozinho? Pensa você que as mulheres brancas também não fogem? Vão contar para o administrador do romance entre ela e o filho dele?

– Você ficou louco? Ninguém vai insinuar o caso dele com a sinhá! Vamos alertar que ele anda dando em cima das filhas e mulheres dos feitores, sem contar as escravas, que logo estarão povoando a senzala de mulatos! E nós vamos ter que fazer esse agradável papel e jogar a culpa nele!

– Não podemos nem de longe insinuar que a sinhá esteja envolvida, é interesse nosso que ela não seja envolvida nesta história. Mas temos que agir logo, antes que seja tarde!

Fiquei tão aflito que até dei uma martelada no dedão e nem senti dor! Saí dali sem sentir os pés no chão! Como fui tolo em não perceber nada! Estranhei que a sinhá andava calma demais, porém achei que ela vivia em paz e agradecida a Deus por estar perto do filho e longe do senhor.

Antes de entrar no barraco, Zinha me chamou e disse baixinho:

– Miguel, venha cá, quero lhe contar uma coisa. Fui levar chá para as sinhás, e presenciei o seguinte: a sinhá velha sentada na cadeira de balanço, cochilando, a sinhá menina tocando piano, com os pés descalços, e o senhor moço alisando as pernas dela por baixo do piano! Eu vi com estes olhos que a terra há de comer! Eu já tinha ouvido uns comentários, mas, como nunca tinha visto nada, não podia sair comentando. Hoje eu tive provas. Onde há fumaça, há fogo! Os dois têm um caso de amor! Eu, de minha parte, acho bem-feito o que ela está fazendo com o maldito; mas quando a coisa estourar, a errada será ela, e nós vamos penar por causa do erro dela! Acho melhor você ir se aconselhar com avó Joana. Talvez ela descubra uma maneira de ajudar a nossa sinhá.

Pedi a ela que não comentasse nada com ninguém; eu iria falar com avó Joana e com o negro velho Zacarias, e depois conversaríamos juntos sobre o que ela viu. Afastei-me de Zinha, agradecendo a ela pela confiança depositada em mim, e pensei nas palavras que tinha ouvido da boca dos feitores.

Pensei: *Santo Deus, o caso é de muita urgência! Vou bater agora na porta do barracão da avó Joana, preciso contar isso a ela e receber seus conselhos.* Porém nem tive de fazer isso, pois avistei os dois negros velhos sentados num toco, pitando seus cachimbos. Aproximei-me como se tudo estivesse bem. O feitor estava olhando para o nosso lado; talvez ele quisesse falar com avó Joana, pois vivia se valendo dos remédios dela: ele sofria do fígado, e os remédios que ela lhe preparava ajudavam-no a viver melhor.

Sentei-me entre os dois, e quando percebi que o feitor não prestava atenção, falei baixo:

– Avó Joana, Zacarias, estão acontecendo coisas terríveis ao nosso redor! Não sei o que podemos ou devemos fazer para ajudar a nossa sinhá a escapar deste destino que poderá levá-la à morte, e levar também muitas outras pessoas!

Zacarias, pitando calmamente o seu cachimbo, respondeu:

– Está falando do romance da sinhá com o senhor moço?

A SAGA DE UMA SINHÁ 181

– Vocês já sabem? – perguntei indignado, pois eu nunca havia escondido nada deles; os dois, pelo visto, sabiam do caso... E nem para me alertar!

– Sabíamos, sim, e você foi um tanto culpado! – respondeu avó Joana.

– Eu? Eu sou culpado do romance entre eles? – Devo ter falado alto, pois vi que o senhor feitor aproximou-se um pouco mais de nós.

Avó Joana, falando baixinho, disse:

– Esse namoro começou quando vocês foram à cidade, e você facilitou encontros e conversas entre a sinhá e ele; então não pode ficar assustado! O que é que acontece quando colocamos fogo perto de palha? Fique tranqüilo, este mal não é só deles, é de todos! Vamos pedir a Deus que tudo se resolva da maneira Dele.

Contei para os dois o que ouvi na porteira da fazenda, e o que a Zinha havia me passado. Zacarias apagou o pito e virou-se para avó Joana, dizendo:

– Negra Joana, a coisa está ficando complicada demais! Os jovens quando se apaixonam não vêem perigo em canto nenhum! Temos que ajudar a nossa sinhá, agir antes que seja tarde.

A avó Joana, batendo no meu ombro, disse:

– Vá dormir, filho! Não fique sofrendo as dores dos outros. Vai ficar tudo bem, amanhã será outro dia e Deus não desampara ninguém. Nós já conseguimos atravessar caminhos mais difíceis que esse!

Fui para o barracão. O candeeiro já estava apagado. Fiquei de vigia pelo buraco da janela, da senzala dava pra ver o quarto do sinhozinho. Era errado fazer aquilo, mas eu precisava ter certeza do que estava acontecendo antes de me meter na vida dos senhores.

Comecei a pensar: era estranho que o senhor não ficasse mais nervoso e inquieto, querendo ir à cidade, nem tivesse inventado mais histórias para me obrigar a ir à igreja e contar casos das vidas dos santos para a sinhá sua mãe. Um outro negro os acompanhou; eles foram à cidade e voltaram no mesmo dia. Não me levaram. Eu achei estranho, mas pensei: foram resolver o caso da bolsinha com a fortuna da sinhá, e justo naquele dia eu precisava acompanhar o senhor administrador, que ia a uma fazenda vizinha para comprar um lote de cavalos. Eu deveria avaliar as condições de cada um. Por isso, achei normal eles me dispensassem.

Enquanto olhava pelo buraco da janela, vi duas negras saindo pela janela e se embrenhando pelas moitas do jardim com os feitores da noite. Era assim que sempre surgia um mulato entre nós; aliás, era o que mais havia pelas fazendas!

O piano parou de tocar, e logo mais vi o lampião da sala sendo apagado. Prendi a respiração. Que feio era aquele papel que eu fazia! Vi a luz acender-se no quarto da sinhá, e cadê a luz no quarto do sinhozinho? Esperei, esperei e nada! Então, os feitores estavam certos: a minha sinhá estava envolvida com o sinhozinho, muito mais comprometida do que eu pensava. Seria bom se ela não fosse uma moça branca e fina, se não fosse casada e não estivesse sendo vigiada!

Não tive nenhuma dúvida: os dois estavam dormindo juntos. E se ela aparecesse grávida? Santo Menino Jesus! Essas moças, brancas ou negras, não pensavam que elas eram senhoras geradoras da vida! O homem pode deitar-se com quem quiser, levantar-se e sair sem levar nada dentro de si.

A Saga de uma Sinhá 183

Com a mulher é diferente! Ela pode sair do encontro levando uma vida dentro dela...

Deitei-me e cruzei as mãos sobre o peito, rezando e pedindo a clemência de Deus para nós, pois as coisas não iam nada bem. No íntimo eu estava decepcionado com a sinhá moça; ela saiu de um sofrimento terrível, recebeu a oportunidade de ficar perto do filho e livre dos maus-tratos do marido... E caía em outra armadilha! O que ela esperava desse romance com o sinhozinho, que nada tinha na vida a não ser a vida que os pais lhe ofereciam?

No outro dia cedo, levantei com os galos cantando, e a estrela da manhã brilhava tanto que fiquei alguns minutos admirando aquele fenômeno de Deus e pensando na vida.

Eu era apenas mais um negro no meio de tantos outros, mas tinha um coração, tinha sentimentos para com os meus irmãos, escravos ou não! Eu precisava ajudar aquela pobre moça, ela era mais infeliz do que eu!

Os meus companheiros de sorte e cor iam se aproximando; ali cada um tinha um destino marcado: alguns seguiam para a lavoura, outros iam cuidar de gado, da cerca, do açude, etc. Eu cuidava dos cavalos e dos remédios, entre outras tarefas.

Um deles nos falou bem baixo:

– Ouvi uma conversa assustadora entre os feitores da noite! Vocês nem imaginam a desgraça que está para acontecer nesta fazenda!

Todos pararam, de olhos arregalados.

– Fale logo, homem de Deus! O que foi que você ouviu? – perguntou um outro.

– Eles falavam que a sinhá moça está amancebada com o filho do nosso administrador! Que é mais que comprovado que os dois estão dormindo no mesmo quarto. O administrador chega tarde em casa, e não está a par do que se passa. Os feitores disseram que darão um jeito de afastar o doutorzinho, assim livram a sinhá e a nós também da desgraça que pode acontecer quando o administrador descobrir! Um dos feitores até comentou que ele pode expulsar a sinhá e jogá-la na rua; e o senhor marido dela pode voltar e matá-la diante dos nossos olhos, e ainda ser considerado um herói!

– Se esse caso é certo, eu acho que a melhor coisa que os feitores podem fazer é arrancar esse doutorzinho daqui! – comentou um escravo. O outro, que estava de cabeça baixa, acrescentou:

– Nós podemos dar fim no doutorzinho! Será que neste caso, que é para defender uma moça branca, é pecado pra Deus a gente matá-lo?

Eu entrei na conversa e respondi:

– Matar gente é pecado, José! Sendo branco ou sendo negro, foi Deus quem nos criou! Como é que nós podemos matar os seus filhos?

– Quer saber, Miguel? Eu acho que alguma coisa está errada com Deus! Onde já se viu Ele inventar gente de duas cores? Ou tivesse feito todos brancos, ou todos negros! Não estaríamos vivendo nesse inferno! Branco pode matar negro à vontade! Mas ai do negro se matar um branco! Está certo isso? Eu luto para aceitar essa diferença, não consigo compreender! Avó Joana diz que Deus é o mais inteligente ser que existe, mas na minha opinião não é tão inteligente assim não! Eu acredito que Ele é o espírito de um sinhozinho branco que, sendo poderoso, continua castigando os negros! Nisso eu acredito.

– Agora não é hora de discutirmos esse assunto. Nós vamos nos reunir e falar mais sobre o problema da sinhá, e pensar no que podemos fazer para ajudá-la.

– A sinhá, tudo bem, eu até concordo em ajudar, mas o sinhozinho não. Ele lá está pensando na gente? A sinhá é que está cega, mulher neste ponto é tudo igual! Cai na conversa facilmente.

José era assim, um negro atencioso e prestativo com todos, mas sofria dessa revolta grande com Deus. Ele foi o que sobrou da família que padeceu no tronco; ainda adolescente ficou sem os pais, e acabou sendo vendido para aquela fazenda, que, segundo ele, em comparação com o que viu e viveu na outra, era o céu.

Fui cuidar da vida. Tinha os cavalos para amansar e algumas bicheiras para curar. Quando voltava encontrei a sinhá e o sinhozinho no jardim, ela fingindo que mostrava as roseiras para ele. Do outro lado era a senzala. O filho dela brincava sentado no chão, ao lado do irmão e da mãe, que o amamentava. A sinhá não se importava tanto com ele. Meus olhos se encheram de lágrimas e pensei: eu daria tudo para ter minha mãe perto, e sei que ela daria sua vida por mim; e a minha sinhá estava ali tão perto do filho... Ela não podia tê-lo nos braços, mas podia olhá-lo de longe e amá-lo. Já fazia algum tempo que ela não se interessava tanto em vê-lo. Fui até onde estavam as crianças, peguei Frederico no colo e comecei a chorar.

– O que foi, Miguel? – perguntou-me a mãe adotiva dele.
– Aconteceu alguma coisa séria?

– Não, não aconteceu nada! Eu apenas lembrava-me da minha mãe, e pensava que Frederico tem sua mãe tão perto dele e tão distante quanto a minha!

– Calma, Miguel! Você está triste, é só isso, lembre-se de tudo o que já ouviu da boca dos nossos pais espirituais. Vamos lá dentro que eu vou lhe dar um suco, e você se senta um pouco e descansa. Vai sentir-se melhor.

Depois de alguns minutos brincando com Frederico e o irmão, avó Joana entrou com as mãos na cintura, me chamando a atenção:

– Escute aqui, moleque sem juízo, você pensa que sem comer vai se tornar alguma coisa que preste? Venha logo comer, que ninguém vai ficar esperando você!

Saí de cabeça baixa, e fui até onde os negros trabalhadores da fazenda já estavam comendo. Peguei o meu prato, sentei-me no banco de madeira crua e engoli sem sentir gosto. Estava com o coração partido, e muito decepcionado. A mãe do pobre menino que ajudei a atravessar o rio estava se distanciando dele.

A tarde consertava os arreios quando vi a sinhá se aproximando da cocheira.

– Miguel, tudo bem? Faz tempo que não converso com você, vim até aqui para lhe perguntar se tem notícias do Antônio e da Anita. Vi você com Frederico nos braços, e senti que alguma coisa está acontecendo: o que é?

Continuei de cabeça baixa, fazendo o meu trabalho:

– Não tenho notícias do Antônio e nem da Anita. Quanto ao seu filho, ele está cada dia mais esperto!

– Fale baixo, Miguel! – Ela me chamou a atenção. – É perigoso alguém ouvir isso! Deus me livre se tem um feitor escondido atrás desta parede, olhe a desgraça feita! Mas o que é que está acontecendo por aqui? Tenho percebido muitas conversas pelos cantos entre feitores e escravos! O que é?

– Sinhá, pelo amor de Deus, eu prefiro ficar calado, não tenho o direito de lhe falar certas coisas.

Notei que ela empalideceu.

– Miguel, é sobre a volta do senhor que estão falando? O que é? Pelo amor de Deus, fale! Você ainda é a única pessoa com quem eu posso contar na minha vida aqui nesta fazenda – disse ela, com os olhos cheios de lágrimas.

Senti pena daquela menina ingênua, e não podia deixar de ajudá-la.

– Sinhá, o que estão comentando é o romance da sinhá com o sinhozinho.

– Meu Deus! – disse ela, encostando-se na parede. – Estão comentando isso? Quem está comentando?

– Feitores e escravos. Já não é mais segredo para ninguém, e eu temo pela senhora quando o administrador for informado de tudo. Com o filho ele não fará nada, mas com a sinhá... Tenho certeza de que será muito triste.

Os lábios dela tremiam.

– Miguel, me ajude, pelo amor de Deus! Eu não quero sair de perto do meu filho! Sei que estou errada, mas não posso sair do lado de meu filho.

Disse isso me agarrando pelos ombros e me sacudindo. Graças a Deus nenhum feitor estava por ali, ou eu teria que inventar uma boa desculpa para dar, diante da atitude dela.

– Sinhá, a senhora mesma me pediu para falar baixo sobre o seu filho, e agora está gritando! Se aparecer um feitor aqui, o que irá pensar, vendo a senhora me agarrar? Fique calma e vamos conversar como sinhá e escravo. Assim eu posso lhe ouvir e dizer o que penso, se a sinhá permitir.

– Está bem – respondeu ela tremendo.

Depois da nossa conversa ela saiu mais tranqüila, e eu tive esperança de que as coisas iriam melhorar. Ela me disse que iria conversar com o doutorzinho, convencê-lo a se mudar para a cidade; e assim que a vida na fazenda voltasse ao normal, iria encontrá-lo.

Dois dias depois, eu estava pronto para levar o sinhozinho até a cidade. A notícia corria de boca em boca: ele iria ocupar um posto importante de trabalho na cidade. Depois da conversa que tive com a sinhá, ela não apareceu mais fora da casa-grande.

O sinhozinho parecia abatido; olhava insistentemente para a janela do quarto dela, e eu pude ver que ela o olhava atrás da cortina. Fingi não perceber nada.

Fora da fazenda, já na estrada, o sinhozinho veio sentar-se perto de mim. Esticando as pernas, ele disse:

– Adoro sentir esse cheiro de capim na beira da estrada! É bom, não é?

– Sim, senhor, é muito bom. – De cabeça baixa estava, de cabeça baixa fiquei.

– Miguel, o que é que se comenta sobre mim e a sinhá? Você sabe que eu estou indo para cidade contra a minha vontade; farei isso pela sua sinhá! E foi você quem contou pra ela, então agora eu quero saber tudo! Quem começou essa conversa, escravos ou feitores?

– Senhor, eu não posso me envolver nisso! – respondi.

– Você já está envolvido nisso! Eu não sou um moleque como pensam. Sou um homem que está apaixonado, e vou tirar sua sinhá desse inferno!

Relatei a ele o que estava sabendo; parava de vez em quando de falar quando o feitor se aproximava da carruagem. Por várias vezes ele perguntou para o senhor se o sol não o incomodava. No fundo, ele tinha medo que eu contasse para o senhor o que de fato eu estava contando.

Enquanto eu subia com o baú de madeira para deixar no quarto da pousada, onde ele costumava ficar, o senhor me pediu:

– Você vai ficar encarregado de me trazer notícias de Margaret. Estou mandando uma carta para o meu pai, onde escrevi que toda semana ele deve me mandar queijos frescos e ovos da nossa fazenda; e que você é o meu escravo preferido! Em segredo, pegue a carta da sinhá e me traga, ouviu? Tome cuidado para não dar na vista de ninguém. Cuidado com esses feitores que vivem à espreita, como urubus atrás de carniça. Eu vou dar um jeito de tirar a sinhá daquela casa; não sei como, mas vou me casar com ela.

– Senhor, ela já é casada, o marido pode voltar a qualquer momento!

– Que marido coisa nenhuma! Aquilo é uma desgraça que entrou na vida dela! O casamento dela só vale na terra dela e não aqui! E se fosse aqui poderia ser anulado, pois ele nunca foi homem para ela e nem para nenhuma outra mulher, e você sabe disso! Não foi você que ajudou a tirar os negros para fora da fazenda? Não foi você quem trouxe o filho dela de volta? Não foi você quem os encontrou na cidade? Eu sei tudo, Miguel, entre mim e sua sinhá não há segredos. Quero que você saiba que eu a amo muito.

Fiquei pasmo. Então a sinhá havia contado tudo pra ele, todo esse tempo ali e ele conhecendo toda sua história... Comecei a me recordar que de vez em quando o avistei olhando de longe para Frederico.

Ficou combinado que eu traria notícias da sinhá, e que iria ajudá-la conforme pudesse. E também ficaria atento aos comentários dos feitores, especialmente sobre a volta do senhor.

De volta à fazenda, foi a vez do feitor; ele queria saber o que tanto o senhor conversava comigo.

Eu me saí bem, dizendo que o senhor me pedia para olhar pela senhora sua mãe, que ficou acamada com a saída dele. Que eu pedisse para avó Joana preparar uma garrafada pra ela. E que eu deveria ajudar a retirar os santos do altar para colocá-los no sol, porque ela estava subindo em um banco e era perigoso. Ele já tinha pedido à mãe que me chamasse para isso, o que foi de fato um modo que ele encontrou para me colocar dentro de casa e perto da sinhazinha.

– Ah! É que ele falava tanto com você que fiquei pensando o que poderia ser. Mas entre vocês, negros da fazenda, não tem saído nenhum fuxico sobre o sinhozinho?

– Fuxico do senhor? Que fuxico, sr. feitor?

– Ah! Sei lá! As mulheres falam demais, não comentam as aventuras do doutor?

– Sinceramente, não ouvi comentários sobre isso, não! As aventuras do doutor são na cidade, o senhor bem sabe! Eu estava estranhando que ele demorava muito para vir para a cidade! Ele me disse que foi por causa da doença da sinhá velha.

– E a nossa sinhá? Você acha que ela ficou boa mesmo? Ela também conversa com você, e nos últimos tempos parece que ficou muito amiga do doutor, não foi?

– Isso é normal, senhor feitor! Eles são brancos da mesma classe, e morando na mesma casa; só podem ser mesmo como irmãos.

– É verdade... Os dois ultimamente viviam como irmãos! Estavam se dando bem demais! Eu cheguei a pensar que os dois estavam se apaixonando de tanto que ficavam juntos! Iam cavalgar juntos, e até tomavam banho no rio!

– Peça perdão a Deus, senhor feitor! Primeiro a nossa sinhá é casada, o marido está apenas viajando. Quando ele voltar, com certeza vão ficar juntos do mesmo jeito. Nós comentamos e é fato que eles dois parecem ser irmãos de verdade.

Claro que eu percebi que o senhor me rodeava por todos os lados para descobrir se havia algum boato entre os escravos sobre o romance deles. Ele mencionou a história para ver se entre nós havia a mesma suspeita.

Eu não via a hora de chegar à fazenda e correr para os outros, para pedir sigilo absoluto sobre essa questão, e alertá-los sobre um perigo: qualquer insinuação sobre o caso poderia ser uma armadilha. A coisa deveria morrer ali mesmo.

A sinhá ficou uma semana trancada dentro de casa. Disfarçadamente ouvia os feitores gargalhando e fazendo piadas sobre ela. Um deles disse:

– A viúva deve estar chorando! Se ela quiser consolo, vou correndo até lá! – Eram só gargalhadas.

Outros feitores fizeram perguntas e mais perguntas aos negros, que vinham logo me contar. Todos nós dizíamos não saber de nada.

Dez dias depois que o senhor partiu, o pai dele me chamou e disse:

– Amanhã cedo você acompanha o feitor, vão até a cidade levar alguns proventos para o meu filho. Tem feito o que ele lhe pediu? Cuidado dos santos de minha esposa? A negra velha Joana já preparou o remédio dela?

– Sim, meu senhor, ela já está tomando! E eu tenho atendido o pedido do doutor seu filho.

– Muito bem, pode ir ao seu trabalho. Prepare-se para saírem cedo e voltarem cedo.

– Sim, senhor – respondi.

Eu estava preparando o sebo de carneiro com cinzas e ervas para o reumatismo das lavadeiras. Aquelas coitadas passavam horas com água até a cintura, ficavam o dia todo na beira do rio lavando as roupas, e à noite só dormiam depois que os nervos esquentavam; o sebo com cinzas e ervas ajudava. Lá vinha a sinhá, atravessando o jardim. Assustei-me com o seu estado, estava pálida e magra.

– Miguel, eu sei que você irá amanhã cedo para a cidade; preste atenção no que vou lhe dizer: os feitores estão de olho em mim, eles continuam desconfiados. Vou ficar passeando entre as roseiras e deixarei no chão uma carta. Quero que você a pegue imediatamente e guarde a sete chaves, para que ninguém veja.

Ela se afastou, e eu esperando sinhá deixar cair a carta; mas qual não foi o meu susto quando vi foi a sinhá caindo entre as roseiras. Dei um pulo e fui até o seu corpo, que estava adormecido. Ela desmaiou!

O feitor, que de fato estava de olho, veio correndo, e logo avó Joana esfregava nos pulsos dela alguma coisa, e molhou um pano com água e lhe aplicava nas têmporas. A sinhá abriu os olhos; estava pálida e suando frio.

A avó Joana dispensou os feitores e os curiosos, e me pediu para ir buscar um copo com água pra ela beber.

Quando voltei com a água, ela estava sentada na sombra, em um banco de pedra. Enquanto avó Joana dava água em sua boca, ela deixou cair o envelope no chão. Discretamente, peguei-o e enfiei no meu chapéu.

A sinhá entrou na casa–grande, e avó Joana recomendou que ela fosse repousar.

Eu saí correndo, fingindo levar o copo, mas fui mesmo esconder a carta. Não demorou e avó Joana estava atrás de mim; nem me virei, porque eu não sabia mentir pra ela.

– Sente-se aqui, Miguel – falou ela com uma caneca de café na mão, já sentada no banco de madeira.

Eu me sentei em frente dela.

– Experimente o café – disse ela.

Eu automaticamente o fiz; minhas mãos estavam suando, e meu coração disparara.

– Miguel, você está levando uma carta para o sinhozinho, não é? Filho, pensa que ninguém vai descobrir que você está metido nesta história? Até quando vai poder ficar escondido? E até quando eles dois vão poder se esconder?

Os feitores andam de olho nela e em você, Miguel! Ela fica trancada dentro de casa todos esses dias, e justo hoje, que todo mundo sabe que você viajará para a cidade, a sinhá resolve sair de casa e vai ao seu encontro! Pare de fazer besteiras, filho! Isso não é ajuda! Ajuda foi quando você se arriscou para salvar o filho dela, e não é por isso que você tem que ficar fazendo bobagens. Muito bem, desta vez já deu a sua palavra, então leve a carta. Mas já avise ao senhor que você não vai mais voltar! Se ele desejar fazer alguma coisa boa para a sinhá, que encontre um jeito, desde que esse jeito não seja você! Entendeu? Eu não estou brincando! Criei você e tenho o direito, se for necessário, de te cobrir de pancadas! Faça o que eu estou lhe mandando, e se me desobedecer já sabe o que lhe espera!

Entreguei a carta para o senhor, e ele queria saber como ela estava. Contei sobre o desmaio, e que ela estava de fato muito abatida. Também avisei que eu não ia mais voltar; eu iria obedecer minha avó, que estava zangada como nunca.

O sinhozinho se aborreceu:

— Como é que eu vou poder me comunicar com ela, Miguel? Em quem mais podemos confiar? Converse com avó Joana e explique que você é o nosso único caminho! Nós precisamos de sua ajuda!

Chegamos à fazenda com as primeiras estrelas brilhando no céu. A janela do quarto da sinhá estava aberta, e ela, debruçada. Vi o feitor olhando para o alto da janela e para mim, e baixei os olhos.

Na senzala, implorei para avó Joana que desse um jeito de entregar a carta para sinhá; poderia dizer que ia levar um remédio pra ela ou coisa assim. Eu não podia chegar perto dela e nem poderia expô-la aos olhos do feitores.

Avó Joana, resmungando, concordou. Pegou uma chaleira de ferro com chá e enfiou a carta no bolso da saia xadrez, e saiu pisando firme. Era assim quando ela estava aborrecida.

No outro dia, a sinhá rondava a casa. Eu sabia que ela queria falar comigo, quando deveria mesmo ir para o outro lado da senzala, onde Frederico estava brincando com o irmão e outras crianças. Ela já não dava a mesma importância para ele.

Fiquei assistindo, de longe, uma das negras de casa amparar a sinhá, sentando-a num banco. Santo Cristo, o que estava acontecendo com ela? Corri e fui chamar avó Joana, que veio com os seus remédios acudir novamente a sinhá.

Do outro lado da casa-grande, cuidava dos meus afazeres mas tinha os olhos voltados para a sinhá. Ela estava doente! O que será que ela tinha?

Levaram a sinhá para dentro da casa-grande, e avó Joana vinha arrastando os seus chinelos pela grama.

Sentou-se num tronco, e, olhando para mim, disse:

– Como eu queria estar errada, meu Deus! Como eu queria que tudo isso fosse mentira!

– Vó, do que está falando?

– Miguel, meu filho, a nossa sinhá está grávida! Talvez ela ainda não saiba disso, mas eu tenho certeza que é gravidez! Como é que ela pode explicar essa gravidez? Eu não vou poder ajudá-la! Os brancos matam os nossos filhos, mas nós não temos o direito de tirar nenhuma vida! Miguel, preste atenção no que vou lhe dizer: você não deve dar nenhum remédio a ela! Eu sei que ela vai cair em desespero quando descobrir que está grávida. Vai tentar beber até veneno! Nós devemos pensar em um jeito de mais uma vez ajudar a salvar esse outro filho dela.

Eu parei o trabalho, minhas mãos tremiam.

– Meu Deus, o que é que faremos?

– Não sei, eu não sei! Temos que sentar, olhar o céu e invocar ajuda dos nossos mentores. Eu não posso matar uma criatura de Deus por causa do erro de sua mãe! Deus deu a ela uma grande chance de ter o filho dela de volta, e ela trocou essa felicidade por uma paixão que só vai lhe provocar lágrimas.

Assim, nos dias que seguiram, a avó Joana entrou algumas vezes na casa-grande para acudir a sinhá. Começaram enjôos e tonturas. Ela contou para avó Joana que sua menstruação não viera, e avó Joana confirmou que ela estava grávida. Ela se desesperou, e disse que a única saída que lhe restava era se matar.

Enquanto avó Joana cuidava dela tentando acalmá-la, uma carruagem chegava na fazenda. Senti um arrepio percorrendo o meu corpo. Quem seria?

Logo pude confirmar de quem se tratava: era o nosso senhor que voltava! Meu Deus, ele não avisou a ninguém! Chegou no momento em que a sinhá demonstrava todos os sintomas da gravidez. Ele não era tolo, iria desconfiar do que se tratava. O administrador não estava em casa; agora que o filho estava na cidade, ele passava dois três dias fora, e a fazenda praticamente estava nas mãos dos feitores.

Os feitores que estavam de plantão correram para receber o senhor, que, batendo as mãos no casaco para tirar a poeira, fazia perguntas e olhava para a fazenda.

Avó Joana saiu da casa-grande e ele conversava com ela. Logo vi dois negros carregando os seus baús de viagem, e um feitor que saiu a toda velocidade, montando o cavalo mais veloz da fazenda, com certeza ia buscar o administrador na casa de sua amante.

As minhas pernas tremiam, senti o suor escorrendo por todo o meu corpo. O que seria da sinhá? E o que seria de nós? Só tínhamos uma solução: fazer com que a sinhá abortasse aquela criança. Não havia outra solução. Avó Joana que me perdoasse, mas eu mesmo iria preparar a droga para oferecer a ela.

Avó Joana se aproximou e falou baixo:

– Amanhã, você precisa ir com urgência até a cidade e contar o que está acontecendo ao doutorzinho. Vamos ver se ele encontra alguma saída para ajudar a nossa sinhá. Quanto às suas idéias, fique longe delas! Você é um escravo, não um assassino! Nem eu, nem você temos o direito de matar as criaturas de Deus. Ninguém tem esse direito!

– E como é que esta criatura pode nascer? A mãe o colocou em uma situação sem saída! A senhora acha que o sinhozinho não vai matar mãe e filho? Não será melhor sacrificar um?

– Não fale tolice, Miguel! Cuide do seu trabalho e não deixe que ninguém perceba o seu medo. Isso é coisa de quem não pensa no que faz! Se você não tivesse alcovitado esses dois desmiolados, talvez isso não estivesse acontecendo! Agora você vai ter de ajudá-los!

– Como é que eu faço para ir até a cidade? Quem vai me acompanhar?

– O feitor! Eu já conversei com ele, e disse para ir buscar algumas coisas que a sinhá precisa para restabelecer a saúde. Temos que aproveitar este momento, pois o senhor ainda não se inteirou dos problemas. Quanto ao administrador, este não vai se incomodar: sabe que você levará proventos para o filho.

– E a sinhá?

– Eu vou voltar lá e prepará-la para enfrentar o pior! Ela está dormindo, nem imagina que quando abrir os olhos vai deparar-se com o seu maior inimigo, o próprio marido! O inferno vai começar, filho! O inferno vai começar, se Deus não tiver misericórdia de nós.

A fazenda ficou abalada com a notícia da chegada do senhor, só se via negro de olhos arregalados. As crianças foram recolhidas para dentro da senzala; elas não entendiam por que não poderiam ficar brincando no terreiro de terra batida que cercava a senzala.

Avó Joana nos contou que a sinhá desmaiou quando foi notificada da chegada do marido, e que ele entrou no quarto e lamentou o estado dela. Porém, com olhos de serpente, perguntou:

– Desde quando está assim? Eu soube que você curou-se após a minha partida, fiquei contente em poder contar com a sua ajuda entre os cativos. E agora, justo na minha volta, você tem outra recaída?

O administrador chegou cheio de explicações. De fato, a fazenda estava muito melhor do que quando o senhor a deixou. Os negros, tranqüilos, trabalhavam melhor e com gosto. Financeiramente ele com certeza estava satisfeito.

Escondidos em nossos barracões, nós olhávamos pelas fendas das janelas. Os dois estavam na varanda conversando. Já tarde, uma das negras que serviam na casa-grande retornou à senzala, e nós ficamos tensos aguardando a visita da avó Joana, pois através dela nós ficávamos sabendo o que se passava lá dentro, e ela nos alertava quando necessário.

Pouco tempo se passou, e lá vinha avó Joana com sua chaleira de ferro na mão. Passou pelos feitores e serviu a eles o seu chá, arrastando os chinelos de corda gastos pelo tempo. Ela entrou no barracão. Nós nos certificamos de que os feitores não estavam na janela escutando, e então perguntamos a ela o que sabia sobre a vinda do senhor.

– Ele venderá a fazenda, e pretende voltar para sua terra, inclusive levando a sinhá! Segundo o que me disse Amélia, ele já tem um comprador para as terras, parece que é um primo dele. A dificuldade é que esse primo só quer comprar esta fazenda, e não a do pai dele. Mas se as duas fazendas viraram uma só, como é que ele vai fazer?

Passamos uma noite de cão; acredito que ninguém conseguiu dormir em paz. E quando fechamos os olhos, foi para ter pesadelos. Levantei cedo, os animais já estavam prontos para a viagem. A negra velha me entregou um saco lotado de coisas para levar para o senhor e eu pensei comigo mesmo: o saco mais pesado quem está levando sou eu! Um saco de problemas. O que é que aquele fidalgo vai fazer com a sinhá? Avó Joana está errada em pensar que pode ajudar esta criança a nascer! Na volta falarei com ela, temos que agir logo, antes que esta criança se forme.

Na cidade, nem precisei me esforçar para ficar a sós com o doutorzinho: o feitor quase me empurrou pra cima dele. Na frente da pousada, ele me entregou o saco de mercadoria e me disse:

– Fique aí até que eu volte! Tenho que ir comprar algumas coisas no armazém e na volta pego você! Pode ficar sossegado e converse as novidades da fazenda com o doutor, está bem?

Entendi que ele sabia que eu estava a par do romance entre o doutorzinho e a sinhá. Fiquei perplexo! O feitor nem desceu do cavalo: saiu a galope, deixando-me parado e sem ação. Logo estava diante do sinhozinho, relatando a ele todos os acontecimentos, inclusive da gravidez da sinhá.

Ele sentou-se na cama e baixou a cabeça, cobrindo o rosto com as mãos. Vi lágrimas escorrendo entre os seus dedos. Senti um aperto no coração; às vezes a revolta de ser escravo nos deixava cegos: os brancos e fidalgos também sofriam tanto quanto nós.

Naquele momento, senti pena dele. O doutorzinho não era um irresponsável, como eu mesmo cheguei a pensar. E depois, quem é que pode segurar sentimentos quando eles vêm do coração? Eu acho que julguei mal tanto ele quanto a sinhá: nenhum dos dois era culpado por se apaixonar.

Ficamos um bom tempo em silêncio, o sinhozinho secou o rosto e me pediu para ajudá-lo a arrumar suas coisas, ele voltaria conosco!

– Mas, sinhozinho, nós não viemos preparados para levá-lo!

– Não importa! Vamos alugar uma carruagem. Voltarei com vocês. Preciso ficar perto dela, ninguém vai tocar um dedo nela nem no meu filho! Nós não planejamos nossos sentimentos, eles simplesmente surgiram! Aconteceu e nos amamos! Não é simplesmente uma aventura, Miguel, é amor. Não sei se você pode entender o que sinto por esta moça, mas posso lhe afirmar que não a deixarei sozinha.

Antes de partirmos, vamos até a casa da ex-dama da sinhá. Ela conseguiu vender as jóias de sua patroa, e se encarregou de dar a comissão ao cocheiro que devolveu as jóias. Aliás, ele está enriquecendo da noite para o dia. Juntou-se com alguns capitães-do-mato e está vendendo e comprando escravos como se fossem pedras preciosas. Segundo a ex-dama de Margaret, ele está ganhando dez vezes mais do que ela.

Eu me lembrei do cocheiro que jurou enriquecer para casar-se com a minha sinhá. Será que ele esqueceu essa idéia?

Assim, acompanhei o doutor, que acertou a conta da pousada, dizendo que precisava ir até a fazenda. A dona insistiu que ele poderia ir sossegado para acertar na volta, mas ele disse que preferia pagar tudo, pois não sabia por quanto tempo ficaria por lá.

Contratou uma carruagem e subiu, pedindo-me para segui-lo montado em meu cavalo. Despediu-se da dona da pousada e fomos embora.

Ele parou a carruagem bem em frente da casa da ex-dama da sinhá, e mandou que amarrasse o animal, o cocheiro tomaria conta. Peguei o saco de proventos que tinha trazido da fazenda e o acompanhei, a pedido dele. Subindo as escadas, ele me pediu que fosse falar com Anita e Antônio e informasse a eles o que acontecia na fazenda. Eu também deveria avisar Antônio que tomasse muito cuidado, pois o senhor estava de volta à fazenda. Mesmo escondido na casa de diversões, ele não deveria facilitar.

Anita me abraçou chorando:

– Miguel, que saudade! Que bom vê-lo aqui, meu irmão! Me dê notícias da sinhá e do nosso Frederico! Ele deve estar lindo, não é mesmo? Vou dar um jeito de trazer Antônio até aqui, ele vai ficar feliz da vida em ter notícias do menino e da sinhá.

– É, Anita, Frederico está lindo e saudável, porém a paz que tivemos todo esse tempo está ameaçada com o volta do sinhozinho! Ele quer vender as fazendas e levar a sinhá embora daqui. Pobre Frederico, que destino o dele!

Antônio veio e chorou quando eu lhe contei sobre o filho. Ele queria saber com quem ele era parecido, se estava andando, se já falava alguma coisa.

O doutorzinho mandou um mensageiro levar um recado para o feitor: que viesse até onde estávamos, que iríamos seguir viagem.

O feitor achou estranho o moço voltar assim, de uma hora para outra. Aproximando-se de mim, perguntou:

– Miguel, o que é que o doutor vai fazer na fazenda? Você contou pra ele que o senhor voltou?

– Sim, falei. Talvez seja esse o motivo dessa volta. Os pais dele estão lá; o senhor pode pedir pra eles se mudarem, e o filho deve estar presente, o senhor não acha?

– Não, eu não acho, e você também não acha! Ele está indo por causa da sinhá, e eu sinto cheiro de sangue, só Deus sabe o que vai acontecer. Nós sabemos que eles estavam tendo um caso, e você, Miguel, acobertou esses dois. Se os feitores forem intimados a falar a verdade, você vai ser chamado para depor a nosso favor!

Eu nem respondi, engoli seco. Nós não tínhamos escolha. Quando éramos obrigados a fazer o que os feitores desejavam, que fosse feito. O jeito era rezar para que eles não fossem chamados para contar o que sabiam.

Chegamos na fazenda, e vi que todos estranharam a volta do doutorzinho. As únicas pessoas que gostaram de vê-lo foram os pais.

O sinhozinho ficou meio desconfiado, porém, tratou-o com educação. Após cumprimentar a mãe e o pai, ele virou-se para o senhor e perguntou pela sinhá. O marido respondeu que ela estava acamada, mas era coisa passageira.

Avó Joana me arrastou para o barracão da senzala e me perguntou:

– O que o doutor faz aqui na fazenda?

Eu contei a ela o que ele me disse. Ela ficou calada e pensativa, e sem se dar conta falou alto:

– Vai correr sangue por aqui...

No outro dia, cedo, o feitor pediu que eu preparasse a carruagem, pois o senhor e nosso administrador iriam sair. Logo após o desjejum os dois subiram na carruagem e seguiram viagem. Eu fiquei parado, olhando até a carruagem se perder na estrada.

Corri com um feixe de lenha seca para fazer as raspas de acender o fogão, mas a minha intenção era outra! Lá do fundo dava para ver o quarto do doutorzinho. Vi quando ele abriu a janela do quarto, puxei a Zinha pelo braço e pedi:

— Vá ver se o senhor entra no quarto da sinhá. Cuidado para não dar na vista.

— Miguel, pelo amor de Deus, as coisas estão ficando feias por aqui! O que é que nós podemos fazer? Não podemos nos meter na vida dos nossos senhores, e ao mesmo tempo não podemos ficar de braços cruzados, pois o castigo, quando vier, será pior para nós.

— Vá, mulher, e pare de falar! O que eu estou lhe pedindo é justamente para ajudar aqueles dois, e a nós também!

Alguns minutos depois ela voltava, me dizendo que o sinhozinho estava no quarto da sinhá. Combinamos então que eu ficaria na frente da casa e ela deveria ficaria circulando de dentro para fora; qualquer perigo eu a avisaria, e ela correria até o quarto e avisaria os dois. Infelizmente tínhamos que fazer isso pelo nosso bem, ser até alcoviteiros.

Tudo estava calmo; os feitores, em silêncio, apenas trocavam olhares e cochichavam. Nem precisava ser adivinho para saber do que eles falavam. Não sei o porquê, mas me senti mais seguro tendo o doutorzinho na fazenda. Ele não ia deixar que o sinhozinho fizesse nada contra a sinhá, eu sabia que ele realmente a amava.

Já escurecia quando avistamos a carruagem chegando. Acho que todos os viventes ficaram apreensivos. Graças a Deus a sinhá menina estava sentada na varanda conversando com a sinhá velha. Ela estava abatida, mas a chegada do amante lhe fez bem.

Na hora do nosso jantar, o feitor veio nos trazer um recado:

– Amanhã cedo, todo mundo em frente da casa, que o senhor tem novidades para vocês, quer dizer, para todos nós! – disse isso olhando para mim.

Naquela noite, avó Joana, mexendo suas ervas no tacho de ferro, invocou todas as forças da natureza presentes naquelas folhas para curar os doentes da alma que estavam precisando de saúde espiritual.

Zacarias, antes de deitar-se em sua rede, falou conosco sobre o que nos esperava no outro dia. Fosse o que fosse, que mantivéssemos a calma. Nada seria diferente daquilo que Deus já tinha preparado.

Passamos a noite em silêncio; ninguém roncava, todos se mexiam de um lado para outro, ninguém conseguiu dormir!

No outro dia, pela manhã, rodeamos o grande terreiro da casa, esperando o nosso sinhozinho. A espera pareceu consumir um século, tamanha era nossa aflição. Ele apareceu acompanhado do administrador. Os dois sentaram-se um de frente para o outro. Não estavam presentes nem a sinhá velha, nem a sinhá menina e nem o doutorzinho!

O nosso sinhozinho não fez rodeios, e falou com autoridade:

– Quero avisá-los de que na próxima semana vocês terão um novo senhor, que irá assumir as terras com tudo que houver dentro delas. Eu e a sinhá vamos partir, assim como o administrador e sua família, que deverão retornar à sua fazenda. Nestes dois dias, torno a voltar à cidade para assinar os papéis de venda definitiva! Não me decepcionem, pois eu recomendei ao novo senhor que continue agindo no tratamento com vocês como sempre foram tratados! De todas as fazendas desta região, vocês são os negros mais bem tratados, por isso não justifica o que aqueles dois ingratos me fizeram! Fugir e ainda por cima me roubar! Eles me roubaram! A queixa está aberta... Mais dia menos dia eles terão que aparecer, e aí acertaremos contas! Eu estarei em outro país, mas eles me pertencem, faço questão de vir resolver pessoalmente! Foram os únicos que eu não quis vender! O senhor queria me pagar por eles, correndo o risco, mas eu recusei! É uma questão de honra, e tem muita gente trabalhando para mim.

O administrador fez suas recomendações e não economizou mentiras: disse que não tinha arredado os pés dos cuidados com a fazenda, e que estava satisfeito com os resultados obtidos na ausência do seu sobrinho.

Nos entreolhamos. Então o doutorzinho era primo do senhor?

Quem seria o novo dono? Passamos o resto do dia nos perguntando. E não chegávamos a nenhuma resposta. Quem sabe as mulheres, com seus encontros amorosos com os feitores, não ficariam sabendo? Era comum mulher colher informações nestes encontros amorosos e nos informar dos acontecimentos.

No outro dia, foi dito e feito! Uma das mulheres trouxe a novidade: o novo dono da fazenda era um rapaz jovem e afoito, que queria transformar a fazenda com outra agricultura: em vez de cacau, ele iria plantar café! Ficamos assustados e temerosos.

Zacarias comentou: esses jovens que querem ficar ricos a qualquer custo às vezes se transformam em cópias do diabo! Mas não adianta ficarmos aqui chorando, o que tiver de ser já está feito! Não somos nós que vamos impedir a vontade de Deus. Só há um meio de podermos ajudar a Deus a mudar o mundo: trabalhando e lutando para um dia sermos todos iguais!

Um dos negros comentou:

– Zacarias, acredita que vai chegar esse dia em que negros e brancos vão ser tratados de igual para igual?

– Acredito, sim! E é o que nós devemos fazer: trabalhar e lutar para aqueles que virão depois alcançar o que estamos deixando pra eles. Estas terras plantadas, esses rios limpos, esses jardins floridos, estes pastos cheios de bois e cavalos, estradas abertas, tudo melhor e mais moderno! Tudo isso que nós estamos fazendo para os brancos pode ser nosso amanhã! Eu posso morrer e voltar branco! Ou posso morrer e voltar um negro tendo os mesmos direitos que os brancos! Você acredita ou não acredita em nossos guias? E olhem aqui meninos: quantas vezes vocês todos já ouviram as histórias contadas pelos mais velhos dos sofrimentos daqueles que estiveram aqui antes de nós? Até o Filho de Deus foi castigado e tratado como escravo!

Ele sabia colocar as palavras com tanto jeito que era impossível não parar para ouvi-lo. Foi um silêncio geral.

Ele, suspirando fundo como se estivesse voltando para algum lugar do passado, continuou falando:

–Vocês sabem que, além dos sofrimentos piores que os nossos, os brancos malvados mandavam castrar os negros como se fossem animais! Graças a Deus, isso não é comum nos dias de hoje, desde a época em que eu estou na fazenda; e me lembro das coisas como gente grande. Só sei de três casos que eu mesmo vi com meus próprios olhos. Um foi do nosso feitor que mexeu com a filha do senhor; ele se matou no outro dia. E a menina foi levada para um convento de freiras, e não sabemos o fim dela até hoje. Outro foi um negro que teve a infelicidade de gerar uma criança branca, eu também nunca tinha visto nascer criança branca de pai negro! Mas eu juro pra vocês que a criança era filha da mulata e do negro! Aconteceu que a mulata era filha do sinhozinho; ele, branco que nem leite, com os olhos da cor do céu, e tendo o diabo no couro. Toda menina-moça era feita mulher por ele!

– O filho do negro e da filha dele deu no que deu: branco de olhos claros! E como a filha legítima dele, branca que nem algodão, no mesmo dia teve um filho negro, o senhor achou que o negro roubou o neto dele, colocando o negrinho no lugar. Então, junto com o genro, arrastou o coitado do negro até o curral e o castraram na frente de todos os negros, homens, mulheres e crianças, dizendo que nunca mais ele faria um filho, assim não punha em risco os herdeiros da fazenda. Trocaram as crianças: ele entregou o negrinho para a mulata e o branquinho foi a sua outra filha. Ficamos sabendo depois que a filha dele teve um romance com um negro da fazenda, o pai do filho dela.

– Ele sobreviveu e criou o neto do seu senhor, e o filho dele se tornou homem e assumiu a fazenda como o novo senhor. Eu saí de lá por causa das minhas qualidades com as ervas. Ele continuou, e deve viver até hoje, sendo escravo do próprio filho, e o verdadeiro herdeiro sendo escravo de sua própria fazenda.

– O terceiro caso foi pior ainda! Santo Deus, eu nem gosto de me lembrar, me dá arrepios! Um mulato, que era filho de um senhor de outra fazenda, foi vendido por exigência da mulher dele para outra fazenda. Como o coração não tem tramela, a filha do senhor e o mulato se apaixonaram, e eles preferiam a morte a se separarem. Levaram um bom tempo tendo seu romance escondido; porém, como toda moça fidalga, o pai arrumou um pretendente. E ela teria de se casar, como todas as moças filhas dos senhores, que obedeciam sempre a vontade dos pais. No desespero da separação, os dois se descuidaram e foram descobertos por um feitor que não tinha o sinal de Cristo em seu coração. Foi correndo contar ao senhor o que tinha visto.

– O senhor, tomado pelas forças que alimentam o mal, preparou tudo e seguiu a filha até o velho celeiro abandonado, levando o feitor junto. Lá se encontrava o mulato Jeremias. O pai teve a capacidade de esperar que eles tirassem as roupas; e teve a prova de que a filha já não era virgem, perderase com um negro! Então eles entraram no celeiro. O senhor amarrou Jeremias e mandou o feitor ter relações sexuais com a filha na frente do mulato, que nada podia fazer. Depois de todo o sofrimento aplicado à filha, foi a vez do mulato sofrer!

– O feitor, a mando do pai, arrastou a moça até onde se encontrava o mulato e, pegando na mão dela, decepou o órgão sexual do mulato. Feito isso, amarrou os dois, trançando uma corda nos seus corpos, e o próprio pai ajudou a levar os dois até o rio que era conhecido pelos cardumes de piranhas acostumadas a comer gente. Ele jogou os dois e ficou olhando, até que não avistou mais nada do corpo de sua própria filha.

Enquanto ouvíamos, ficamos pensando e vendo as cenas. André perguntou:

– O senhor conheceu esse homem de verdade?

– Ele foi o meu senhor! Eu conheci o mulato e a pequena sinhazinha, que morreu por ter amado quem não podia! Quando eu saí de lá era da sua idade, Miguel, muito jovem! Não acredito que o meu senhor esteja vivo! Eu já estou esse resto de gente, imagine ele, que já era homem dos seus 40 anos!

A Saga de uma Sinhá ～ 209

Antes de deixar a fazenda, muitos negros comentavam que ouviam gemidos no velho celeiro, e que o próprio senhor não ia mais ao rio. Cada vez que ele tocava na água do rio, a água virava sangue! Não posso afirmar que isso era verdade, porque nunca vi; eu não tinha permissão de me afastar da fazenda. Eu só digo e atesto um fato se eu mesmo o presenciei! Mas gente de toda confiança me contou que ouviu gemidos no celeiro, e que ficou todo arrepiado. Foi o negro Sebastião, que não era de contar lorotas, era um negro sério. E uma negra que se deitava com o tal feitor criminoso nos contou que ele acordava gritando! Dizia que tinha alguém apertando o pescoço dele, outras vezes reclamava do gosto de sangue na boca. E que ele disse pra ela que não podia mais beber água daquele rio, porque quando pegava a caneca pra beber, a água virava sangue! Muitos casos iguais a estes, e ainda piores, aconteceram aqui e acolá, antes de nós. Se eu for contar pra vocês o que já vi e ouvi dos mais velhos sobre os sofrimentos dos escravos, vocês vão levantar as mãos para os céus e dar graças a Deus! Por isso é que lhes peço: vamos trabalhar, com bondade, para que os nossos descendentes possam amanhã colher o que nós semeamos hoje. E não podemos duvidar dos nossos guias espirituais, nós mesmos podemos vir colher pessoalmente!

André comentou:

–Meu Deus! Ainda bem que nós nunca passamos por isso!

– De certa forma, não! Porém não se esqueça de que estamos com um problema que pode trazer derramamento de sangue a esta fazenda: o doutorzinho e sinhá menina! Temos que rezar muito e pedir proteção pra eles dois, eu não sei como essa história vai acabar. Vocês ouviram o que disse o senhor: que iria embora e levaria a sinhá! – disse Zacarias, e continuou falando: – A sinhá vai embora, vem outro senhor... Vamos continuar juntos ou não? E se ele resolver nos vender, trocar, jogar na rua, nos matar! Ele pode fazer conosco o que bem entender, somos suas propriedades!

– Mas e o filho da sinhá? Vai crescer sendo escravo de sua mãe? Vejo esta história se repetindo em cada rostinho mulato desta fazenda! Os feitores desta fazenda muitos são o quê do nosso atual senhor? O pai desses feitores está bem longe, e esquecido deles. E os mulatos que estão lotando as fazendas do Brasil são o que dos nossos senhores brancos?

Ficamos em silêncio, pensando e dando razão ao que disse Zacarias. Ali mesmo, na fazenda, tínhamos filhos do nosso antigo senhor, sendo feitores do próprio irmão; tínhamos mulatas que mantinham relações sexuais com estes feitores, sendo eles irmãos! Nenhum deles tinha culpa, nem todos sabiam que eram irmãos.

– Vamos cuidar de nossas lidas e esperar pela vontade de Deus! – E Zacarias se levantou.

Capítulo VIII

Novo plano em ação

Passamos um dia tenso, mas cada um procurou cumprir com o seu dever. As mulheres cochichavam de um lado, os homens do outro; e os feitores estavam tão preocupados entre eles que nem prestavam atenção nos escravos.

No fim da tarde, eu achei muito estranho o pedido que me fez a sinhá menina: "Queria dois cavalos preparados para passeio". Ela e o marido iriam dar um passeio pelas redondezas da fazenda. Ela se retirou, e eu fiquei pensando: *Meu Deus! Como é que esta criatura, no estado em que se encontra, enjoando pela gravidez, vai sair por aí a sós com este homem que já tentou matá-la? Será que o doutorzinho sabe disso? Eu não estou entendendo é nada! Mas, como diz sempre avó Joana, eles, que são brancos, que se entendam! Chega de me preocupar com quem não tem juízo!*

Enquanto fumávamos o nosso cigarro de palha, eu comentei com Zacarias sobre o pedido da sinhá menina. Avó

Joana, que estava pitando o seu cachimbo, continuou olhando para as estrelas que mudavam de lugar no céu.

– O que você acha disso, Joana? – perguntou Zacarias.

– Eu? Acho que vamos ter grandes surpresas por aqui! Vamos rezar e pedir proteção a nossas entidades. O vento que está parado sobre essa fazenda é de tempestade, e não podemos fugir e nem interferir. Quem somos nós diante de um dragão? – respondeu ela.

– Você me assusta, mulher! Quem conhece esse seu olhar sabe que você está vendo os resultados dessa tempestade! – disse Zacarias.

– Quanto a você, Miguel, faça o que mandam os seus senhores. Você é um escravo mandado, não tem que ficar choramingando pelos cantos e nem querer bancar o herói, arriscando sua vida e as nossas, por causas que já estão perdidas! – recomendou avó Joana.

No outro dia, fiz como a sinhá me pediu e deixei os dois melhores cavalos prontos para o passeio. Logo após o café da manhã os dois desciam as escadas da varanda, preparados para montar. Ele até sorria, e deu a mão para ela, que também sorria.

Eu acho que de fato não entendo os brancos! Pensei. Como é que a sinhá pode estar rindo desse jeito, acompanhando um homem que só não matou o filho dela pela misericórdia de Deus e a nossa ajuda? E o doutorzinho? Será que ele estava aceitando tudo aquilo sem fazer nada?

Entreguei o cavalo dela, e o senhor a ajudou a montar. Ela nem ao menos notou que eu estava ali. Os dois saíram galopando lado a lado. Olhei em direção da casa-grande, e o doutorzinho estava na varanda. Parecia muito tranqüilo.

A Saga de uma Sinhá 🙥 213

Continuei o meu trabalho, estava muito decepcionado. Pobre Frederico, sua sorte não era diferente da nossa! Estava trancado na senzala, dormindo no chão e em cima de uma esteira, e sua mãe verdadeira não pensava mais nele. Senti uma revolta muito grande! As escravas morriam pelos filhos, mesmo eles não sendo filhos gerados por amor, e as brancas não sentiam o mesmo amor pelos filhos?

Assustei-me quando ouvi a voz do doutorzinho atrás de mim. De um pulo só, me levantei.

– Miguel, onde está o meu pai?

– Ele saiu cedo, senhor – respondi.

– Bom, todos parecem que encontraram uma ocupação pra hoje. Não sei se ainda posso tomar alguma decisão sem pedir permissão para o senhor dono desta fazenda, mas, na ausência dele e de sua sinhá, o feitor chefe responde. Vou falar com ele. Quero que você me prepare um cavalo para viagem. Voltarei para a cidade. Vou pedir ao feitor que me deixe levar um dos seus ajudantes, para que ele retorne com o animal.

Ele saiu, e eu corri a preparar os arreios. Então ele estava indo embora. E a sinhá? O que iria fazer com a gravidez? Como é que ela iria explicar ao marido sua gravidez? Ou será que ela lhe contou a verdade, e ele aceitou? Uma vez que o pai da criança era seu falso primo, poderia muito bem passar como se fosse filho dele!

Minutos depois, os feitores chegavam e me ordenavam preparar os dois cavalos de viagem. Enquanto eu os preparava, eles conversavam, dizendo que o feitor voltaria no outro dia trazendo o animal que levaria o doutorzinho.

O senhor amarrou na garupa do animal um saco de viagem com suas roupas, despediu-se da mãe, que ficou aos prantos, e acenou para os feitores, que trocavam olhares entre si; pareciam tensos, mas tranqüilos com a decisão do senhor em partir.

– Até logo, negro Miguel – disse o doutorzinho, olhando-me como se quisesse me dizer outra coisa no olhar.

O sol já estava no meio do céu; era quase meio-dia quando avistei uma tropa de cavaleiros entrando na cancela principal da fazenda. Senti minhas pernas tremerem e um frio no coração. Meu Deus, O que será que aconteceu? Alguém segurava o cavalo da sinhá, e ela vinha de cabeça pendida no peito. Outro cavaleiro segurava as rédeas de um cavalo que trazia o corpo ensangüentado do sinhozinho.

Mas não vi o cavalo que ele montava ao sair. Vi que a roupa azul dele estava toda vermelha, e era sangue!

Corri para avisar os feitores; logo o terreiro estava cheio de feitores e escravos assustados. Desceram a sinhá e a levaram para dentro de casa. O feitor mandou avó Joana tomar conta dela, e um dos feitores correu com uma rede. Chamando dois escravos, retiraram o corpo ensangüentado do senhor, colocando-o dentro da rede.

Foi um alvoroço só: o senhor estava morto! Foi o que escutei da boca de um feitor, que não me pareceu muito triste; pelo contrário: sem perceber que falava alto, ele disse:

– Hoje é um dia de sorte pra muita gente! Cada um tem uma sorte, a dele foi essa, coitado! Tentou corrigir o que tinha falado, depois que outro feitor lhe estendeu um olhar de desaprovação. Eu entendi muito bem que ele deu graças a Deus, e pra ser sincero, no meu íntimo, eu também!

Fiquei sabendo que o cavalo caíra de uma ribanceira, jogando-o precipício abaixo, e que ele bateu a cabeça nas pedras pontiagudas que formavam pequenas cadeias de montanhas naquele local. O pobre cavalo quebrou a perna, e estava sendo transportado num carro de boi. Eu corri para preparar os remédios pra ele. Entre a morte do senhor e o cavalo, Deus que me perdoasse, mas eu preferia o cavalo vivo a ele!

Levei um enorme susto quando fui cuidar dos animais da sinhá e do que trouxe o senhor. O animal estava lavado de sangue, e inquieto. Eu mal pude acreditar no que via: aquele era o cavalo no qual o feitor saíra montado, acompanhando o sinhozinho que fora para a cidade! Será que eu estava ficando louco? Só queria ver em que cavalo ele iria voltar montado no outro dia! Não sei se devia comentar com avó Joana e Zacarias, ou ficar bem calado!

A fazenda se encheu de gente. A vizinhança vinha prestar condolências ao morto, não porque ele tivesse amigos, mas porque era normal nessas ocasiões o vizinho aparecer. Sabíamos que era pecado, mas, nestas ocasiões, para nós era um divertimento ver caras diferentes.

À noite, avó Joana nos contou que a sinhá estava dormindo, tomou um chá forte e adormeceu, mas estava tudo bem com ela.

O administrador parecia inconformado. Deu ordens ao feitor para ir buscar o filho de volta, pois o momento pedia a presença da família.

O velório corria noite adentro. Havia bolo, café, conhaque, cachaça, vinho e outras comidas. As negras estavam amontoadas na cozinha, preparando o que seria servido aos que estavam no velório, e também fazendo seus comentários. Nós tomávamos café e até chegamos a beber um gole da boa cachaça lá no fundo da casa. Quando os senhores abriam suas bebidas, nós disputávamos quem iria lamber a garrafa para sentir o gosto. Rezávamos para ficarem restinhos nos fundos dos copos e das garrafas.

Avó Joana me chamou de lado e pediu que eu me sentasse perto dela.

– Miguel, responda sem mentir tudo o que eu vou lhe perguntar, está bem?

– Sim, senhora, o que é que a senhora quer saber?

– O primeiro a sair da fazenda hoje foi o administrador. Ele saiu sozinho?

– Sim, ele não quis nenhum feitor ou escravo para lhe acompanhar.

– Depois que a sinhá moça e o marido saíram, onde estavam os feitores?

– Ficaram conversando baixinho. Estavam todos reunidos no mesmo local.

– O doutorzinho saiu com um feitor. E como os outros se comportaram na saída deles?

– Do mesmo jeito: não saíram do lugar, conversavam baixinho o tempo todo.

– Você, nesse meio tempo, não percebeu nem desconfiou de nada?

– Eu não posso mentir pra senhora: achei estranho que o cavalo que eu preparei para o feitor é o mesmo que voltou trazendo o corpo do senhor!

– Santo Deus! Então é isso! Deus que nos perdoe, mas ele não morreu pela vontade de Deus, e sim por outras vontades! Miguel, meu filho, fique com sua boca fechada, não conte a ninguém o que me contou, ouviu?

– Pode ficar sossegada, avó Joana, vou ficar calado.

No outro dia, cedo, esperei, escondido, pela chegada do feitor e do doutorzinho. Eles me apareceram em uma carruagem! E os cavalos? E o feitor e senhor que nem cobrou nada do outro feitor?

A sinhá não desceu para ver o caixão do marido. O administrador disse a todas as pessoas que ela estava em estado de choque! E que ela precisava de muitos cuidados, justamente agora que o marido voltou e estava cheio de planos.

Dois dias depois da morte do senhor, o administrador foi até a cidade, acompanhado do filho e de dois feitores. Soubemos que ele portava uma carta da sinhá desfazendo o negócio da venda da fazenda.

A vida continuava. A sinhá andava pelos jardins, o doutorzinho não falou mais em voltar para a cidade, e à noite ninguém mais via luz de lampião no quarto dele. O administrador voltou a dar ordens na fazenda; os feitores estavam tranqüilos, trabalhavam rindo e trocando piadas entre si.

A barriga da sinhá começou a aparecer. Ela já estava no quarto mês de gravidez, era o que se ouvia falar; mas nós sabíamos que na verdade ela estava no sexto mês. Um dia eu vi o doutorzinho com a mão na barriga dela, fiquei envergonhado e pensando: *A sinhá deveria ser mais cuidadosa... Pra que mostrar essas intimidades? Quem não soubesse do caso dela podia passar a desconfiar!*

Em um dia chuvoso, eu vi uma correria na casa-grande. Avó Joana recomendou que eu preparasse alguns medicamentos, coisas que eu já conhecia. Era para cuidar de mulheres na hora do parto!

O administrador e o filho ficaram sentados na varanda bebendo conhaque. O doutorzinho andava de um lado para o outro, entrava e saía; eu entendi o que se passava: era o filho dele que estava nascendo!

Lembrei-me do Frederico. A sinhá, sua mãe, mandou renovar inteiramente os barracões da senzala, e as crianças ganharam coisas que jamais sonharam: brinquedos, roupas, calçados, etc.

No fim da tarde, ouvimos um choro de criança, e o doutorzinho saiu correndo pra dentro de casa, seguido pelo pai. Ficamos sabendo que a sinhá deu à luz uma menina! Um feitor comentou que mesmo sendo de sete meses ela tinha um fôlego e tanto!

Na semana seguinte, veio o homem do cartório fazer o registro da criança, com o nome de Rafaela. Ouvi um dos homens do cartório comentando com o feitor:

– É uma pena! Já nascer sem a presença do pai! O choque da morte do marido antecipou o nascimento da pequena; veio ao mundo de sete meses e nem vai conhecer o pai!

Eu até dei risada! Coitada da menina! Primeiro ela nasceu na sua hora certa, graças a Deus, e teve muita sorte em não conhecer o marido de sua mãe! Quanto a ter pai? Ele ia crescer ao lado do pai, dos avós, do irmão!

E Frederico? Ele, sim, me dava pena e me deixava revoltado! A sinhá não olhava mais para ele! Seria pela sua cor?

E agora que o senhor não estava mais na fazenda, a sinhá poderia trazer o Antônio e a Anita de volta, e se ela não queria o filho deveria entregar para o Antônio, que ele iria dar carinho e amor para aquela criança sofrida! Só de me lembrar o quanto me arrisquei para salvá-lo! Atravessei o rio com ele amarrado em minhas costas, ouvindo o seu choro.

Dois meses se passaram. O administrador andava com a menina pra cima e pra baixo, no colo. E o doutorzinho, então? A sinhá estava bonita, rosada e voltou a sorrir.

Uma tarde, eu vi a sinhá sair com a menininha no colo. Ela não me viu, e não tinha nenhum feitor nos arredores da casa. Ela foi até a senzala e sentou-se num toco de madeira. Pediu para trazer Frederico, entregou a menina pra mãe adotiva dele e o pegou no colo. Ele começou a chorar, estendendo os bracinhos; chamava pela "mãe preta" dele.

Vi a sinhá secando uma lágrima. Entregou o menino e pegou a nenê, e ficou conversando com Maria do Céu. De vez em quando, passava a mão no filho, que se agarrava à sua "mãe preta". A Maria já tinha me dito que não sabia explicar o porquê, mas Frederico era mais agarrado com ela do que o seu próprio filho.

Fiquei feliz com a cena: coração de mãe é sempre coração de mãe! Ela não desprezava Frederico como eu pensava! E assim eu pude testemunhar que todas as tardes ela dava um jeito de ir ver Frederico.

Ninguém mais falava da morte do senhor. Na fazenda, tudo corria às mil maravilhas; tudo se renovou, não havia brigas e nem desavenças, e a paz parecia ter vindo para ficar entre nós.

Só eu é que de vez em quando tentava entender sobre o que acontecera com a troca de cavalos. Como foi que o sinhozinho voltou morto no cavalo que eu preparei para o feitor? Como se explicava isso?

Mas a avó Joana me pediu que ficasse de boca fechada sobre essa história, e eu realmente não comentei nada com ninguém, nem mesmo com Zacarias, que era nosso verdadeiro pai e mestre.

O doutorzinho me chamou e pediu que eu preparasse uma carruagem para o outro dia. Eu deveria ir junto com ele; iríamos à cidade, e a sinhá não poderia nos acompanhar, porque a filha ainda mamava e ela não queria judiar da criança levando-a em uma viagem cansativa.

Eu preparei a carruagem, me preparei também, e estava muito orgulhoso: fazia um bocado de tempo que eu não saía da fazenda. No outro dia seguimos viagem; um feitor e mais um escravo também foram juntos.

Na cidade, ele deixou o escravo e o feitor no armazém e me chamou, falando em voz alta para que eles ouvissem:

– Você vem comigo. Enquanto eu vou resolver alguns assuntos de negócios, você irá até a igreja comprar alguns santos para a minha mãe. Ela fica muito feliz com novos santos. Eu, como não entendo de santos, não sei os que ela já tem. Você deve saber, então compre os que ela ainda não tem!

No caminho para a igreja, ele me disse:

– Miguel, todo esse tempo você deve ter imaginado que eu sou um crápula, não?

– Não, senhor! Eu não costumo julgar as pessoas.

– Pois bem, Miguel, eu não sou tão bom como deveria ser! E nem sou o diabo encarnado! Porém, a minha consciência me pede para lhe dar uma explicação! Afinal de contas, devo muito a você. O que vou lhe contar agora é para ser enterrado no pó dessa estrada, entendeu?

Apenas balancei a cabeça. Um frio percorria o meu corpo, deixando-me todo arrepiado. A cena do senhor chegando todo ensangüentado me veio à mente.

– Pois bem, Miguel, de uma forma ou de outra você está entre nós. Eu sou conhecedor de tudo o que você fez para ajudar a sua sinhá, os dois escravos e o filho dela. Quero que você saiba de uma coisa: não sei qual será o meu castigo no outro lado da vida, mas eu precisava fazer o que foi feito! Antes que morressem muitos inocentes, que morresse um só e nada inocente! Veja só o que eu descobri: o senhor estava negociando esta fazenda com um sujeito que subiu na vida roubando e explorando escravas. Você o conheceu! Ele recebeu uma quantia imensa da sinhá quando devolveu aquela bolsinha, e só devolveu porque não podia vender; ele sabia que seria investigado, e podia ser preso como ladrão, e de fato ele é um ladrão. E sabe o que mais? Ele estava negociando a fazenda, vocês e a sinhá. O sujeito contou tudo para o senhor, inclusive onde estavam Antônio e Anita. Ele ia vingar-se de todos, e iria descobrir com certeza o filho da sinhá e dar cabo da vida dele. Ele não tinha plano de levar a sinhá para lugar nenhum! Mas planejava arrastar Antônio e Anita com ele, e só Deus sabe o que ele iria fazer!

– Eu fui homem o suficiente para contar ao meu pai meu envolvimento com a sinhá. Revelei que ela estava grávida de um filho meu, e relatei todo o plano que envolvia o marido dela. Meu pai se revoltou, e me deu todo apoio. Ele fez um levantamento, e descobriu que o maldito senhor planejava vingar-se da sinhá entregando-a para aquele ladrão ordinário.

– Os feitores mais velhos da fazenda, sabendo que rios de sangue iriam lavar estas terras, ficaram do lado do meu pai, e assim nós convencemos a sinhá a convidar o marido para um passeio. No começo ela resistiu, dizendo ser contra as Leis de Deus. Convencemos a sinhá de que esta era a única saída que havíamos encontrado para salvar tantas vidas.

– Eu não teria coragem de fazer o que o feitor fez, mas não posso negar que participei e acompanhei toda a trama. Na hora do acidente, tirei a sua sinhá do local; mas para que tudo parecesse mesmo um acidente, ela teve que voltar acompanhando o morto. E quanto à questão de registrar a minha filha com o nome dele, eu não queria em hipótese alguma, mas meu pai me convenceu que não haveria mal nenhum, uma vez que ele estava morto e, por lei e por direito, só como filha dele é que poderia ser herdeira de tudo.

Pensei bastante e conversei com a sua sinhá; chegamos à conclusão que seria o único caminho para se preservar inclusive a integridade dela. E por falar em integridade, quero lhe dizer que vamos ajudar o Frederico em tudo que se fizer necessário, mas a sinhá não poderá reconhecê-lo nunca como filho! Infelizmente não podemos, perante a sociedade, explicar o que aconteceu. Talvez Frederico se revoltasse mais com a verdade de sua gestação do que se vivesse livre no meio dos escravos! É isso o que eu vou fazer com Frederico: dar liberdade a ele! Vou colocá-lo em um colégio interno, para que ele estude e se torne alguém, independente de sua cor. E assim que tiver se formado, voltará para trabalhar conosco, assumindo um cargo de confiança e importância. Ele vai estudar fora do Brasil. Sei que Maria do Céu vai sofrer, porém hei de convencê-la a deixar seus dois filhos irem estudar fora. O mesmo direito que Frederico tem, o outro irmão, que dividiu com ele a mãe, também terá!

Eu só ouvia, não tinha coragem nem de pensar, que dirá de falar! Suava tanto que a minha roupa colou em minha pele.

O senhor, olhando-me, perguntou:

— Está com medo de mim, Miguel? Eu precisava lhe contar isso! Como lhe disse, não sei o castigo que me reservam do outro lado, mas não me arrependo do que fiz junto com

A Saga de uma Sinhá 223

os outros. Confio plenamente em você, e espero que jamais confie isso que ouviu a ninguém!

– Senhor, o que acabei de ouvir me deixou chocado, mas no fundo eu sabia que alguma coisa havia sido feita e bem pensada, pois o senhor voltou no cavalo que eu havia preparado para o feitor; e não dava tempo de o feitor ir até onde o morto se encontrava para trocar de cavalo!

– Miguel, mais alguém na fazenda percebeu isso? – perguntou o senhor, preocupado.

– Bem, senhor, a avó Joana e o Zacarias sabem. Eles me pediram sigilo absoluto, que eu nunca falasse sobre isso com ninguém! Acredito que eles sabem que o senhor não morreu de morte morrida, mas que houve alguma trama. Mas o doutor fique tranqüilo quanto a eles, pois os dois não contariam nem no tronco e nem nos pés de Deus o que desconfiam! Eles são assim: quando não têm certeza de uma coisa e julgam que é bom para todos, fazem de tudo para nunca ter a certeza em mãos!

– É o que dizem os mais experientes: não existe crime perfeito! Olha só que mancada essa! O feitor colocou o corpo no cavalo em que montava! Nem parou para pensar que alguém teria visto ele saindo e montando o cavalo que trouxe o morto!

Chegamos à casa de diversão onde Antônio e Anita viviam escondidos.

– Miguel, você segue para a igreja – disse o doutorzinho. – Pegue a autorização e a coloque no bolso. Se alguém na rua o parar, mostre o papel e pode seguir. Pegue estas moedas, vá até a igreja e compre alguns santos novos para a minha mãe. Compre o que você quiser comer, e não tenha pressa em voltar. Quando retornar, espere sentado aqui em frente, fique com o papel de autorização à vista.

Saí andando, e nem sentia os pés no chão. As palavras do doutorzinho martelavam em minha cabeça. Então a sinhá também participou da trama toda! Ela não era tão frágil como eu imaginava! Para acompanhar alguém que está marcado para morrer é preciso ter muita coragem.

E o feitor que acompanhou o doutorzinho, segundo o falatório, era filho do nosso antigo senhor, pai do sinhozinho; então eles eram irmãos! Como foi que ele teve coragem de fazer isso? O senhor era mesmo um monstro, mas ter coragem de ajudar a matá-lo era inacreditável! Eu acho que eu não teria... Ou teria?

Chegando à igreja o sacristão me reconheceu e me perguntou:

— E então, negro, o que veio buscar hoje para sua sinhá? Faz tempo que você não aparece, cheguei a pensar que a sua sinhá tinha morrido! Temos novos santos e santas, todos poderosos! Os fiéis precisam lembrar-se que os santos a cada dia aumentam sua santidade! Quanto mais fazem milagres, mais Deus dá poder a eles! E os preços continuam pequenos!

— Eu na verdade vim buscar muitos santos! O meu sinhozinho pediu que o senhor me entregue o dinheiro para o meu suco e o meu bolo, e o restante para levar em santos!

— Que bom, filho! Viva Deus! Esse é um bom cristão! É consciente, e sabe que precisa ajudar a igreja e os santos em serem conhecidos. Cadê o dinheiro que você trouxe?

— Aqui está! — Coloquei tudo em cima da mesa.

— É justo e correto dar de comer e beber aos viventes! Pegue estas moedas. Ali, naquela banca – disse, apontando para fora da igreja –, você vai comer e beber à vontade com esta quantia. Lembra-se dos santos que já comprou para sua sinhá?

– Se eu puder vê-los, vou lembrar sim, senhor! Os nomes eu não decorei, mas só preciso vê-los para os reconhecer.

– Muito bem, venha até aqui! Olhe com calma e vá dizendo quais são os santos que ela ainda não tem – pediu ele.

No final, entre os santos que ela ainda não tinha só sobravam cinco. Ele ficou pensativo, com as moedas na mão, e então me disse:

– Você levará os santos que ela não tem, mais as velas de que ela precisa, mais um pacote de incenso, alguns terços novos que chegaram, e um vidro de água benta para espalhar na casa. Avise a ela que os santos estão todos bentos! Aí está completo o pagamento. E avise a ela que logo, logo vão chegar de Roma santos novos para levar mais milagres para aquela fazenda, entendeu?

Enquanto ele embrulhava os santos, eu criei coragem e perguntei:

– Por que ninguém compra São Benedito?

– Ah, negro Miguel! Eu sei que é até injusto o eu vou lhe dizer, mas até eu acredito que São Benedito é branco. Acontece que um revoltado, algum escravo livre, para contrariar os senhores inventou que ele é negro! Ele fica ali escondido naquele canto. Já recebemos muitas reclamações para tirá-lo do meio dos santos brancos; repare que ele está do outro lado, escondido!

– Esse dinheiro que ficou para minha comida não pagaria por ele? – perguntei, olhando para a imagem e sentindo um aperto no coração! Será que até no céu havia preconceito?

Será que Deus dava poderes aos santos brancos e castigo para o santo negro?

O zelador coçou a barba, olhando para o santo e para o dinheiro na minha mão, e respondeu:

– Pensando bem, vamos fazer o seguinte: direi ao padre que o santo caiu e se quebrou! Ele vai ficar até aliviado, pois recebe tantas reclamações contra a imagem do santo! Vou lhe dar esse São Benedito! Você vai escondê-lo bem escondido! Os seus senhores não podem saber que tem uma imagem de um santo negro na fazenda! Reze todos os dias e peça também por mim, para que eu consiga resolver todos os meus problemas financeiros; e se ele fizer algum milagre lá na fazenda, venha me contar! E preste atenção: se alguém, por ventura, descobrir esse São Benedito com você e chegar alguma reclamação até o padre, direi que você roubou o santo! Que menti dizendo que ele havia se quebrado para não causar aborrecimentos a ele! Cuide bem do seu santo, e se ele for mesmo milagroso, vai fazer milagres para vocês, negros!

Agarrei-me com o santo, e senti uma alegria tão grande no coração! Eu nunca havia ganhado um presente tão valioso como um santo rejeitado! "Meu senhor São Benedito, venha comigo, terá todo o nosso amor! Eu prometo, meu santo protetor, que não vou mentir a seu respeito, vou lhe mostrar ao meu senhor e pedir permissão para o senhor ficar no meio de nós sem precisar ser disfarçado! Perdoe-me por ter pensado mal do senhor. Sou um negro ignorante, penso besteiras, mas no fundo eu tenho um coração bom, e o senhor com certeza não foi um negro ignorante. E se virou santo, é porque Deus lhe tem consideração!"

A Saga de uma Sinhá 227

Saí da igreja pensando: será que estes santos fazem milagres? Nossos guias espirituais não têm imagens, e eles mesmos explicam que não fazem milagres, apenas nos ajudam a entender melhor a vida. Como é que uma imagem que não fala pode fazer milagres?

Eu vou perguntar isso para o Zacarias e para a avó Joana, eles devem ter alguma explicação pra me dar! Não consigo acreditar que estas imagens são os espíritos dos santos! Como é que vou acreditar em espírito morto que não fala, não se move? A gente fica mesmo falando é sozinho! Grande coisa, eu falar, falar e falar, olhando para uma imagem silenciosa, que não abre a boca pra nada! Eu prefiro ouvir os meus santos vivos, que são nossos guias! Pelo menos eles dizem o que eu posso entender! Mas talvez os brancos não precisem escutar tanto como nós, eles devem ser meio santos. Será que é isso?

Estava tão absorto em meus pensamentos que nem percebi que uma carruagem fina parou do meu lado.

– Negro Miguel?

Tomei um susto medonho! Fiquei parado sem me mover do lugar. Vi uma cabeça pela janela, rindo para mim. Era o antigo cocheiro que ficou rico!

– Não se lembra mais de mim, não é, negro? Lembra-se que eu lhe falei que ia ficar rico? Fiquei mesmo! Eu gosto de cumprir as minhas promessas. Prometi que assim que enriquecesse iria me casar com a sua sinhá, e fazer de você o meu braço direito, lembra-se? Bem, rico eu já fiquei! Estava quase acertando a compra da fazenda com o seu senhor quando aconteceu a morte estúpida dele! Morte essa que eu ainda não entendi, especialmente porque o nosso negócio foi suspenso!

Vou esperar mais uns dias e devo ir visitar sua sinhá; e como sou um homem de sorte, a morte do senhor só me trouxe ajuda! Nem vou precisar comprar a fazenda, ela será minha e sua dona também! E você vai ser o meu escravo preferido! Até logo, negro Miguel! Em breve visitarei a sua sinhá e farei o que é necessário! – disse isso e ordenou ao cocheiro que seguisse.

Santo Deus! Ele continuava desejando a sinhá; será que ela sabia disso? Pelo que o doutorzinho me contou, ele sabia, mas o que eu podia fazer?

Ao chegar diante da casa de diversão, eu me sentei no canto reservado aos escravos que esperavam os senhores. Logo avistei um negro velho sentado em um dos bancos.

Ele pegou um cigarro de palha e me ofereceu, dizendo:

– Pega, menino! Você sabia que nesta praça agora só se sentam mulheres de vida suspeita, feitores, alguns senhores afoitos e rebeldes e nós, que ficamos aqui esperando por eles enquanto se divertem? Eu acho é bom! Assim fico observando o jardim, as flores e descansando enquanto pito o meu cigarrinho!

– É lei nova? — perguntei, pegando o cigarro.

– É a lei do povo, filho! Os brancos fazem besteiras uma atrás da outra, depois eles mesmos taxam os seus atos de impuros! Quem foi que criou esta casa de prazeres carnais? Fomos nós? Foram eles! No entanto, isolaram esta praça como um lugar impuro para as suas famílias passarem! Quer saber de uma coisa, meu filho? Os homens estão deixando este mundo pior do que quando veio o menino da cruz.

– Que menino da cruz? – perguntei ingenuamente.

– Nosso Senhor Jesus Cristo! Este menino foi sacrificado ainda muito novo, e desde menino Ele começou a lutar pela nossa liberdade!

A Saga de uma Sinhá 229

– Mas então ele não conseguiu foi nada pra nós! Só beneficiou os brancos! A escravidão continua pra gente! – respondi, magoado.

– Meu filho, você também é um menino! Ainda vai viver e ver muitas coisas! O menino da cruz veio ao mundo nos libertar da escravidão do espírito, e Ele conseguiu, sim! Todos nós somos livres na alma! Todos nós somos livres, meu filho! Veja bem: até este meu corpo velho, que já não serve pra muita coisa, na hora que o meu espírito for libertado, ele também será livre de qualquer compromisso! Qualquer homem pode tocar seu corpo físico, pode ferir, cortar, queimar, pode matá-lo; mas no seu espírito, filho, só tocam aqueles que você permitir! É por isso que nós precisamos ter fé em Deus! E muita fé! Como é que você se chama? – ele perguntou.

– Eu me chamo Miguel. Quer dizer, até isso me roubaram... O meu nome era Luís Fernando, mas quando fui vendido recebi esse nome e me acostumei com ele. Para falar a verdade, não sei se me acostumaria de novo a ouvir o meu outro nome!

– Viu só, Miguel? O nosso nome torna-se importante quando nós começamos a gostar dele! Você disse que lhe roubaram um nome, mas em compensação você ganhou outro que gosta! E para ser mais sincero com você, vou lhe contar uma coisa: os nomes pelos quais somos chamados em terra não são os nossos nomes verdadeiros; então, ninguém pode roubá-lo de nós. O nosso nome fica bem guardadinho em algum lugar no céu. – Ele pigarreou, e depois prosseguiu. – Eu mesmo recebi o nome de Justino, e nem me lembro que nome a minha mãe deve ter me dado! Quando fui vendido, era tão pequeno que nem me lembro do que me chamavam; tenho uma vaga lembrança da senzala onde brinquei com outras crianças. Fui dado de presente para uma sinhá que queria um menino para servir de cavalinho para o filho dela, e eu gostava de brincar de cavalinho. Fui vendido quando era criança. Minha sinhá foi embora, vendeu a fazenda, e o senhor vendeu os escravos criados na fazenda; dizia ele que éramos cobras criadas e que não ia dar certo. Depois, já maduro, fui trocado por um negro jovem, que ia para a lavoura. Eu fui cuidar dos doentes, e continuo por lá até hoje.

– Acredito que a minha próxima troca ou venda será para o cemitério, se Deus quiser! Eu vivo feliz nos dias de hoje, acompanho os filhos do sinhozinho nestes divertimentos, cuido das sementes... Porque você sabe, semente que não é preparada com oração e amor não vinga! Faço remédios e vivo tranqüilo, nada tenho para reclamar contra o meu Deus! Sou um ser abençoado, e aconselho a vocês, mais jovens, que tenham paciência e cabeça para enfrentar o que virá pela frente! Desde os tempos dos nossos mais velhos que ouvimos dizer que a escravidão vai ter fim! Eu acredito que só é escravo quem quer! Eu me julgo um ser livre de tudo! Nunca fui prisioneiro de ninguém!

– O senhor me desculpe, eu sou um escravo e pensei que o senhor também fosse um escravo! Se não é escravo, o que faz aqui?

– Eu sou cativo! É bem diferente de ser escravo. Cumpro um dever com os homens brancos, e eles não tiveram culpa da minha cor! E se eu nasci nesta ocasião, e não em outra, é porque eu precisava cumprir estas tarefas! Meu filho, ninguém vem a este mundo sem ter o que fazer! Você acha que Deus é descuidado a ponto de deixar alguns dos seus filhos sofrerem e outros ficarem impunes? Somos apenas instrumentos, meu filho! Aquele que bate está apanhando! Você acha que só os negros sofrem? Brancos não têm sofrimento nenhum?

Fiquei ali, matutando em tudo o que havia acabado de ouvir da boca daquele negro velho, de olhar bondoso, pés enfiados em uma sandália de couro, chapéu de palha que lhe protegia os olhos das queimaduras do sol. Ele falava manso, e só dizia coisas bonitas.

Eu queria ficar mais tempo com ele, mas avistei o meu senhor saindo. Fiquei de pé, olhei para o negro velho e disse-lhe:

– Eu tenho que ir, o meu senhor está vindo!

– Vá com Deus, filho! Que a gloriosa mãe do Menino Jesus o cubra sempre de luz! Ah! Pega estes cigarrinhos de palha pra você, assim vai fumando pelas estradas e pensando na vida! Leve também este binga [espécie de isqueiro, com duas pedras que entravam em atrito, gerando faísca de fogo] pra você acender seus cigarros. Diga ao seu senhor que fui eu quem lhe deu de presente, pra ele não pensar que roubou.

Agradeci e saí correndo. Cheguei perto do doutorzinho e mostrei o que havia ganhado, e apontei para o negro velho Justino, dizendo que foi ele quem me presenteara.

O doutorzinho olhou para o negro velho e deu com a mão, sorrindo. Justino tirou o chapéu, colocando na altura do coração, e baixou a cabeça em sinal de respeito, permanecendo de pé.

– A nossa carruagem chegará daqui a pouco. Mais três pessoas vão entrar bem disfarçadas: são Antônio, Anita e a ex-dama da sinhá. Eu estou levando os dois escravos de volta à fazenda, afinal de contas eles são propriedade da sinhá! Estou com todos os documentos deles aqui, não temos risco nenhum em transitar pelas estradas. Quanto à ex-dama da sinhá, ela de fato é uma grande dama! Vendeu a sua casa de diversão para o avarento rapaz que quer ficar mais rico do que já é! Ele assinou um contrato com ela, e pagou pela casa um valor menor que a metade do que na verdade a casa vale. Mas ele exigiu isso dela para renunciar à compra da fazenda e esquecer a proposta do senhor em relação à sinhá. A dama lhe contou que o senhor morto deixara uma filha recém-nascida, e que a pequena tornou-se herdeira absoluta de tudo que lhe pertencia; isso já está lavrado pelos escrivães. Quanto à sinhá, ela é simplesmente uma pobre viúva.

– Como todo crápula, ele coçou a barba e disse: "Eu vou encontrar outra viúva nova e bonita, e sem filhos! Há tantos sinhozinhos doentes por aí! Entre esta casa de prazer e uma viúva pobre, eu fico é com a casa!" E assinou sem pestanejar. – O doutorzinho fez uma pequena pausa. – A dama vai voltar para a fazenda, e quando tudo estiver nos seus devidos lugares, ela pretende voltar à sua terra, o que eu acho totalmente justo! Não sei o que você acha, mas, conversando com a dama, tive uma idéia que se a sua sinhá aceitar nós podemos colocar em prática: Podemos dar cartas de alforria para Antônio, Anita, Frederico e o irmão dele; assim, eles podem seguir com a dama, viver em outro país, como cidadãos livres!

Eu suspirei fundo: meu Deus, mandar o Frederico embora? Sem perceber, duas lágrimas já corriam pelos meus olhos.

O doutorzinho bateu no meu ombro e disse:

– Miguel, é uma alternativa de libertar Frederico e oferecer a ele a oportunidade de freqüentar uma escola! Se ele não pode viver ao lado da mãe, como deveria, pode viver ao lado do pai! Você acha que se eu pudesse não colocaria Frederico nos braços da mãe? Eu não posso fazer isso! Porém, posso ajudar o filho dela a se tornar um homem livre e estudado. Quem sabe futuramente as coisas mudem e ela possa reconhecê-lo publicamente como seu filho! Você acha que foi fácil para mim renunciar à paternidade de minha filha? Acha que foi puramente interesse de minha parte? Não, Miguel! É que se não fosse assim, a sinhá iria ter muitos problemas agora, e no futuro seria a minha filha a trilhar esses sofrimentos! Que bom colégio iria recebê-la tendo um passado mal falado? Quem iria desposá-la sabendo de sua origem? Não é fácil, Miguel, vocês sofrem de um lado e nós sofremos do outro.

Não demorou muito tempo e vi uma carruagem de luxo encostando, e o ex-cocheiro descendo, todo elegante; parecia mesmo um doutor! Vendo-me, sorriu e disse:

– Miguel, eu vim de carruagem... Cheguei na sua frente, e deu tempo de fazer bons negócios! Pensando bem, você é esperto demais para ser meu escravo! Escondeu-me tudo a respeito de sua sinhá. Queria me enganar? Eu sou um homem de sorte! Ainda bem que não perdi o meu tempo indo atrás de uma sinhá pobre! Agora que sou rico, só quero navegar em rio de ouro!

Justino estava do outro lado, só observando. As mulheres subiram e, por último, foi Antônio que apertou o meu braço em sinal de cumprimento.

O senhor subiu, eu fechei a portinhola e me sentei na direção, junto ao cocheiro. Acenei para Justino, que me respondeu também acenando, e com um sorriso meigo.

Fiquei calado, pensando na chegada de Antônio à fazenda; os velhos companheiros iriam morrer de alegria em tê-lo de volta. E a sinhá? Coitada... Eu mesmo a andava julgando como uma pessoa má, e ela suportando e superando tantos sofrimentos para ajudar a todos nós. E o doutorzinho, então? Jesus, esse homem foi um anjo que caiu do céu naquela fazenda!

Quem seria eu para estar pensando mais na morte do sinhozinho! Eu não era Deus! Ia procurar viver em paz, e não me questionar disso ou daquilo que aconteceu! Ele estava morto, e, como disse o doutorzinho, antes morrer um do que morrerem muitos inocentes; o Frederico, por exemplo! Coitada de sua mãe adotiva, ela amava acima de tudo aquele menino... Ele iria embora para outro país, nós não iríamos mais ver Frederico! Meus olhos não seguravam as lágrimas, e eu voltei a me lembrar do seu choro nas minhas costas, quando cruzávamos o braço do rio.

Quando chegamos à fazenda, as estrelas cintilavam no céu, como sempre! Desci e fui ajudar a abrir a porta da carruagem. As mulheres desceram sob o olhar do feitor, que ficou espantado quando viu a dama descer, e quase deu um grito quando pôs os olhos em Antônio e Anita!

Antes de entregar o pacote com os santos da mãe do doutorzinho, eu abri o pacote onde estava São Benedito e contei a ele que havia sido um presente. E perguntei se eu podia colocá-lo à vista de todos os negros.

– Claro que pode, não é um santo? Faça suas orações, seus trabalhos, seus pedidos; e que ele nos ajude.

O doutorzinho levou a dama para dentro da casa-grande, e eu levei Antônio para o nosso barracão. Anita foi levada pela avó Joana para as dependências femininas.

Quando colocou o pé dentro do barracão, a primeira coisa que Antônio pediu foi:

– Pelo amor de Deus, Miguel, vá buscar o meu filho! Quero vê-lo!

– Fale baixo, Antônio! Você pensa que todo mundo aqui sabe que Frederico é seu filho? Todo mundo sabe que ele é filho de Maria do Céu com um feitor, e não seu com a sinhá!

Os amigos foram se achegando, todo mundo abraçando Antônio e dando-lhe as boas-vindas! Alguns queriam saber como ele sobrevivera à caça, pois foi procurado como ouro pelos capitães das matas; e ele se encantou, pois ninguém colocou as mãos nele!

– Você tem alguma oração que faz ficar encantado, Antônio? – perguntou André, brincando.

Ele olhava para mim ansioso, e, após cumprimentar todos os amigos da senzala, eu o convidei para ver avó Joana e as outras mulheres que faziam parte da nossa família de negros.

Ele veio correndo, e fomos até onde estava Maria do Céu com as duas crianças. Antônio foi se aproximando do filho. Frederico encolheu-se, agarrando-se com a mãe adotiva. Antônio então passou as mãos em Frederico, e vi duas lágrimas rolando pelas suas faces. Abraçou-me e ficou em silêncio, chorando, e disse:

– Muito obrigado, Miguel! Mil vidas eu possa vir a ter, e ainda será pouco para eu pagar a você aquilo que fez por nós.

– Somos irmãos, Antônio, tenho certeza que você faria o mesmo por mim. Daqui pra frente você vai ter que enfrentar outros problemas; porém, acredito que hoje eu tenha ouvido as palavras mais certas deste mundo: nós somos cativos de um sistema que precisamos viver para descobrir a verdadeira vida, mas escravos nós não somos! Somos livres na alma, nos sentimentos, no coração...

– Miguel? Quem andou lhe falando isso? –perguntou avó Joana.

Foi um negro velho que conheci lá na praça da cidade. Ele fala como se conhecesse tudo neste mundo! As coisas que ele me disse hoje! Vou pensar nelas todos os dias e tentar compreender melhor a minha própria vida e a dos outros. Às vezes, a senhora e o Zacarias nos dizem coisas que fazem a gente rir, achando que é velhice de vocês! Mas hoje eu tive a prova de que vocês falam a verdade de quem já viveu mais do que nós.

Hoje eu descobri porque suas flores e suas verduras são mais bonitas e não perde uma! A senhora reza e agradece a cada semente que vai sofrer, enterrada na terra, para depois nascer, dar flores, frutos que salvam a outras tantas vidas...

– Que dia abençoado! Meu Deus! Pra você voltar com tantas coisas boas dentro do seu coração, só pode ser mesmo a mão de Deus. Como era o nome desse negro, Miguel?

– Justino! Ele me contou sua história bem triste! No entanto, ele parece a pessoa mais feliz do mundo! A senhora precisa ouvi-lo contar sua própria vida; é como se fosse a coisa mais natural... Até brincou dizendo que foi negociado por três vezes, e que a próxima negociação é para mandá-lo para o cemitério. Bem, bem, eu não tenho do que reclamar: hoje de fato foi o meu dia de sorte! Vejam o que eu ganhei! – Todo orgulhoso, eu exibi a imagem de São Benedito.

Avó fez o sinal-da-cruz e beijou o santo, dizendo:

– Meu filho, nem imagina que felicidade trouxe para nós! Posso arrumar o lugar onde devemos colocá-lo?

– Claro! Ele será o nosso santo protetor! E olhem aqui o que eu ganhei de presente do Justino! Eu mostrei para o doutorzinho na mesma hora, e ele consentiu que eu recebesse. – Peguei um cigarro, e com todo orgulho fiquei apertando o meu presente até que saiu faísca de fogo e acendeu o cigarro.

Avó Joana encostou-se na parede, e pensei que ela fosse desmaiar. Corri e a segurei.

– O que foi, avó Joana? O que a senhora está sentindo? Antônio, pegue um copo de água pra ela! Vó, eu juro que não roubei isso! Foi presente mesmo! O senhor viu, e sabe que eu ganhei mesmo!

Ela tomou água e me pediu pra ver o meu presente. Passei para as mãos dela, ela examinou e disse, com lágrimas nos olhos:

– Isto aqui pertence ao meu irmão! Santo Deus! Quando você me falou no nome Justino, nem por sonho eu podia imaginar que era o meu irmão. Nós dois nos separamos ainda crianças; ele tinha cinco anos, e eu tinha nove! Nunca vou esquecer aquele dia! Uma sinhá o levou para o filho dela montar como se ele fosse um cavalinho. Ele foi levado para servir de brinquedo para o sinhozinho! Na saída dele, eu corri e lhe entreguei este acendedor que pertenceu ao nosso pai velho, o negro Artur, que cuidava das crianças. Antes de morrer, ele entregou para nós o que tinha como herança: uma cuia de coco, este acendedor de cigarros, uma mochila, um cinto, um chapéu e outras coisinhas.

– Nunca mais vi e nem soube do meu irmão! Coitadinho! Tão pequeno, ser o bicho de estimação dos sinhozinhos. Naquele tempo era normal fazer das meninas negras os brinquedos das sinhás meninas brancas. Elas cortavam nossos cabelos, puxavam, amarravam ao que queriam, pintavam nosso rosto, amarravam tecidos em nossos corpos, faziam o que queriam. Hoje está melhor muito melhor... – Ela suspirou. – Meu Deus! Como eu queria ter visto o seu rosto! Como ele é, Miguel? Fale-me tudo sobre ele, o que vocês conversaram? – pediu ela.

– Avó Joana, ele parece com a senhora nas palavras! Agora posso entender por que ele diz as mesmas coisas que a senhora nos fala! Agora eu sei o porquê: vocês são irmãos! Não conversamos muito tempo, mas o que ele me ensinou valerá por toda a minha vida. Ele é calmo, tem um olhar de bondade e me disse ser muito feliz. Nem preciso dizer o quanto ele é generoso e amável!

– Ele informou onde está, quem é o senhor dele? – Avó Joana ansiava por saber mais.

– Não! Eu não sei o nome da fazenda, nem do senhor dele! Não falamos sobre isso. Mas, eu tenho uma sugestão para dar à senhora: peça ao sinhozinho que investigue onde se encontra seu irmão! O doutorzinho tem tanta consideração pela senhora que é capaz de trazer seu irmão aqui para lhe ver! Cada vez mais os senhores de bom de coração estão fazendo isso. Eu até ouvi um senhor comentar com outro que os negros que trocam visitas com seus familiares trabalham melhor!

– Ah, filho, o doutorzinho não é ainda o nosso senhor! Mas você me deu uma ótima idéia. Eu ouvi falar nessa história de negros visitarem negros em outros lugares, mas não acreditei muito, não! Aqui isso ainda não aconteceu, e olhe que nós temos parentes espalhados por esse mundo de meu Deus que são até demais! Você, por exemplo: chegou aqui um moleque, cresceu no meio da gente; aonde foi parar o seu pai? Quer saber de uma coisa, Miguel? Vá chamar o Zacarias, vamos trocar umas conversas e ver o que ele acha!

Ficamos os três juntos trabalhando na preparação dos remédios: eu mexia o tacho de ferro, Zacarias cortava as folhas e avó Joana separava as folhas e raízes.

Zacarias achou que seria válido pedir para a própria sinhá, e não para o doutorzinho. Porém, deveríamos saber como conduzir tal conversa. Não seria assim tão fácil! Zacarias orientou avó Joana do seguinte modo: quando surgisse uma oportunidade de falar sobre família, ela faria o pedido; aí, sim, o doutorzinho acataria com gosto, porque seria um pedido de sua amada.

Antônio e Anita, pelo tempo que haviam ficado juntos, aprenderam a se gostar de verdade; eles pediram permissão para ficarem juntos como marido e mulher. Anita agarrou-se a Frederico, e começou até uma guerra de ciúmes entre a mãe adotiva e Anita, que pegava o menino e o levava para o pai. E como dizem, e é verdade, sangue chama sangue; Frederico apegou-se a Antônio, e estando com ele não queria mais ninguém.

Dois meses depois, na casa–grande, instalou-se um corre-corre: a ex-dama da sinhá se preparava para partir. Antônio e Anita, como escravos livres, e Frederico e seu irmão também!

A mãe adotiva chorava, gritava, e nós entendíamos o que ela sofria. Até o feitor, que era acusado de ser o pai deles, estava revoltado! Que direito a sinhá tinha de arrancar o Frederico e seu irmão e dar de presente para Antônio e Anita? Eles poderiam ter os filhos deles! Aquilo era injusto! Ele foi até pedir para avó Joana interferir para que sinhá não fizesse aquilo com a mãe; ela também era mãe, e sabia o quanto doía!

Em uma tarde ensolarada, eu, o doutorzinho e mais dois feitores acompanhamos os viajantes. Frederico, em sua inocência, ria nos braços de Antônio. Deixamos a senzala em prantos, com duas mães trancadas e chorando. A sinhá tentava consolar-se e consolar Maria do Céu, explicando a ela as vantagens de Frederico e o irmão irem para outro país.

Chegamos à cidade e pernoitamos. No outro dia, de manhã, nós os acompanhamos até o porto, onde eles alcançariam mais adiante o navio e seguiriam viagem. Peguei Frederico no colo e chorei. Aquele ser tão inocente e tão querido estava indo embora, deixando saudade em nossos corações.

– Adeus, meu pequeno! Não sei se ainda vou vê-lo um dia. Passe o tempo que passar, jamais vou me esquecer de você!

Na volta à pousada, ninguém trocava uma palavra. Chegamos no armazém, e as compras já estavam separadas. Colocamos tudo nas carroças dos feitores.

O doutorzinho pediu que eu fosse conduzindo uma das carruagens que vieram da fazenda. Lá dentro, sentado, estava o negro velho Justino. Quando me viu, deu uma risada amável e disse:

– Olhe aqui, menino, mesmo velho ainda sirvo para alguma coisa! Fui convidado para fazer uma visita a sua fazenda. Disseram-me que eu tenho um parente lá, mas não sei quem pode ser! Saí tão menino dos braços dos meus parentes que tudo o que sei de mim mesmo foi contado pelos mais velhos da fazenda. Ah, claro que fico feliz em saber que sou reconhecido, pois me disseram que vou exatamente pelo bom comportamento e educação. Pelo sim, pelo não, tendo parente ou não na sua fazenda, estou indo passear! Você sabe de alguma coisa a esse respeito? – perguntou ele.

A Saga de uma Sinhá 241

– Não, não sei de nada! Lá na fazenda do senhor tem alguns negros velhos. Quem sabe o senhor tenha mesmo algum parente lá!

– Menino! Eu já sou muito velho para ser tolo! Tenho certeza que você sabe de alguma coisa! Diga-me, quem é meu parente lá nessa fazenda? Assim eu já vou me preparando. Se eu já estou nessa idade, se for irmão meu que se lembra de mim deve estar bem velho também!

– Justino, é melhor o senhor chegar e olhar um por um, bem sossegado, e reparar se tem alguém parecido com o senhor!

– Ah! Então você confessa que tem um negro velho lá parecido comigo?

– Sinceramente? Acho que todo negro, quando fica velho e de cabelos brancos, um é a cara do outro! – falei, rindo.

Ele gargalhou!

– Menino, você sabe que eu nunca tinha pensado nisso? Realmente você tem razão: quando somos novos, ainda dá para se ver alguma diferença; mas envelheceu, embranqueceu os cabelos, encolheu a espinha, fica tudo parecido! – E gargalhava com gosto.

Fomos conversando e brincando pelas estradas. Fumamos um cigarrinho escondidos, mesmo sabendo que o doutorzinho fingia não sentir o cheiro do fumo.

Paramos em um lugar onde se vendiam bolos e sucos, e o doutorzinho fez todo mundo comer e beber. Antes de subirmos na carruagem, o doutorzinho chegou perto de mim e comentou:

– Justino deve ter feito mil perguntas! Não fale a verdade pra ele, senão a surpresa não vai ter graça!

– Ele me perguntou, sim, senhor, mas eu não falei nada pra ele! Cada coisa deve ser dita no seu tempo certo, não é assim, senhor?

Quando descemos na fazenda, Justino olhou para os lados, admirando o lugar; depois, brincando, disse:

– Vou chegar mais perto da negrada... Hoje não enxergo nada de longe, confundo branco com preto e preto com branco! – E gargalhou com alegria.

Avó Joana não suportou: ela, que andava arrastando os chinelos, quase correu de encontro a Justino. Abraçaram-se emocionados.

– Meu pequeno irmãozinho, como você está velho! E agora, nessa idade, você é cara do nosso pai! O que o tempo fez com a gente! Quando você foi embora eu era uma menina... E você, então? Era um bebê crescido! Jamais esqueci aquele momento em que você soluçava e gritava, estirando as mãos e me pedindo socorro, e eu nada pude fazer por você. Ela relembrava isso, enxugando as lágrimas na manga da blusa. Parecia voltar no tempo e enxergar novamente a mesma cena. Nós chorávamos, também imaginando a tristeza dela.

Justino sentou-a em um banco e disse-lhe:

– Minha irmã, sempre há um anjo de Deus iluminando o nosso caminho. Eu tive esse anjo em minha estrada, para que eu nunca apagasse das minhas lembranças de onde vim, quem eu era, e que lá adiante eu poderia viver o que de fato estou vivendo neste momento! Deus foi misericordioso conosco! Não existe felicidade tardia! Todo reencontro só acontece no momento certo, e hoje é o nosso dia! Eu estou feliz, alegre e agradecido a Deus por ter encontrado você, minha irmã!

– Justino, meu querido menino! Se eu morresse hoje acho que até iria para um bom lugar! Não digo que iria para o céu, que nenhum de nós aqui pode pensar nisso; mas para um lugarzinho de paz eu acho que iria, tamanha é a minha gratidão para com Deus e a felicidade na minha alma! Parece que todo o meu sofrimento foi levado embora, e no lugar dele apareceu o que eu nunca tinha visto: a felicidade plena e verdadeira! Por isso, eu creio que alguém que vá embora no estado de felicidade em que eu me encontro só pode ir pra perto de Nosso Senhor!

Capítulo IX

A viagem

Maria do Céu estava de cama, tamanha era a sua dor, a falta dos seus filhinhos! A sinhá foi pessoalmente lá e ficou trancada com ela, pouco se importando com o que iriam dizer os feitores! Depois desse encontro, as duas começaram a voltar à vida! Víamos cada uma cuidando dos filhos que precisavam delas.

Uma semana se passou. Num início de noite, o feitor reuniu toda a negrada em frente da grande varanda da casa-grande, pois a sinhá queria conversar com os escravos! Meu Deus, o que seria agora?

Ela, o doutorzinho, o administrador com a pequena no colo e a velha sinhá ao lado; e nós, ansiosos para saber o que seria. A nossa sinhá iria embora? Só de pensar nisso eu sentia as pernas tremendo.

Verificando se todos os adultos estavam presentes, sinhá começou a falar:

– Quero comunicar a vocês que a vida de uma mulher viúva não é fácil! Não tenho condições e nem conhecimento nos

A Saga de uma Sinhá 245

negócios! Mas também poderíamos resolver isso deixando a tarefa nas mãos do administrador, que tão bem cuidou da fazenda na ausência do senhor, que Deus o tenha! Acontece que eu e o filho do administrador, até mesmo pela convivência destes últimos tempos, descobrimos que gostamos um do outro; e com a bênção do administrador e da sinhá, que está do meu lado, resolvemos nos casar! Assim, a minha pequena filha terá condições de crescer tendo um pai ao lado dela! Esse é o motivo de chamá-los até aqui: agora, o sinhozinho de vocês será ele! Espero que todos o respeitem e obedeçam suas ordens! Ele é um bom senhor! Tenho certeza que todos nós, cada um na sua condição de ser, vamos viver felizes!

Foi uma salva de palmas que só vendo! Os primeiros a bater palmas foram os feitores, e nós os acompanhamos.

Um deles falou para outro:

– Essa nossa sinhá é esperta! Graças a Deus que a menina é herdeira do falecido, senão era bem capaz de os parentes dele terem batido aqui atrás do que ele deixou! Graças a Deus que ficou para a menina! Agora ela vai ter chance de viver ao lado do pai e chamá-lo de papai de verdade!

– Fale baixo, Vitor! Enlouqueceu, homem de Deus? Se isso cai no ouvido do seu senhor, a coisa pode ficar feia para o seu lado!

– Só se você for contar pra ele! – respondeu o outro.

– Mato tem olho e parede tem ouvidos! Nós estamos aqui cercados de negros por todos os lados! Não está enxergando Miguel, não?

– Ah! Esse aí é como um confessionário de padre honesto! O que cai no ouvido dele, só sai se não for comprometê-lo! Fique tranqüilo.

246   *Maria Nazareth Dória / Luís Fernando (Pai Miguel de Angola)*

Eu nem me incomodei! Afastei-me e deixei os dois lá na prosa. E nem podia me aborrecer mesmo, era verdade! Por outro lado, me alegrava porque eles tinham confiança em mim, sabiam que eu não vivia dando com a língua nos dentes aqui e ali.

O casamento da sinhá e do doutorzinho foi na fazenda mesmo. A casa se encheu de novas cores e novos móveis, a fazenda foi toda enfeitada. Os escravos trabalhavam alegres, era muita novidade. Mataram um boi, porco, galinhas. Havia muitas variedades de comidas, muito vinho, cachaça e outras bebidas. Convidaram os fazendeiros, e seus feitores e escravos, gente das redondezas, foram todos convidados.

Veio muita gente da cidade também; eu nunca tinha visto uma festa daquele jeito! Os escravos receberam autorização para comer, beber e se divertir, naturalmente sobre os olhares vigilantes e controlados dos nossos feitores. Parecia um sonho, conhecer outros irmãos, trocar informações! Até as moças se entrosaram logo, trocavam informações também. Aquele dia ficou marcado, e nasceu uma nova história para os negros das fazendas vizinhas. Graças ao casamento da sinhá, muitos negros foram trocados uns pelos outros; tudo isso envolvendo os sinhozinhos, pois alguns casamentos foram realizados com o consentimento deles.

A vida corria tão depressa! Justino nos visitou várias vezes. Certo dia, um negro da fazenda do Justino veio com o seu feitor buscar avó Joana: Justino tinha morrido. Morreu dormindo, não sofreu nada.

Dois anos se passaram, e num belo dia chegaram duas carruagens de surpresa. Eu ajudei a descarregar os baús dos viajantes, mas não entendi nada! Nos últimos tempos o sinhozinho e a sinhá conversavam muito comigo, eu nem parecia um escravo! Eles me pediam opinião sobre várias coisas e me contavam as novidades. Fiquei cismado com aquela gente; se eles fossem parentes, os senhores teriam me contado! Talvez fossem os parentes da sinhá, que vieram visitá-la de surpresa! O negócio era esperar!

Os feitores também de nada sabiam! Um deles me chamou num canto e me perguntou:

– Miguel, você, que conversa muito com os senhores, sabe quem são esses aí?

– Não sei de nada! Sinceramente, estou tão surpreso quanto o senhor! Se forem parentes da sinhá, chegaram sem aviso.

No outro dia, veio a notícia que pegou todos desarmados, tanto os senhores quanto nós, escravos: aquela fazenda onde vivíamos anteriormente tinha sido vendida pelo sinhozinho que morrera, com tudo o que havia dentro dela, inclusive os escravos! E a fazenda que pertencia à sinhá, comprada com dinheiro dado pelo pai dela, era a fazenda nova, sem posse de nenhum escravo. Quanto à fazenda velha, e todos os escravos que pertenciam a ela, ele havia vendido a esse novo senhor, que chegava para assumir suas terras e seus bens. Ele inclusive disse ao nosso sinhozinho que todas as crianças nascidas neste período pertenciam, por lei, a ele. E que a sinhá iria pagar pelos negros que libertara por conta própria, dando cartas de alforria; e seria também intimada judicialmente por vender o que não lhe pertencia. Com certeza a multa seria tão grande que a fazenda dela não cobriria as despesas.

Mas ele não era um homem sem coração, isso não! Queria propor um bom negócio para a sinhá.

O sinhozinho ficou esperando a proposta dele: ela assinaria em documentos lavrados pelo escrivão de venda da fazenda. O novo senhor lhe daria uma certa quantia em dinheiro, o suficiente para que ela voltasse para sua terra levando toda a sua família. Lá ela não precisaria se preocupar, pois sua família tinha posses.

Ele não daria queixa pela venda dos escravos! Ela sairia livre, e assim o novo senhor seria poupado de aborrecimentos e de revoltas entre os escravos que adoravam a sinhá. Tudo ficaria de acordo entre as partes. Caso contrário, ele iria acionar a justiça e requerer os seus direitos, como estava comprovado e documentado. Enfim, as duas fazendas com tudo o que estava dentro lhe pertenciam.

Ele disse tudo isso e estendeu uma pasta contendo vários papéis nas mãos do sinhozinho, que estava pálido.

O sinhozinho abriu a pasta e mexeu em todos os papéis; eu só observava. Em seguida, ele se levantou e pediu ao recém-chegado que lhe desse tempo para analisar tudo aquilo e conversar com a sinhá.

O recém-chegado lhe respondeu:

– Pois não! Temos até amanhã para vocês decidirem o que querem fazer! Eu e minha família viemos para ficar, vou tomar conta do que é meu! E para comemorar a minha chegada, tomarei um gole! Passo sem muitas coisas, mas sem este aqui, não! – disse, enchendo o copo com uma bebida escura. Ofereceu ao sinhozinho, que não aceitou, agradeceu e se retirou.

Eu pensei em sair correndo e contar para avó Joana e Zacarias o que havia acabado de ouvir, e pedir a ajuda deles. Mas me faltava ar no peito, eu não conseguia respirar. Não

A Saga de uma Sinhá 249

tinha tirado o pé do chão quando vi o senhor se aproximando de mim com o copo de bebida na mão; eu gelei. Ele me olhou de cima a baixo e me perguntou:

– O que é que você faz aqui na fazenda?

Tentei explicar as minhas tarefas. A voz não saía, ficou presa na garganta. Fazendo um esforço tremendo, disse alguma coisa como: domo cavalos, vou colher ervas e ajudo a preparar remédios, conserto as ferramentas e panelas, curo as bicheiras dos animais, racho lenha para cozinha, encho as bicas de água, ajudo na casa de farinha.

– Só isso? – respondeu ele, virando o último gole na boca. Apontando uma garrafa que estava na varanda, ordenou: – Vá buscar aquela garrafa ali! Eu agora sou o seu senhor, e em breve lhe darei uma nova função! A melhor de todas! Até eu gostaria de fazer esse trabalho que vou lhe passar... Infelizmente, temos que conceder estas tarefas apetitosas para os escravos!

Fui correndo e trouxe-lhe a garrafa. Ele encheu o copo e me perguntou:

– Quantos anos você tem? Aliás, quantos negros da sua idade há nesta fazenda? Quero fazer uma avaliação destes negros! Vou fazer essa avaliação pessoalmente. Há muitos negros jovens e cheios de saúde que poderiam estar produzindo boas crias para esta fazenda, mas a incompetência desses desmiolados não ajuda em nada! – Ele falava enquanto virava o copo na boca. Depois, resmungando, saiu andando.

Eu tremia, e senti um aperto no coração. Uma nuvem negra se formava sobre nossas cabeças; já nem tinha coragem de sair correndo e falar para os mais velhos o que acabara de ver e ouvir... Sem poder sustentar as lágrimas, comecei a chorar, e tive certeza, naquele momento, que nossa missão seria muito dolorosa.

Enquanto limpava as lágrimas, vi descendo as escadas da casa-grande um cão, que corria atrás de um garoto lindo! Ele devia ter uns três ou quatro anos. Seus cabelos pareciam raios de sol. O curioso é que eu não tinha visto aquele garoto quando ajudei a descarregar os baús; deve ter sido levado para dentro de casa dormindo. Atrás dele, uma linda sinhá, de olhos serenos, olhou-me com bondade; tive a impressão de que ela sorria para mim. Pegou o garoto pela mão, e foram para o jardim.

À noite, eu me sentei num velho tronco, embaixo da minha palmeira preferida, e fiquei olhando as estrelas que cruzavam o céu. Os grilos cantavam como se estivessem perdidos no meio da multidão. Os vaga-lumes acendiam suas luzes aqui e acolá; as lágrimas caíam dos meus olhos. *Meu Deus! Não deixe que falte a fé em meu coração!* Lembrava da minha aldeia em Angola, da minha mãe, do meu pai... Fomos separados na hora da venda.

Olhava para o céu e via as estrelas, tão distantes... Assim como a nossa liberdade. Mas os vaga-lumes estavam tão perto de mim, e eles mostravam que a luz, mesmo pequena, pode levar a um caminho! Mas... Que caminho, Senhor?

Zacarias sentou-se do meu lado, bateu em minhas costas e perguntou:

– O que há, Miguel? Nunca o vi assim! Alguma coisa grave você deve ter feito ou visto! Seja o que for, filho, me conte! Estou velho, muito velho para estranhar qualquer coisa nova nesta vida! Confie em mim.

Balancei a cabeça e respondi entre lágrimas:

– Talvez, Zacarias, mesmo você, na sua idade, nunca tenha visto o que nós mais jovens teremos de passar!

– Menino, fale de uma vez: O que é que você está sabendo?

– Vou lhe contar. Acredito que o senhor tenha condições de me ouvir, e não enlouquecer pensando no que será de nós! Porém, prometa que jamais vai contar para avó Joana o que vou lhe dizer.

Comecei a relatar o que ouvi. Zacarias tossiu e colocou a mão sobre o peito, dizendo:

– Santíssima Mãe da humanidade, não deixe que o sangue dos seus filhos seja derramado...

Ficamos em silêncio alguns minutos. Depois ele, segurando no meu ombro, levantou-se e me chamou, dizendo:

– Vamos jantar, meu filho! Engula suas lágrimas e venha alimentar o seu corpo, pois precisará dele fortalecido para enfrentar a labuta da vida.

As mulheres me olharam e ficaram em silêncio. Ritinha, uma mocinha que eu considerava minha irmã, se aproximou de mim e perguntou:

– O que houve, Miguel? Eu o conheço como a palma da minha mão, e nunca te vi assim... Pelo amor de Deus, o que aconteceu?

– Coisas de homem, Ritinha! – respondeu Zacarias por mim, batendo em minhas costas.

Ouvi uma das moças comentando:

– Será que Miguel está apaixonado? Nunca percebi nada! Nem mesmo nos dias de festa no terreiro da casa-grande o vejo se engraçando com ninguém! A não ser que a fulana seja de outra fazenda, e não quis saber dele!

– Será? – disse outra, e logo se formou um grupinho de moças me olhando e rindo. Pobres meninas! Como todas as garotas do mundo, elas sonhavam com alguém que iria amá-las e protegê-las, e que seriam felizes ao lado de alguém que também pudesse amar.

Depois do jantar, avó Joana me arrastou para perto do fogo, onde o tacho com ervas e azeite fervia. Ela preparava pomadas para frieiras e assaduras.

– Miguel? – chamou-me ela; eu estremeci, pois conhecia bem aquele timbre de voz. – Você não vai sair daqui sem me contar toda a verdade. Antes de você colocar o pé pela primeira vez em terra para caminhar, lá na nossa África, eu já tinha, meu filho, atravessado o mar, e andado tanto nesta terra que se fosse colocar um passo atrás do outro eu alcançaria a lua e falaria com São Jorge! Vamos lá, me conte tudo de uma vez! O que é que está acontecendo? Eu não acreditei na história de paixonite, e nem venha querer me tapear com essas desculpas. Não se preocupe com a verdade: eu já vivi bastante, filho, para agüentar qualquer peso, desde que seja verdadeiro!

Suspirei fundo e me sentei perto dela. Ela acendeu o cachimbo e ficou esperando que eu começasse a falar. Meu Deus! O Senhor tem que me perdoar! Eu não posso contar uma verdade desta para minha avó Joana, ela já sofreu tanto, meu Deus! Mais um sofrimento?

– Miguel, eu estou esperando... está com câimbra na língua? Quando não é preciso você fala mais que o papagaio da lua cheia! (Dizem que papagaios nascidos na lua cheia falam demais.) E agora fica aí, parado, olhando para o chão! Vamos, filho, abra essa boca de uma vez!

A Saga de uma Sinhá 253

– Avó Joana, eu não posso lhe contar a verdade, e também não sei esconder nada da senhora! – respondi, chorando.

– Meu filho, eu não o gerei na barriga, mas o gerei no coração: você é meu filho! Se não puder falar comigo, terá coragem de contar para Deus, que também é o seu Pai? Sei que você não fez nada de errado; só pode ser coisa nova dos novos senhores!

– É sobre eles, sim! Não vieram a passeio. Eu acho que eles querem comprar a fazenda da sinhá, e então ela irá embora... E o que será de nós? Eu acho que muita coisa irá mudar por aqui, e um sofrimento novo nos aguarda. Sofro só de pensar no que vamos passar.

Pitando o seu cachimbo, ela demorou pra responder. Depois, olhando para o céu, disse:

– Escute aqui, Miguel, o que os senhores brancos escrevem nós nem sabemos ler! Imagine o que foi escrito pelo Pai de todos nós! Pare de sofrer por aquilo que você nem sabe se vai acontecer. Vamos lutar por aquilo que podemos resolver! Se a sinhá tiver de ir embora, ela não poderá nos levar; e nós, por outro lado, não vamos morrer porque a sinhá terá que partir, mas teremos que nos adaptar com os novos senhores e ficar até quando o nosso Criador achar que é tempo de parar. Eu, quando vi esses senhores descendo com tantos baús, logo vi que não eram da família; e tenho certeza que existe alguma ligação séria com o senhor que se foi! Pense bem: ele foi ao estrangeiro fazer o quê? Ele andava calmo demais para o meu gosto. Alguma coisa ele fez contra a pobre sinhá! Quer saber de uma coisa? Eu não tenho provas, mas desconfio que esses senhores compraram estas terras, e a sinhá e sua filha não são mais donas de nada! E se for assim, terão que ir embora.

– Que situação, vó Joana! – comentei.

– O administrador, se tivesse posse, estaria fazendo o que nesta fazenda? Fiquei sabendo que eles não têm mais onde morar! Diante desta situação, até eu aconselharia a sinhá a voltar para sua terra; só assim daria educação e uma vida melhor para sua filha. Quanto a nós, somos como as pedras desta terra: rolamos de um lado para o outro, porém jamais poderemos sair dela.

Suspirei fundo e respondi:

– É mais ao menos isso o que eu ouvi, que o nosso sinhozinho que morreu tinha vendido a fazenda, e eles são os novos donos e querem tomar conta.

– Muito justo! – respondeu avó Joana. – Se eles compraram, são donos! Se mostrarem as provas, os nossos senhores têm que entregar! Mas me ocorreu uma coisa: se ele vendeu as fazendas, cadê o dinheiro? A sinhá também tem que ter as provas que eles pagaram ao senhor! Não é ir entregando tudo nas mãos de quem ela não conhece.

Ela se levantou, ajeitando a saia, e me disse:

– Vou até a casa–grande, e é agora! Passe-me o bule de chá, vou falar com a sinhá agora mesmo. Tenho certeza que não estava errada sobre as minhas desconfianças, você me confirmou tudo!

– Eu não lhe disse nada, avó Joana! Estou tão aflito que tenho medo até de pensar!

– E precisa, Miguel? Cuide do fogo que eu vou até lá. Não descuide! Posso voltar logo ou demorar um pouco, fique no comando.

Ela saiu arrastando a sandália de cordas gasta pelo tempo. Passou pelos feitores, que a cumprimentaram respeitosamente; todos ali a respeitavam muito.

Eu mexia o tacho, mas meus olhos acompanhavam os passos dela. Lá na entrada da varanda, ainda no topo da escada, avistei avó Joana conversando com uma negra novata. Talvez tenha vindo com os novos senhores, ou foi comprada na cidade; eu não tinha a menor idéia.

Logo vi avó Joana entrando, e fiquei ali, rezando para que os guias de luz que acompanhavam avó Joana iluminassem os pensamentos dela, e que saísse tudo bem.

Avó demorou um bom tempo. Quando a vi saindo da casa, suspirei aliviado. Ela veio ao meu encontro.

– E então, avó? – perguntei antes que ela se sentasse no toco.

– Calma! Me deixe sentar! Você acha que tenho a sua idade? Na sua idade eu era mais esperta que você no caminhar e no pensar; hoje eu me arrasto, as pernas não querem mais nada, até pra pensar fica difícil! Bem, falei com os dois sobre a venda, e eles me confirmaram até coisas piores. Lembrei a eles que procurem sobre o dinheiro que foi pago; pelo que eu sei, quando um senhor vende uma coisa para o outro existe uma garantia de que houve pagamento. O sinhozinho me agradeceu. Disse que ficou tão chocado que nem se lembrou disso. E que amanhã mesmo vai até a cidade – acho que você irá com ele – atrás de um doutor que escreve lei e que lutará pelos direitos da sinhá. E que realmente eu tenho razão! Se ele vendeu as terras, com quem está o dinheiro? Que seria herança da filha? Agora, vamos descansar o esqueleto, que amanhã será outro dia e nós teremos muitas coisas para fazer.

Acompanhei avó Joana até o seu barracão, depois fui para o meu. Muitos já dormiam em suas redes, e roncavam, cansados porém despreocupados; não imaginavam o que estava por vir.

Sei que a luta começou entre eles. O comprador afirmou que o ex-marido da sinhá havia recebido o dinheiro, e mostrou o papel; o doutor disse que ali estava escrito que era só a metade, e outra metade seria a fazenda em que morávamos e alguns escravos!

O comprador alegou que a sinhá libertara três negros por conta própria, e que, além dos valores pagos por eles, tinha de pagar uma multa.

O doutor argumentou que ao libertar os escravos ela não sabia da venda das terras, e que os negros haviam fugido, e pelo tempo que ficaram sumidos, foram considerados perdidos.

Por fim, ficou decidido: a fazenda antiga era do novo senhor, e a nova fazenda, onde morávamos, ficava para a sinhá. Os escravos seriam divididos; era outra questão a ser discutida.

O novo senhor começou a se instalar na fazenda de imediato! Mandou recolocar a cerca, e todos os escravos trabalharam na reconstrução das terras. Agora era hora da divisão definitiva dos escravos.

Ele fez o seguinte relatório: velhos e crianças são pesos mortos, são prejuízo! Então ele propôs: para cada três velhos, um jovem trabalhador. Pais com crianças seriam avaliados com base no número de crianças do casal.

O levantamento foi feito. Havia muitos velhos; como nunca se venderam escravos, descobrimos que havia mais velhos do que jovens!

Ele me colocou na lista de trocas nas seguintes condições: Zacarias, avó Joana e outro negro velho que agora pertencia a nossa fazenda. Daria um casal com seus filhos de até sete anos em troca de uma jovem de até dezoito anos e saudável.

A sinhá deveria escolher; era pegar ou largar! Se ela escolhesse os jovens, então ele iria vender velhos e os casais, com filhos ou separadamente. Para ele, não faria diferença! Poderia comprar tantos escravos jovens quantos desejasse, tinha dinheiro pra isso.

A sinhá fez uma reunião com todos os escravos. Ela estava com os olhos vermelhos de tanto chorar, e os escravos também. Passou a proposta do novo senhor, e disse-nos que não achou nenhuma saída para impedir o que ele queria fazer.

Diante da situação, iria propor a ele que levasse todos nós; ela não queria separar as famílias e nem ver todos serem vendidos. Preferia ficar sem nenhum escravo a nos ver separados.

O sinhozinho e o administrador estavam de cabeça baixa. Avó Joana se levantou, e, erguendo a mão, falou:

– Minha sinhá, eu sou sua serva, porém sou mais vivida que a senhora, que ainda é um botão de flor! Se puder dar um conselho, ouça o que vou lhe dizer, minha sinhá!

– Por favor, Joana, fale! Por Deus, me ajude! – respondeu a nossa sinhá, secando os olhos no lenço alvo.

– A sinhá já abriu as gavetas da parede? Por detrás dos quadros de família há umas gavetas, sinhá; eu sei porque muitas vezes vi o senhor velho abrindo essas gavetas e fechando com chave, colocando o quadro no lugar. Quem sabe, sinhá, o seu dinheiro não esteja lá, bem escondido? A sinhá poderia comprar a fazenda dele de volta! Eu escutei o homem falar bem alto que se pudesse voltaria atrás, que essa fazenda não é boa!

A sinhá se levantou:

– Segure minha filha – disse ao administrador. Chamou o sinhozinho e pediu que avó Joana a acompanhasse e lhe mostrasse onde ficavam esses cofres. Mandou a gente esperar.

Não demorou muito tempo e a sinhá voltava, corada e sorrindo:

– Encontramos o meu dinheiro! Vão dormir, que amanhã será outro dia, e o nosso destino vai mudar!

No outro dia, eles foram à fazenda do senhor, e na volta nos chamaram outra vez para conversar:

– Quero dizer a vocês que todo o dinheiro, e um pouco mais que o senhor deixou guardado no cofre sem me avisar, eu usei para pagar por vocês. Se não fosse Joana, esse dinheiro iria ficar ali, enterrado para sempre! Continuaremos juntos! Só peço a vocês que nos ajudem a fazer com que essa fazenda cresça! Vamos todos trabalhar com mais disposição e alegria! Não tenho mais nada a não ser minha filha, meu marido, a fazenda e vocês! Todo o meu dinheiro foi para as mãos do nosso vizinho!

Parece que uma pedra foi tirada dos nossos ombros! Eu me ajoelhei e agradeci a Deus e a São Benedito pela felicidade de me livrar daquele sinhozinho. Só de pensar no que ele insinuou eu tinha arrepios!

O vizinho, como chamávamos, tentou travar amizade com o sinhozinho. Ele comprava remédios para os animais e para os escravos, feitos por mim e por avó Joana, e vinha pessoalmente, de vez em quando, à fazenda. Tornou-se amável comigo e com outros escravos.

Amansei muitos animais para ele, e fui algumas vezes cuidar das bicheiras do gado leiteiro; tive de reconhecer que a fazenda estava um luxo só! Ele investiu muito dinheiro, e a fazenda agora não lembrava em nada a fazenda de outros tempos, quando vivi por lá.

As roupas dos escravos e dos feitores eram bonitas, os calçados eram novos, e os escravos pareciam felizes! Pelo menos

A Saga de uma Sinhá 259

foi essa a impressão que tive; não cheguei a conversar com nenhum deles.

Um dia, eu estava curando uma vaca leiteira. O sinhozinho ficou de lado, olhando o meu serviço e me olhando! Pensei comigo: Aí vem coisa! O que será? Notei que de uns tempos para cá os senhores andavam tristes. Ela já não tocava tanto o seu piano, E ele não montava tanto o seu belo alazão. Havia algo errado acontecendo na fazenda.

Assim que soltei o animal, ele me chamou a um canto e disse:

— Miguel, vou direto ao assunto: sei que você é um sujeito observador, e já deve ter notado que estamos com problemas! E nosso problema é financeiro, o que compromete a todos. A nossa situação é péssima! Não tenho mais o que fazer para levantar dinheiro para as despesas e manutenção da fazenda! Recebi uma oferta que poderá ajudar a cuidar dos outros escravos velhos. Uma saída é alugar você e outros jovens escravos, algumas moças que bordam e costuram para o nosso vizinho. Ele me propôs um contrato por um ano. A oferta dele nos permitirá comprar roupas e calçados para os outros escravos, além das sementes e ferramentas de que precisamos para tocar a fazenda. Miguel, está compreendendo bem minhas palavras?

— Sim, senhor.

— Ele me garantiu que não haverá espancamentos e nem maus-tratos, e que especialmente a você serão confiadas tarefas comuns, como amansar cavalos, preparar remédios etc. E as moças trabalharão em costuras, bordados e outras tarefas de mulher! Veja bem, Miguel, não quero em hipótese alguma colocá-lo em uma situação difíci; porém, gostaria que você me ajudasse com os mais velhos, não posso exigir deles o que já não conseguem dar! Nós estamos em uma situação muito difícil, Miguel! Já discutimos até a idéia de irmos embora do país. Vamos tentar de tudo para mantermos a fazenda, e queremos que vocês entendam a nossa situação. Caímos em uma crise e não estamos encontrando apoio para nos erguer. Não sabemos mais o que fazer para manter o pouco que nos sobrou! A família da sua sinhá nos convidou para voltarmos para a terra dela. Em último caso, ainda é o que nos resta fazer, mas e quanto a vocês?

Eu tomei um susto, porém respondi com toda convicção:

– O sinhozinho pode contar comigo para ajudar os meus irmãos de sina! Eu não tenho nenhum compromisso com filhos e companheira, e fico feliz em poder ajudar os meus companheiros a ficarem junto dos seus filhos e mulheres! Se for possível, sinhozinho, peça ao nosso vizinho para que ele me deixe ver avó Joana! Eu trabalho mais horas que os outros escravos para poder vir até aqui vê-la. O sinhozinho sabe que ela é a única família que tenho.

Vi que o sinhozinho secava os olhos na manga da camisa, e senti uma vontade imensa de abraçá-lo; mas a minha posição me lembrava que eu era um escravo, e como tal, devia saber controlar as minhas emoções.

Ele me respondeu:

– Miguel, você é o homem mais justo, a alma mais branca e limpa que eu já conheci em minha vida! Eu jamais deveria pedir tanto a você, mas acredite, eu não tenho outra saída! Ou faço isso agora ou terei de entregar esta fazenda de mão beijada para o primeiro que aparecer, colocar nas mãos de qualquer um a sorte destas criaturas infelizes que passaram a vida servindo a esta terra. Perdoe-me, Miguel, pelo amor de Deus! Não sabe o quanto me dói sacrificá-lo; justo você, que arriscou sua vida por nós!

– Não se aflija por mim, meu senhor! – respondi. – Só permita que eu mesmo possa explicar aos meus companheiros que precisarei ficar trabalhando um ano fora da fazenda. Eles vão compreender, pois sabem que sou eu que amanso cavalos... Se bem que o Maneca vai me superar nisso, o senhor pode apostar! Passe o cargo a ele para cuidar dos animais. Só me deixe falar do meu jeito que todos eles vão entender, e ninguém vai ficar com medo ou revoltado. E eu estou sossegado, o senhor pode fechar o seu contrato. Estou pronto para partir.

Ele se afastou em passos rápidos. Seus lábios tremiam, e os olhos estavam vermelhos.

Quando a sinhá soube que eu iria ficar um ano fora, ela gritou, brigou com o sinhozinho e veio correndo até mim, dizendo:

– Miguel, eu já disse ao meu marido que se você sair daqui eu irei junto! Jamais vou aceitar esse sacrifício seu! Nós estamos em uma situação muito difícil, sim! Porém, eu já disse a ele que arrende as terras, com a certeza de que os escravos ficarão bem amparados; e nós vamos para a minha terra, e naturalmente eu levarei você comigo!

Acho que passei umas duas horas tentando convencer a sinhá de que se ela fosse embora e me obrigasse a acompanhá-la, não estaria me ajudando e sim me prejudicando! A proposta do senhor era muito melhor! Um ano passava voando! Logo nós estaríamos de volta, e com certeza o senhor teria condições de nos receber.

Ela chorou muito, mas, por fim, acabou concordando e me pedindo para dar notícias, pois só iria sossegar quando eu voltasse.

Assim, uma semana depois eu partia, com o coração em pedaços! Deixava meus amigos, avó Joana, saía levando a minha mochila de infância, e alguns outros apetrechos. Carregava o coração cheio e pesado de saudades. Não sabia dizer o que estava sentindo, mas algo dentro de mim chorava.

A sinhá, como sempre quebrando todos os tabus, me abraçou chorando. Fez isso na frente de todos. O sinhozinho também estava com os olhos vermelhos, e antes que eu pudesse subir na carroça ele veio até mim, me abraçou e disse:

– Miguel, me perdoe! Se eu pudesse trocar com você de posição, faria isso! Branco sem dinheiro não vale muita coisa, Miguel. O que mais está me doendo é ter que sacrificar justo você! Você não é um escravo, é um irmão, um amigo!

Fomos em um grupo de vinte pessoas, entre homens e mulheres, todos jovens entre 15 e 22 anos. Alguns feitores também foram deslocados, os mais jovens da fazenda.

Capítulo X

A chegada de um novo senhor

O meu senhor foi enganado, ele jamais imaginava que estava sendo traído! Talvez por este motivo ele tenha começado a sofrer do coração!

Tudo o que eu já havia vivido foi pouco perto do que me obriguei a praticar como homem! Nesses tempos é que eu descobri que Deus é a força que nos impulsiona a viver.

Passou-se um ano, dois, três, 15... Não éramos mais escravos, e sim, prisioneiros. Não sabíamos o que havia acontecido. Perdemos todo e qualquer contato com os irmãos da nossa fazenda.

Era como se todas as pessoas que passaram em minha vida agora fossem apenas fantasmas, surgindo como vagas lembranças vivas dentro de mim. De vez em quando lembrava da minha terra, e, sem poder segurar, via as lágrimas caindo dos meus olhos. Revia a imagem do meu pai, distante! Os rostos queridos se perdiam dentro das minhas lembranças: a minha avó Joana, meus amigos... onde estavam todos eles? Meus senhores, tão amáveis e bons! Tudo se acabou para mim...

Eu me olhava de vez em quando nas águas do rio e sentia raiva de mim mesmo; me perguntava, com revolta no coração: por que será que Deus me criou? Eu não tinha coragem para fazer o mal que às vezes vinha a minha mente. Muitas e muitas noites pensei em dar cabo do meu sinhozinho! Estaria livrando aquelas mulheres e seus filhos das crueldades dele! Era só fechar os olhos e começava a ter pesadelos, e acordava em pânico! E lá se ia mais um dia em que eu não tive coragem! Era como se uma mão me prendesse e não me deixasse completar meus projetos de vingança.

Peço licença e perdão ao nosso Pai Maior por lembrar destas passagens tão dolorosas, que na verdade temos mesmo é que esquecer! Uma bela tarde, depois de tanto tempo e sofrimento, vi uma carruagem se aproximando da fazenda do senhor. Os feitores, como sempre, brecaram a entrada dos visitantes para ver se podiam ou não entrar. Fiquei observando de longe... Lá vinham os brancos!

Naquela semana eu estava dormindo, comendo e respirando melhor! O nosso sinhozinho tinha ido embora; comentava-se que quase precisou fugir! Graças a Deus! Se a nossa situação iria piorar, que piorasse! Não podiam existir dois infernos na Terra, eu já vivia em um deles! Qualquer novo demônio entre nós seria considerado normal.

Nem me alterei quando vi um jovem mulato todo vestido como branco, e dando a mão para uma dama de cabelos da cor do fogo; eles riam-se, como se fossem iguais! Pensei comigo: o cão, quando não vem, manda! Olha só a pose do mulato! Deve ser obrigado a fazer coisas que até Deus

A Saga de uma Sinhá 265

duvida! Bem, deixa pra lá... Quem sou eu para ficar com esses pensamentos? Eu também faço coisas que até Deus duvida!

Vi que desceu esse mulato, um senhor branco de barbas grisalhas, três damas e outro mais escurinho, que também se vestia como branco. Eu fingia que não prestava atenção neles.

O feitor responsável por nós levou os visitantes lá pra casa-grande. E nós todos fomos chamados para levar baús e mais baús! Santo Deus! Disse um negro:

– Será o fim do mundo? Esses mulatos todos engomados, e nós carregando os baús dos senhores deles! Você sabe quem são eles?

Eu respondi:

– Sei lá! Pela aparência deles, devem ser parentes do infeliz que se foi! Devem vir tomar conta da fazenda!

– E os negros?

– Onde você viu negro aqui a não sermos nós? – respondi.

– Aqueles mulatos vestidos de branco. O que será que eles são?

– Só Deus sabe! Vamos descobrir logo, logo.

No fim da tarde o feitor veio me procurar, e foi logo dizendo:

– É, Miguel, a coisa vai ficar preta! O mulato está chamando você! Mulato dando ordem a negro é pior do que branco dando ordem a branco! Ele quer que você se apresente imediatamente em frente da casa-grande!

Pronto! Quando eu penso que o diabo está satisfeito comigo, ele me manda seus cobradores! E o que mais me entristece é que Deus parece não se dar conta da gravidade do caso!

No dia em que for chamado para o outro lado, vou jogar na cara dEle as encrencas em que eu me meti por falta de ajuda dEle! Eu estava tão bem lá no meu canto! De repente, me viraram de cabeça pra baixo e minha vida se tornou esse inferno! — falei, em voz alta.

O feitor me respondeu:

– Calma, Miguel! Você ainda deve dar graças a Deus! Seus filhos são negros, e você já sabe que serão escravos! E eu, que tenho filhos mulatos? Eles não são aceitos no meio dos escravos como negros, e nem no meio dos brancos como filhos de branco!

Enquanto me dirigia à casa-grande encontrei algumas mulheres assustadas, que, de olhos arregalados, perguntaram-me:

– O que foi? Por que você foi chamado? Aconteceu alguma coisa? E essas pessoas, quem são?

Respondi, rindo:

– Deve ser a alma do sinhozinho que veio me pedir perdão; vai ver que ele morreu! E eu estou louco de vontade de dizer a ele que agora é a vez dele de ficar no inferno!

– Credo, Miguel! — comentou uma delas –, você não tem jeito mesmo! Nós estamos preocupadas e você brincando!

– Vão para seus barracões. Caso eu volte, digo a vocês o que eles queriam de mim. Agora quem fala sério sou eu! Voltem e fiquem juntas no barracão, não fiquem tentando escutar coisas aqui e ali!

Achei muito estranho; só quem estava no alpendre era o mulato, vestido igualzinho a um senhor branco. Assim que me aproximei ele perguntou:

– Você é o Miguel?

– Sim, senhor, em pessoa! – respondi.

A Saga de uma Sinhá 267

– Suba até aqui, por favor! – disse ele, sentando-se em uma cadeira de balanço como se fosse um senhor!

Pensei comigo: este mulato está arrumando encrenca pra vida dele! Não se enxerga mesmo! Já não basta estar vestido como um branco, e ainda tenta ser um deles, até no jeito de falar! Onde já se viu um mulato falando igual os estrangeiros?

Sente-se na cadeira, Miguel! – disse ele, apontando para uma cadeira de balanço.

Eu tive vontade de rir. Pensei: Será que o sol da estrada não cozinhou os miolos do mulato? Imagina só se eu ia me sentar em uma cadeira na varanda do senhor! E ainda por cima, de quem era aquele cadeira? Do maldito senhor!

Respondi com bastante calma:

– Obrigado, senhor, eu estou bem de pé; estou aqui para atender seu chamado!

– Já disse que você pode se sentar, Miguel! Essa cadeira é minha, esta fazenda é minha e quem manda aqui sou eu! Sou o novo proprietário desta fazenda! Meu nome é Frederico, e nasci nesta fazenda! Eis um dos motivos por que voltei! E você foi o negro que me ajudou a viver, quando atravessou o rio comigo nas costas! Eu conheço toda a minha história. E por isso eu posso lhe dizer: venha até aqui e me dê um abraço!

Eu fiquei trêmulo. Alguma coisa nos olhos dele de fato me lembrava Frederico! Fiquei sem ar e parado, olhando pra ele, que estava de braços abertos. Como eu não consegui me mover, ele veio até mim, abraçou-me e falou com a voz embargada de emoção:

– Meu caro amigo Miguel, você é o responsável pela minha vida! Meu pai está para chegar, junto com minha mãe Anita, que você conhece tão bem! Estou aqui para fazer justiça, e de agora em diante você se considere um cidadão livre! Pegue estas roupas aqui. – Jogou-me um pacote que estava em cima de uma cadeira. – Amanhã quero vê-lo vestido com esta roupa, com calçados nos pés, e barbeado; aí tem uma navalha, quem lhee mandou foi seu senhor, o marido de minha mãe biológica! Cuidado para não se cortar. Amanhã, após o nosso café, vamos até a cidade; quero regulamentar a sua carta de alforria, que já deixei assinada, e na volta vamos passar na fazenda nova, que me pertence também! Herança de seu senhor!

Eu não conseguia dizer nada; só fiquei ali parado, olhando para o rapaz.

– Só para você sossegar seu coração: avó Joana ainda anda. Enxerga mal, mas está viva e o espera! Vou chamar meu irmão, aquele que você obrigou a dividir o leite comigo. Você não reconheceu ninguém, não é mesmo? Bem, ele trabalhará conosco; nada mais justo que dividir com ele tudo o que é meu! E é desejo do meu pai adotivo! Vou recompensar aquela que me ofereceu o seio e me amou como se eu fosse seu verdadeiro filho; quero abraçá-la e beijar-lhe a fronte. Sabe de uma coisa? Quero transformar esta fazenda não em um lugar para brancos e negros; mesmo porque estas fazendas pertencem a um mulato, que não é branco nem preto! – Gargalhou alto, chamando a atenção dos feitores. – Quero que esta fazenda se torne em um lugar para gente! Brancos e negros terão que trabalhar em igualdade e ser tratados como pessoas.

Só então eu consegui abrir a boca:

– O senhor me disse que é Frederico, o filho de Antônio?

– Sim, sou Frederico, filho de sua sinhá com Antônio; quando eu era um bebê, você atravessou o rio comigo nas costas! Meu pai e Anita se casaram, e eu tenho novos irmãos, negros como você! E também tenho três irmãos brancos como leite! Uma nasceu aqui, e os outros nasceram lá. Com estes dois eu não posso ter uma relação aberta, por questões de ética familiar e não de preconceito racial! Porém, veja bem, Miguel: o marido de sua sinhá pagou meus estudos, e fez questão de me doar estas fazendas. O que ele prometeu à minha mãe, ele cumpriu; este homem é uma grande alma!

Enquanto ele falava, eu revia a minha sinhá, tão menina, linda como um sol, e que sofreu tanto nas mãos do marido que a trouxe para o Brasil; mas acabou encontrando em outro sinhozinho um homem de verdade!

Como se estivesse adivinhando os meus pensamentos, ele disse:

– A sua sinhá infelizmente não pôde vir, está em tratamento; pegou uma pneumonia! Doença de lugares frios. Ela tem a saúde frágil. Mas antes de viajar, fui até onde ela se encontrava, beijei-a no rosto e ela me abençoou, pedindo ao marido que me doasse as duas fazendas que foram adquiridas por eles; o seu antigo senhor faliu!

– Então o meu senhor não perdeu de todo o contato com eles? – arrisquei-me a perguntar.

– Eles fizeram de tudo para tirar você, Miguel, das mãos do seu senhor; foram anos de luta e expectativas, e sua sinhá não sossegou enquanto não teve de volta a fazenda com vocês! As leis brasileiras davam a ele todo o amparo legal. Mas tudo tem o seu tempo, e chegou a vez de todos vocês serem libertados, pelo menos dentro das nossas terras. Atendendo ao pedido dela, eu estou aqui, e ao lado do meu pai e de cada um de vocês, quero apagar as lembranças dolorosas que ficaram para trás. Amanhã nós vamos à cidade, e na volta pararemos na fazenda nova! Quero ver a cara dos negros velhos quando o virem! Será que vão reconhecê-lo? Quero ver a expressão da minha mãe de leite... Tenho certeza de que, quando me olhar, o sangue há de pulsar forte nas veias, pois eu carrego o sangue dela na alma! Ela me amamentou! E quando abraçar o filho, então? Meu irmão está nervoso, esperando esse encontro de amanhã! Ah, ia me esquecendo! Esta moça loira de olhos verdes que você viu descendo comigo é a minha esposa, e os senhores são os pais dela. Eles ficarão uns tempos por aqui e, se desejarem ficar, a fazenda é grande, dá pra todos! Além disso, Miguel, quero lhe dizer que fui recomendado e já vim com uma carta de apresentação. Além de fazendeiro, vou assumir um posto de importância: serei um dos primeiros juízes negros neste país! Vou começar a fazer justiça, ou pelo menos tentar! Quem já sobreviveu nas costas de um negro quando ainda era bebê pode sobreviver muito bem de pé entre brancos e negros!

Eu continuava de pé; ele sentou-se e disse, com ar de riso:

– Eu sou um juiz, embora ainda não tenha assumido o meu posto. Mas se você não me obedecer, eu posso mandá-lo não para o tronco, mas para uma cadeia de brancos! Sente-se agora mesmo! Temos muitas coisas para conversar!

Ele tocou uma sineta, e logo apareceu uma das moças da casa; ele a chamou para perto dele e perguntou:

A Saga de uma Sinhá 271

– Como é o seu nome?

Ela estava pálida por me ver sentado em uma cadeira que apenas brancos podiam usar. Seus lábios tremiam, e não conseguia soltar a fala.

– Como é seu nome, menina? – perguntou ele, olhando para mim.

Ela, de cabeça baixa, tremendo dos pés à cabeça, respondeu:

– Eu me chamo Ritinha, senhor.

– Muito bem, Ritinha, peça para sua nova senhora vir até aqui, e me traga três copos e uma garrafa de um bom vinho!

Ritinha olhou para mim angustiada; eu tentei passar segurança a ela através do olhar. Ela saiu correndo. Eu até imaginava o que passava pela cabeça dela.

Não demorou muito tempo e a nova sinhá vinha sorrindo, e atrás dela, Ritinha, com três copos e uma garrafa de vinho vermelho que chegava a brilhar dentro da garrafa. Lembrei-me que de vez em quando, nas festas dos senhores, eles bebiam estes vinhos coloridos, e nós lambíamos a garrafa para saber o gosto; era bom demais!

Ela beijou o marido na nossa frente, e nós baixamos a cabeça. Meu Deus, que moça sem juízo! Beijar o marido na frente dos escravos!

Então, fui pego de surpresa: ela me agarrou pelo pescoço e beijou meu rosto, dizendo:

– Miguel! Graças a você, tenho o melhor homem do mundo do meu lado! Obrigada, obrigada por tê-lo salvo para mim!

Juro que não enxerguei e nem senti meus pés no chão; eu tive que sentar mesmo, porque senti as vistas escurecerem e as pernas amolecerem! E os feitores olhando sem entender nada!

Se de fato eu fosse um negro doente do coração, teria morrido naquela hora! Jesus Santíssimo, que moça doida!

Frederico, rindo, abraçou-me e disse:

— Miguel, esta moça é uma pérola que Deus preparou para iluminar a minha vida! Sou o homem mais feliz do mundo; e ela sempre o amou, mesmo antes de conhecê-lo!

Ela tinha os olhos cheios de água. Frederico colocou o vinho nos copos e falou, rindo:

— Vamos fazer um brinde a você, Miguel!

Nessa hora chegou o irmão dele, o outro mulato. Olhei bem para o rapaz, e vi que ele tinha uns traços do feitor Ambrósio.

— Belo irmão é você, não, Frederico! Não me convidou por quê? — reclamou ele, rindo.

— Pensei que você estivesse dormindo! Este aqui, Miguel, depois que descobriu que podia ter vida boa, dorme como um urso hibernando! Tomara que esta terra o desperte para a vida diária mais cedo! — Começaram a gargalhar.

— Ritinha! É esse seu nome, não é? — perguntou o irmão deFrederico à moça que estava parada do outro lado, aguardando ordens.

— É Ritinha, sim, senhor — respondeu ela.

— Você pode ir buscar mais um copo para nós?

Antes de sair, ela me deu uma olhada rápida; estava tão assustada quanto eu!

— Sente-se direito, Miguel! — ralhou comigo o filho de Maria do Céu. — Espere que vou lhe ensinar a se sentar como um doutor... Pois é isso que você é! Coloque a perna assim, os braços assim, e encoste-se na cadeira. Não tenha receio! Frederico, eu não tenho nada para fazer por enquanto, e ainda não arrumei uma namorada; posso dar aulas de etiqueta para o Miguel?

– Boa idéia! Desde que você não vá se aproveitar dele! Cuidado! Se fizer uma besteira com ele vai se ver comigo!

– E comigo também! – disse a esposa, rindo.

– Pessoal, assim vocês podem deixar Miguel encabulado, ou até com medo de mim! Até parece que sou um pervertido! – respondeu o filho de Maria do Céu, abraçando-me.

Foi a primeira vez que bebi em copo de vidro, uma bebida tão fina! Os feitores estavam de queixo caído, olhavam para nós sem trocarem uma palavra!

Até os escravos que rodeavam a frente da casa estavam assustados me vendo ali sentado naquela pose, e bebendo com dois mulatos e uma moça branca e fidalga, que gargalhava e brincava.

Eu pensava comigo mesmo: o negro Miguel sentado e fazendo pose em uma cadeira de balanço, onde o senhor ficava nos vigiando! Agora era eu que estava no lugar dele! Com um copo de vidro na mão, cheio de vinho da cor de sangue, bebendo que nem gente branca! Só de imaginar o que os outros pensariam, comecei a rir sozinho.

Passei o resto da tarde lá, sentado igual a um rei. Frederico ordenou que outro negro se encarregasse das minhas tarefas e chamou os feitores, dando a eles a seguinte ordem:

– A partir de hoje, Miguel não vai mais obedecer às ordens dos senhores. Aliás, amanhã ele será um homem livre! Continuará nesta fazenda não como escravo, mas como um membro de nossa família. Irá nos ajudar na administração.

O feitor estava branco, parece que tinha visto um fantasma. Olhou pra mim e, virando-se para Frederico, respondeu:

274   *Maria Nazareth Dória / Luís Fernando (Pai Miguel de Angola)*

– As ordens do doutor serão atendidas por todos nós! Tem mais alguma ordem, meu senhor?

– Por enquanto é só, porém acredito que vamos mudar muitas coisas por aqui, meu amigo! – avisou Frederico.

Ajeitando o chapéu na cabeça, de pé na minha frente, o feitor disse:

– O sr. Miguel fique ciente que todos nós teremos imensa satisfação em atender os pedidos do nosso senhor.

Pensei comigo: mas que cachorro! Ainda de manhã me fez uma desfeita daquelas! Justo ele que vivia me humilhando, que colaborou com tantas tormentas em minha vida de escravo, agora estava ali, me chamando de senhor! Ah! Bem que eu podia me aproveitar da minha nova posição e dar o troco! "Não!", disse imediatamente a mim mesmo: Avó Joana sempre me falou que quem é grande não se mistura com coisas pequenas!

Encarando o feitor, respondi:

– Ficarei grato com a sua generosidade, e aqui, na frente dos meus senhores, quero pedir permissão para que a Ritinha e outras moças que têm filhos na outra fazenda possam ir visitá-los! Com a sua ajuda, senhor feitor!

Alvinho, o irmão de Frederico, entrou na conversa e falou:

– Vamos à primeira correção: você não se dirija mais a nenhum de nós, nem aos seus antigos feitores, dizendo "meus senhores"; substitua por "vocês" ou "meus amigos". Em segundo lugar, solicito ao meu irmão e sua esposa que, usando o nosso bom senso, nós o façamos administrador das fazendas. Assim você decidirá muitas coisas ligadas às fazendas sem precisar pedir autorização. Por exemplo: Essa seria uma questão que você mesmo poderia decidir; quem deve ir, quem não deve vir. O que acha, Frederico, da minha idéia?

Você, como sempre, dando um jeito de jogar nas costas dos outros suas tarefas, não é, Alvinho? Bem, sinceramente, acho que foi a idéia mais brilhante que você já me deu! Aprovado! O que acha, Helen?

– Estou de pleno acordo; e olhe só, meu marido, o que vou lhe dizer: Miguel fará destas fazendas a terra prometida! Todo mundo vai querer imitar o que ele criar por aqui. Um jovem com tão pouca idade que fez o que ele fez é um herói! Quem atravessou um rio a nado com um bebê nas costas jamais iria fazer uma injustiça sequer com os seus semelhantes!

Ela falava estas palavras na língua dela, toda enrolada; pensei até que estivesse me xingando, não entendia quase nada do que ela falava!

O feitor suava, e eu, que tinha bebido dois copos de vinho e já estava bem relaxado, olhei pra ele com aquele olhar de autoridade e ordenei:

– Amanhã, prepare carruagens para as mulheres irem rever seus parentes! O senhor deve acompanhá-las.

Com o chapéu voltado para o peito, ele respondeu, trêmulo:

– Sim, senhor.

E assim, no outro dia, eu não quis colocar as roupas de homem livre. Disse a meus senhores ou amigos, como eles exigiam que os chamassem, que só me vestiria quando tivesse a carta na mão; antes disso, nem pensar!

Quando saímos do cartório, eu não pulava de alegria; havia um nó em minha garganta. Eu era livre, mas os meus filhos seriam cativos! O pai livre, os filhos escravos! E não podia pedir a liberdade deles aos meus senhores. Eu tinha noção da gravidade do caso: mesmo que pagassem a fiança, eles não poderiam libertar a todos! Era lei, e a lei era de fato muito cruel e severa para nós, que nascemos com uma cor de pele diferente.

Eles me levaram até uma pousada. Alvinho quase me arrastou para uma barbearia de brancos. Eu não queria entrar de jeito nenhum, pois vi a cara de nojo de alguns brancos olhando pra mim e pra ele, que era mulato! O barbeiro cortou o meu cabelo e fez a minha barba, jogou água perfumada no meu rosto. Então, Alvinho me arrastou até o banheiro. Eu insisti que não havia necessidade de trocar as roupas, pois eu estava com roupas limpas; ele nem me ouviu!

Tive que me vestir com as roupas que os brancos usavam. Causou-me um desconforto que só vendo! Enfiei umas meias nos pés, calcei sapatos de couro brilhante... Me senti um morto preso no caixão, tudo me sufocava.

Ele pegou um espelho, colocou na minha frente e disse:

– Sabe quem é este jovem?

– Santo Cristo da Misericórdia! Como eu ia chegar à fazenda daquele jeito? Já fazia tantos anos que não colocava os pés por lá. Se chegasse com aquela aparência, quem iria me reconhecer?

– Sr. Alvinho, eu acho que não posso sair daqui assim... Nem me pareço mais comigo! Se nem eu mesmo me reconheci, como é que os outros vão acreditar que sou eu?

– Deixe de bobagens, Miguel! A roupa melhora nossa aparência por fora. O que você é por dentro vai continuar do mesmo jeito, a não ser que você queira mudar; nesse caso, eu iria ficar muito decepcionado!

Antes de deixar o privativo, ele me chamou e disse:

A Saga de uma Sinhá ⌇ 277

– Pegue isso e coloque no bolso. Um homem deve andar sempre com algum dinheiro guardado para alguma providência que se fizer necessária! Por exemplo: pagar um suco para uma moça! Comprar flores! Pagar um drinque para um amigo. Essas coisas do dia-a-dia!

– Eu terei que fazer isso também?

– Você vai ter que aprender a ser você mesmo, Miguel, o menino que perdeu sua identidade e que agora como homem está se reencontrando! E cá entre nós: ser negro não é o fim de ninguém. Logo mais você saberá o que está acontecendo! Os negros estão de mãos dadas e a corrente está se fortalecendo. Eu, pessoalmente, acredito que logo, logo vamos acabar com a escravidão no Brasil. Ah, Frederico e Helen têm uma novidade para você! Não vou antecipar, mas acho que você vai gostar, e muito!

Meu Deus, tomara que não sejam outras coisas que serei obrigado a fazer contra o meu gosto! Eu já estava sem sossego vestido daquele jeito, e ainda nem acreditava no que me acontecia.

Eu, que passei a minha vida sonhando com a liberdade, tinha uma carta de alforria na mão dizendo que eu era um homem livre. No entanto, eu me sentia um traidor! Como é que eu voltava para os meus vestido como um branco, exibindo a liberdade, e eles, que me deram força e apoio, e que eram meus irmãos de vida, iriam continuar escravos? Sentei-me e comecei a chorar.

O filho de Maria do Céu se sentou do meu lado, e agora falava como um negro:

– Miguel, eu sei o que se passa dentro do seu coração, não é diferente do que se passa dentro do meu! De quem eu sou filho? De uma escrava! Sou um mulato livre com mãe e irmãos no cativeiro! Nós devemos agradecer a Deus por esta oportunidade que recebemos dEle, e tratar de trabalhar muito para libertarmos todas as correntes da escravatura! Portanto, sr. Miguel, trate de levantar sua cabeça, arregaçar as mangas e começar a lutar conosco pela liberdade daqueles que amamos. Preste bastante atenção: quero morar com a minha mãe e meus irmãos, quero andar de braços dados com ela, entrar em qualquer lugar público e não ter que suportar ver as pessoas discriminando minha mãe e meus irmãos! E olhe aqui, Miguel, veja bem o que vou lhe falar: mesmo que conseguíssemos a carta de alforria para todos os nossos escravos, isso não iria ajudá-los muito! Sabe por quê? Porque os negros continuarão escravizados, e todos os negros livres continuarão sendo escravos da sociedade, que jamais os aceitará como homens livres! Você conhece muitos escravos que ficaram livres e perderam a proteção dos seus senhores. Eles estão vivos?

Eu pensei um pouco antes de responder. Realmente conheci uns pobres infelizes que, recebendo a liberdade, estavam velhos e cansados, e perambulavam pelas ruas na esperança de que alguém lhes desse um trabalho, como cortar lenha, limpar quintal ou qualquer outro serviço. Acabavam mortos, às vezes pisoteados pelos animais dos senhores que eram contra a liberdade dos negros. Por fim, respondi:

– Os poucos que eu conheci que foram libertados pela lei estão mortos!

– Então, meu amigo! Entendeu agora por que eu e Frederico ficamos tanto tempo fora do nosso país, e como fomos abençoados pelo padrasto do Frederico? Concluímos nos-

A Saga de uma Sinhá ⁓ 279

sos estudos e voltamos como cidadãos livres, e veja como o povo desta terra olha para nós! Eu estou preocupado com este cargo que Frederico vai assumir! Ele encontrará muitas dificuldades, pois a cor dele não agrada muito aos advogados, que se sentirão ofendidos em ter um mulato no meio deles como juiz! Nós precisamos, em primeiro lugar, libertar os negros da maior escravidão que pode existir: o medo! Ensiná-los a ler e escrever, abrir mercados de trabalhos e valorizar a mão-de-obra deles. O trabalho do branco é bem remunerado. E o trabalho do negro? Você sabe que as escravas fazem vestidos. Se suas sinhás vendem dizendo que foi feito por empregadas brancas, valem uma fortuna. Se abrir a boca e disser que foi costurado por uma escrava, o vestido não é nem tocado!

Ficamos conversando um bom tempo, e naquele dia eu pude perceber o quanto aquele menino era generoso, inteligente e preocupado em nos ajudar. Ele parecia um moleque, mas só na aparência. Quando parava para conversar, era sério, tudo o que ele falava tinha sentido.

Foi nessa conversa que ele me disse que era médico formado, e que também teria que brigar com o diabo para tratar de pacientes brancos! Os doutores brancos só atendiam brancos, e o médico dos negros era Deus e os remédios das matas, os negros e negras velhas que receberam dos mais idosos os ensinamentos. Nenhum doutor branco colocava a mão em negro. Imagine ele, um médico mulato...

Fiquei tão fora de mim que nem pensei para falar:

– Sr. Alvinho, aqui o senhor não vai ter nem um paciente! O senhor acha que os brancos vão deixar seus filhos e esposas, ou eles mesmos, se consultarem com o senhor?

Ele gargalhou, e, batendo nas minhas costas, respondeu:

– Das duas uma: ou vou ter que ajudar a libertar todos os negros para me tornar médico da negrada, ou vou ter que ser melhor que todos os médicos brancos daqui para que possa conquistar a confiança dos pacientes brancos!

No caminho para a fazenda, fomos conversando. Falei tudo o que sabia sobre a vida de Maria do Céu; ela teve outros filhos, porém a falta do filho dela e do outro, a quem ela havia adotado, nunca foi esquecida.

Narrei toda a vergonha que nos envolveu na fazenda do senhor, e que muitas moças foram separadas dos seus pais e tinham filhos meus e de outros negros; moças que foram massacradas, humilhadas sem ter nenhuma chance de vida.

Algumas foram levadas às casas de má fama; eram alugadas para atender todas as loucuras dos senhores. Corriam boatos de que muitas mulatas, filhas de negras com feitores brancos ou com seus senhores, foram vendidas e levadas para fora do país, para serem usadas como instrumentos do prazer masculinos.

Revelei a Frederico e Alvinho tudo o que eu sabia, pois ouvíamos conversas entre feitores e escravos que os acompanhavam e traziam as novidades para dentro da senzala.

Muitos feitores se rebelavam contra os seus senhores, alguns faziam trato com os escravos, facilitavam suas fugas para que eles levassem suas filhas antes que elas fossem vendidas pelos senhores.

Contei a eles que em volta de todas as casas de má fama havia um cemitério. Ali se encontravam corpos de moças e de escravos homens, que também eram usados para os prazeres de alguns senhores tanto quanto as moças.

Esqueleto de recém-nascido nem se falava! Muitas infelizes engravidavam e eram obrigadas a praticarem o aborto, e as que não conseguiam abortar ficavam trabalhando na cozinha e na lavanderia até o nascimento da criança, que era sacrificada antes mesmo de chorar! Quando terminei de relatar o que sabia, vi que os dois secavam os olhos.

– Miguel, você deve colaborar conosco! Tentaremos resgatar estas moças e moços e trazer de volta para seus pais. Vamos começar fazendo um levantamento com as mães, quantos de seus filhos e filhas foram levados embora!

– Desta fazenda, você tem idéia de quantas pessoas foram vendidas, alugadas, trocadas, presenteadas ou sei lá o quê? – perguntou Frederico.

– Nos meus cálculos, durante estes anos que passei por lá, umas duzentas pessoas foram levadas embora! Alguns já nem têm mães, elas já morreram, graças a Deus que descansaram! Mas ficaram os irmãos.

– Pois é, meu velho amigo, este jovem juiz aqui na sua frente não terá escolha: ou vai viver muitos anos no meio de vocês ou vai morrer muito jovem por lutar por vocês!

Chegamos à fazenda. Tudo estava diferente, e avistei muitos velhos de cabelos brancos. Onde estavam todos? Alguns negros andavam puxando lenha, água, mas eu não conhecia nenhum deles.

Uma velhinha bem curvadinha, arrastando os chinelos e se apoiando em um cajado de madeira, com uma toalha branca amarrada na cabeça, se aproximou; senti um aperto no coração! Meu Deus seria quem eu estava pensando?

Nem precisei saber quem era: ela abriu os braços, e com a voz baixa e cansada pela idade falou:

– Miguel, meu filho, venha até aqui! Eu não posso enxergá-lo, as minhas vistas se acabaram, filho, mas posso sentir o seu cheiro de longe!

Corri até ela, ajoelhei-me e beijei suas mãos enrugadas. Chorei como uma criança e, diante daquele corpo frágil, pude novamente encontrar a força e a grandeza de um espírito de luz. Um anjo chamado Joana.

Frederico, emocionado, não conseguia falar. Alvinho era um doutor, e logo pediu que fossem buscar um chá doce para todos. Meus velhos amigos, todos tão diferentes das lembranças que levei deles! Chorei com verdadeira dor no meu coração! Meu amigo Zacarias havia morrido, eu nunca mais iria vê-lo!

Avó Joana não enxergava mais, a catarata cobrira seus olhos; porém, continuava sábia como sempre. Ouvindo o meu silêncio sobre a morte de Zacarias e sobre o paradeiro dos outros, ela disse:

– Meu filho, ali dentro daquele tacho velho tem uma lembrança do Zacarias para você! Antes de morrer, ele me pediu para lhe dizer que ninguém morre por completo; ele estava morrendo na carne, e iria se fortalecer no espírito para lutar junto de vocês. O danado do velho até sabia da volta desses meninos! Ele me falou que antes da minha partida eu iria ver as coisas modificadas, que todos voltariam! E não é que ele acertou? Voltaram os dois meninos, voltou você, e acho que muitos dos nossos voltarão! Então eu espero e acredito que ele vai cumprir a promessa que me fez.

– Que promessa, avó? – perguntei, enxugando os olhos.

– Que você iria me enterrar ao lado dele! E que ele me esperaria do outro lado para continuarmos com o nosso trabalho! Mas vá, filho, pegue o que ele lhe deixou! Eu não tive a curiosidade de olhar, embrulhei na minha toalha e pedi a Lourdes e às outras que, se eu morresse antes de você retornar, elas se encarregassem de lhe entregar; pois todos aqui foram avisados por ele que você voltaria e iria trazer muitas coisas novas e boas.

Fui até o tacho, e peguei o embrulho; lá estavam o seu velho canivete de cortar fumo, o acendedor de cigarro, o umbigo de Frederico. Reconheci porque ele havia me mostrado, dizendo que iria guardar, e que um dia ele teria como provar que era filho legítimo daquelas terras.

Quando mostrei a Frederico, ele apertou entre as mãos e chorou, me abraçou e ficou olhando para o pequeno embrulho que segurava.

Maria do Céu foi chamada. Ela chegou toda desconfiada na porta do barracão da avó Joana; estava envelhecida. Todos pareciam ter envelhecido!

– A senhora me chamou, avó Joana? – perguntou ela sem entrar.

– Maria do Céu, entre aqui, minha filha – pediu avó Joana.

Ela entrou torcendo as mãos, e olhando para os dois jovens sem entender nada!

Maria do Céu, eu não consigo enxergar, mas você tem as vistas boas... Repare bem nesse negro que está do meu lado e veja se ele lembra algum dos nossos!

Ela me olhou e respondeu:

– Sinceramente, se é conhecido daqui eu não me lembro, não!

– Maria do Céu, esse é Miguel, minha filha! Ele voltou! E se prepare para receber outras pessoas muito importantes.

Abraçando-me, ela caiu em prantos; soluçava, e as palavras não saíam de sua garganta. Alguém lhe ofereceu uma caneca d'água.

Peguei os dois jovens pelas mãos e disse:

— Maria do Céu, aqui estão os seus filhos, Frederico e Alvinho!

Não preciso nem relatar a emoção daquele momento: mãe e filhos se encontrando depois de tantos sofrimentos e tanta distância. Cada rosto era lavado pelas lágrimas da felicidade e pela bênção de Deus.

Capítulo XI

A vida livre

Daquele dia em diante, eu, que passei uma vida inteira sonhando com a liberdade, descobri que sempre fui livre! Como homem livre, me sentia aprisionado dentro de mim; honestamente, era mais infeliz como homem livre do que no meio dos escravos!

No meio deles, sim, estava a minha vida, a minha identidade, os meus filhos, os meus irmãos e amigos. Fui descobrindo aos poucos que a vida entre os brancos era bem pior que a nossa vida na senzala.

Nossos sofrimentos eram simplesmente por causa da nossa cor. Já os brancos sofriam por criarem leis que os levavam a brigar e guerrear.

Não preciso relatar a felicidade de voltar para os meus amigos e irmãos de fé! Tudo estava mudado; cada um passou por seus apuros. Como se fôssemos sementes esperando a chuva cair na terra, começamos a colocar para fora nossa alegria.

A fazenda definitivamente transformara-se em uma só. Derrubamos as cercas. Muitas casas foram construídas, e muitos escravos, mesmo sem ter a carta de alforria nas mãos, passaram a ser trabalhadores livres, trabalhando de "ameia": eles plantavam num pedaço de terra, colhiam e dividiam com o senhor. A prosperidade entrou na fazenda!

Os negros velhos que haviam sido libertados e não tinham para onde ir vinham em busca da proteção do filho da sinhá. Uma parte da fazenda foi apelidada de ruas dos velhos. Muitas casinhas foram construídas, e Frederico trouxe de volta os maridos e as esposas que foram separados pelos senhores.

Sentíamos até inveja da felicidade deles; plantavam ervas, flores, fizeram um pomar, uma horta, tricotavam, faziam panelas de barro, cestos de vime, costuravam, faziam brinquedos para as crianças, doces e compotas. Ali, naquele pedaço de chão, ergueu-se um verdadeiro império; encontrávamos mercadorias de alta qualidade, e o senhor começou a comercializar os produtos e investir na liberdade dos escravos.

Muitas vezes, olhando para aquele mulato bem vestido e que colocava brancos na cadeia, eu me sentia orgulhoso: bendita hora aquela em que atravessei o rio com aquele mulatinho nas costas!

Ele era amado pelos negros, mulatos e feitores. Foi uma grande ajuda para nós, negros que chegamos de fora, e para os filhos nascidos das nossas negras com os brancos, feitores e senhores, pois a semente mulata já cobria o Brasil! A cor da pele já não era somente branca ou negra: surgiam os mulatos de cabelos lisos e olhos claros, eram os "gasos", os sararás, os crioulos e outros nomes.

A Saga de uma Sinhá ≈ 287

Tudo mudava; a força avançava a nosso favor, conforme as previsões de Alvinho. Eu também já sentia e acreditava que a liberdade estava prestes a chegar para todos. Muitos estrangeiros estavam engajados no movimento.

Iniciou-se uma rebelião que resultou em muitos mortos: morreram brancos e negros, e Frederico foi afastado. Decidiu que faria uma viagem até as coisas se acalmarem. Alvinho ficaria tomando conta das fazendas, que eram lucrativas.

O progresso, quando bem intencionado, incomoda os ricos que vivem da miséria humana. Eu fiquei revoltado, pois não existia nenhum homem capacitado pelo senso de justiça como Frederico.

Todos estavam revoltados e queriam partir para a luta. Até os feitores estavam agora do nosso lado! Fomos aconselhados a nos manter calmos e a não entrar em conflitos com a oposição.

Frederico e Helen iriam viajar para o exterior. Eles diziam que a vida por lá era bem diferente, muito melhor! E Frederico insistiu que eu deveria atravessar o mar, desta vez não como prisioneiro, mas como um cidadão livre. Iria visitar a minha terra, e reencontrar a minha família. Ele havia descoberto minhas origens; usou sua influência de juiz e, junto com o marido da sinhá, conseguiu saber de onde eu tinha vindo, e que um padre amigo deles e um jovem português me esperavam para levar-me até a minha aldeia.

A princípio, senti muito medo, já nem me lembrava de nada que deixei por lá. Vivia em harmonia com os meus filhos, tive a grande felicidade de reencontrar o meu pai – pelo menos o enterrei com dignidade ao lado da minha avó Joana. Não tinha mais sentido nenhum voltar em busca de um passado que se tornara apenas um fantasma em minha vida.

Eu ia explicar a Frederico que não queria ir com ele, não tinha mais esse desejo em meu coração. Aconselhei-me com os amigos. Alguns me diziam que eu deveria ir, outros achavam que de fato eu não tinha mais nada por lá, e que eu era outro homem, bem diferente do menino que foi raptado.

Armei-me de coragem e fui falar com Helen e Frederico, porém os argumentos deles não me deixaram outra escolha a não ser seguir com eles.

O nosso coração nos avisa sempre quando estamos nos despedindo. Não podemos entender de imediato a mensagem, porém o conforto vem depois, quando nos lembramos dos últimos apertos de mãos, olhares e palavras.

Deixei a fazenda com lágrimas nos olhos e o coração partido. Meus filhos me acenavam; suas mães tinham lágrimas nos olhos, e algo me dizia que eu não voltaria dentro de seis meses, como foi prometido por Frederico e Helen.

Reencontrei minha terra, meus irmãos e amigos, porém me perdi completamente dentro de mim. O tempo marcado por Frederico chegou; eu estava ansioso, não via a hora de voltar para o Brasil. Parecia que a minha alma não tinha me acompanhado!

O tempo passou, outros tempos passaram, multiplicaram-se e nunca mais vi ninguém... Caí em uma tristeza terrível, queria morrer a qualquer custo! Não tirei minha própria vida por medo! A minha avó Joana, em quem eu confiava tanto, alertou-me sobre isso! Não queria saber de nada! Os nossos orixás mandavam me chamar para conversar comigo, e eu não aparecia, não acreditava mais neles!

Se existissem de verdade não teriam feito aquilo comigo! Comecei a beber todas as noites; dormia bêbado para não ficar deitado, pensando na minha vida.

Muitas e muitas noites, debruçado na janela da minha casa, lá no alto, onde construí uma casa, pensei que iria enlouquecer. Olhava as estrelas atravessando o céu de um lado para o outro. Eu queria me agarrar em uma delas, atravessar o mar e chegar outra vez ao Brasil!

Meu Deus, eu era feliz como escravo, não sabia o que dizia quando pedia para ser livre! Agora sim, eu era livre no corpo e prisioneiro na alma.

Como Deus está acima de qualquer sofrimento ou sabedoria, Ele pode mudar a vida de um homem em um minuto: foi o que aconteceu comigo. Acho que de tanto eu desejar me agarrar em uma estrela, Deus me mandou uma em forma de mulher. De fato, esta mulher me trouxe de volta a vida! Descobri nela o que havia de bom dentro de mim.

Encontrei forças para me levantar, tive outros filhos, reconstruí minha vida. A única coisa que jamais consegui esquecer foram meus filhos e amigos. Sentado na minha rede nos fins da tarde, esperava até a noite chegar para poder ver as primeiras estrelas aparecerem no céu.

Os vaga-lumes passando na minha frente, piscando aqui e ali... Eu pensava neles e sentia uma dor tão grande em meu coração! Não pode haver felicidade completa nesta vida, quando estamos longe dos nossos filhos. Eu daria tudo para saber deles... Muitas vezes secava os olhos rapidamente, no escuro, para que a minha mulher não percebesse que eu chorava de saudades do Brasil.

Os anos voaram, e eu fui arrastado em suas asas. Eu estava velho e cansado. Mais uma vez Deus me levou a força que sustentou por alguns anos a minha vida: minha mulher morreu, e a vida acabou-se para mim.

Eu passava os dias sentado em uma rede. Não escutava o que me perguntavam, não me interessava por mais nada! Queria mesmo morrer, todas as noites eu dormia na esperança de não acordar no outro dia.

Não sonhava mais, não enxergava mais as estrelas, e nem os vaga-lumes. Esperava a morte e pedia a Deus todos os dias que fosse generoso comigo, me tirasse a memória, pois as lembranças continuavam vivas dentro de mim e eu não podia continuar vivendo de lembranças.

Eis que mais uma vez Deus não me atendeu! Ele dá a cada um dos seus filhos o que eles precisam, e não o que eles desejam! O meu destino mais uma vez foi mudado.

Será que eu fiz mal em pedir às estrelas que me permitissem atravessar de novo o mar? Lá estava eu de volta, depois de tantos anos, atravessando o mar que me trazia ao Brasil, e ao lado de um filho brasileiro!

Desta vez eu confesso que voltei a ser uma criança, tamanha era a minha felicidade quando pisei no chão do Brasil. Encontrei tudo diferente; então pensei, sorrindo: se eu estou diferente, imagine o Brasil!

Voltei velho, mas a minha memória estava nova e ainda pude colaborar com muitos estudantes que me procuravam diariamente em busca das minhas histórias. Acho que ajudei aqueles meninos em alguma coisa; dava-lhes conselhos e me colocava como exemplo. Agora brancos e negros andavam juntos! Estudavam juntos! Como era bonito de se ver.

Muitos amigos já tinham partido para nossa verdadeira pátria, a espiritual, e outros continuavam se agarrando a suas bengalas e andando com dificuldades. Porém uma coisa era dita por todas as bocas dos velhos: todo nosso sofrimento valeu a pena! Nossos netos, bisnetos e tataranetos agora eram felizes, viviam como pássaros que nasceram nas matas, já nasciam na certeza que poderiam voar.

As fazendas viraram usinas, a riqueza tomou conta das terras. Os meninos Frederico e Alvinho, depois de tantos sofrimentos, também estavam de volta a suas fazendas.

Passávamos horas conversando, e eu brincava com Frederico:

– Acho que você tem mais cabelos brancos do que eu! E pensar que carreguei você nas minhas costas rio acima!

Ele, rindo, respondeu:

– Se fosse hoje, o senhor só teria que correr pela ponte! Mas eu não teria chance nenhuma de sobreviver: no lugar das matas temos prédios e estradas.

Ele falava dos novos problemas que tomavam conta do Brasil, que estava sendo explorado; estavam levando nosso ouro, madeira e outras riquezas embora.

Até cheguei a perguntar a ele onde estavam os homens que lutaram tanto para defender a pátria. Ele me disse:

– São estes mesmos homens que desviam as riquezas da nossa terra, arrancam o que podem levar, e abandonam o Brasil por outras terras distantes. Sabe de uma coisa, velho Miguel? Outro movimento está se levantando. Por meus cálculos, nos próximos duzentos anos brancos e negros viverão outra forma de escravidão, bem pior do que esta que você conheceu.

– Como assim, Frederico? – Senti até medo, pois o que vivi dentro das senzalas não era vida recomendada para nenhum filho de Deus.

Ele me disse que diante do quadro que se apresentava dia após dia, logo, logo o mundo entraria em guerras, e a loucura tomaria conta dos seres humanos.

Passei a viver uma vida de regalias. Tinha de tudo, até o que eu não precisava. Meus filhos de Angola vieram me visitar. Meus filhos do Brasil, netos, bisnetos, tataranetos e seus filhos se orgulhavam de mim.

Morri sem sofrimento nenhum; pelo contrário, foi em um dia de festa que meu espírito se apartou do velho corpo. Naquele dia eu cheguei a ver uma estrela cruzando o céu e um vaga-lume passando perto da janela... Bem que desconfiei que era o último presente que Deus me dava na Terra.

Hoje, totalmente consciente de que os meus deveres continuam, procuro me envolver em trabalhos de ajuda a outros irmãos. A minha contribuição é pequena, mas pode auxiliar muitos filhos que necessitam se sustentar na mão de um velho amigo.

Meus amados filhos, tudo o que vocês enxergam existe! E muitas coisas que os seus olhos não enxergam também existem, e como existem!

Muitas vezes presenciamos correntes de sofrimento tão pesadas que são bem piores que as correntes usadas nos antigos negros escravizados. Aquelas correntes prendiam o corpo físico, doíam na carne, mas a alma era livre e sadia. E isso atinge a todas as famílias, seja de brancos, seja de negros. Os carrascos chamados droga, corrupção, violência e tantas novas doenças, tantos novos sofrimentos que naqueles tempos não nos atingiam, hoje aprisionam tantos jovens, mutilando seus corpos físicos e enlouquecendo suas almas!

Desde aqueles tempos, já pressentíamos que o descaso e o abuso no tratamento com a mãe Terra iriam trazer conseqüências dolorosas para os viventes do planeta. Começaram com as derrubadas, e as matas foram desaparecendo; o fogo queimava a terra e matava os animais. Os rios secavam; os peixes morriam envenenados. A pesca nos mares não só matou enormes quantidades de peixes como poluiu as águas.

A ganância ultrapassou os limites; os homens esqueceram suas diferenças de cor, mas começaram a enxergar outra coisa bem pior: a moeda! Se tiver dinheiro, tanto faz ser branco ou preto, o que vale mesmo é a quantia que se tem no bolso.

Vieram as guerras pelo poder, inventaram armas e mais armas, gastaram quantias enormes em invenções que não vão levar o homem a lugar nenhum. Enquanto isso, as doenças se alastram, e a pior fome que existe para o homem, que é a falta de amor, toma conta dos lares.

E nas novas previsões que tenho ouvido por aí, tanto dos estudiosos encarnados na Terra quanto dos amigos aqui de muitas esferas espirituais, se não houver um movimento mais rigoroso que o da libertação da escravatura, o planeta não terá condições de se sustentar em sua rotação.

Filhos do Brasil, filhos do planeta Terra, juntem-se a este movimento de libertação! Libertem o sofrimento da mãe Terra. Plantem e replantem o que arrancaram dela.

Este espírito velho que agora lhes fala já viveu nesse mesmo mundo em que você se encontra agora. Já vi muitas coisas acontecerem. Ouçam bem o que direi, meus filhos: muita coisa boa foi trazida e colocada nas mãos de vocês. Infelizmente, estes benefícios de Deus foram usados de forma errada, e eis aí os resultados: um planeta pendurado por um fio de cabelo!

Com muita consideração e respeito, deixo a cada um de vocês o meu abraço e a minha bênção. Continuo do mesmo jeitinho! Confesso que não sinto falta do meu antigo corpo físico; sinto saudade, isso eu não posso negar! Ele muito me ajudou a atravessar as barreiras, e é por isso que sinto saudade. Meu corpo físico foi um instrumento amigo na minha escalada, e através dele conquistei amigos e mais amigos.

Irmãos, nunca é tarde para começar um novo empreendimento. Que tal nos unirmos para fortalecer este movimento de fé? Não estou falando de religião, estou falando de Deus. Eu, por exemplo, pelo bem do nosso Deus entraria em qualquer lugar sem hesitar.

Separados, não somos ninguém; juntos, somos um povo! Deixo a minha mensagem de amor e fé a todos vocês, e espero que tenham gostado dessa minha história: uma história mais real do que possa parecer.

Paz!

Luís Fernando (Pai Miguel de Angola)